古典文獻研究輯刊

二一編

潘美月・杜潔祥 主編

第7冊

《宋詩別裁集》研究

高 磊 著

國家圖書館出版品預行編目資料

《宋詩別裁集》研究／高磊 著 -- 初版 -- 新北市：花木蘭文化
出版社，2015〔民 104〕
目 2+218 面；19×26 公分
（古典文獻研究輯刊 二一編；第 7 冊）
ISBN 978-986-404-345-3（精裝）
1. 宋詩 2. 詩評
011.08   104014542

ISBN-978-986-404-345-3

9 789864 043453

古典文獻研究輯刊
二一編　第七冊　　　　　　　ISBN：978-986-404-345-3

《宋詩別裁集》研究

作　者　高磊
主　編　潘美月　杜潔祥
總 編 輯　杜潔祥
副總編輯　楊嘉樂
編　輯　許郁翎
企劃出版　北京大學文化資源研究中心
出　版　花木蘭文化出版社
社　長　高小娟
聯絡地址　235 新北市中和區中安街七二號十三樓
　　　　　電話：02-2923-1455／傳眞：02-2923-1452
網　址　http://www.huamulan.tw 信箱 hml810518@gmail.com
印　刷　普羅文化出版廣告事業
初　版　2015 年 9 月
全書字數　204455 字
定　價　二一編 16 冊（精裝）新台幣 30,000 元

《宋詩別裁集》研究

高　磊　著

作者簡介

高磊（1976～），男，安徽亳州人，文學博士，寧波工程學院人文學院副教授，主要從事明清詩文和文獻學研究，主持完成省市級課題 4 項，參與完成國家社科基金項目 1 項，在《山西大學學報》、《山西師大學報》、《甘肅社會科學》、《湖北大學學報》、《蘇州大學學報》、《中南大學學報》、《內蒙古大學學報》等雜誌發表學術論文 20 餘篇。

提　　要

　　本書爲學界第一部《宋詩別裁集》研究專著。著者廣泛查閱了清人別集、總集、筆記、方志、年譜、史傳、詩話、文論等文獻，採用文獻與批評相結合的研究方法，著力解決選家的家世生平、交遊治學、詩學思想以及選本的選錄標準、版本源流、文獻來源、編輯疏誤等問題。全書共分六章：第一章考述了三位編者的家世生平以及主編姚培謙的交遊狀況，修正了目前學界所存在的一些錯誤表述，冀願知人論世。第二章論述了姚培謙弘揚詩教、提倡性情的詩學思想，其思想實則受到了清前中期詩學思潮的深刻影響。第三章以具體選錄情況爲依據，歸納出《宋詩別裁集》推重理學、唐宋兼採的選錄標準，並揭櫫其與乾隆詩壇風氣之間的關係。第四章依刊刻年代先後爲序，梳理了《宋詩別裁集》的版本流衍情況，主體爲著者寓目的十二種《宋詩別裁集》。第五章以選錄範圍、編排順序、作品刪改、詩學思想、交遊藏書等爲考察標準，探討了《宋詩別裁集》在編選過程中對《宋詩抄初集》、《宋百家詩存》、《宋詩紀事》、《唐宋八家詩抄》等總集的取資借鑒情況。第六章分類辨析了《宋詩別裁集》在編輯上所存在的刪減題序、刪改題注、刪減詩注、題注誤入詩題、刪改詩題、竄改詩中文字、誤署作者、二詩誤作一詩等疏誤，以便於對該書的科學利用。

教育部人文社會科學研究青年基金項目
《宋詩別裁集》研究
（批准號：12YJC751017）資助

目

次

緒　論

　　《宋詩別裁集》，原名《宋詩百一抄》，乃清代乾隆年間雲間（今屬上海）姚培謙、張景星、王永祺三人合作編輯的一部宋詩選本。是書初刻於清乾隆二十六年（1761），爲誦芬樓刊本，傅王露序之，書凡八卷，共選錄兩宋詩人137位，詩647首。卷第以體裁爲序：卷一五言古，卷二、卷三七言古，卷四五言律，卷五、卷六七言律，卷七五言排律，卷八五言絕、七言絕，同卷內所錄詩人之編排則以年代先後爲序。清乾隆二十九年（1764），姚培謙、張景星、王永祺三人再度合作，編刻了《元詩百一抄》，爲然藜閣刊本，沈鈞德序之，書凡八卷、《補遺》一卷，共選錄元代詩人152位，詩619首。《元詩百一抄》之編選，與《宋詩百一抄》體例一致，思想統一，篇幅相當。後人將此二書與沈德潛所編《唐詩別裁》、《明詩別裁》、《國朝（清）詩別裁》合刻，稱《五朝詩別裁》，故《宋詩百一抄》、《元詩百一抄》又名《宋詩別裁集》、《元詩別裁集》，而《百一抄》本名漸爲《別裁》之名所掩。《宋詩別裁集》作爲清代宋詩名選，是民國陳衍所編《宋詩精華錄》、今人錢鍾書所著《宋詩選注》問世以前，頗具影響力的選本。其讀者範圍之廣，遠非其他清人編宋詩選本可及，就連一向對宋詩評價不高，批評「宋人多數不懂詩是要用形象思維的，一反唐人規律，所以味同嚼蠟」（《給陳毅同志談詩的一封信》）的毛澤東主席，晚年亦曾批閱《宋詩別裁集》〔註1〕，可見一斑。

　　《宋詩別裁集》影響深廣，其地位已獲社會普遍認同，然其相關研究卻相當滯後，成果寥寥。迄今爲止，學界尚無一部學術專著或碩博論文問世，

〔註1〕毛澤東晚年批閱了《五朝詩別裁集》，據《毛澤東讀書集成》目錄。

僅有十餘篇專題小論文見諸學報。除拙作《〈宋詩別裁集〉主編張景星籍貫考》（《遼東學院學報》2008 年第 5 期）、《〈宋詩別裁集〉批評主張管窺》（《西華大學學報》2008 年第 5 期）、《〈宋詩別裁集〉編者姚培謙交遊考》（《咸陽師範學院學報》2009 年第 1 期）、《從〈宋詩別裁集〉的選目看該書唐宋兼採的批評宗旨》（《大連大學學報》2009 年第 5 期）、《〈宋詩別裁集〉選源考》（《陰山學刊》2012 年第 6 期）、《〈宋詩別裁集〉編者姚培謙交遊考補》（《寧波工程學院學報》2013 年第 3 期）、《〈宋詩別裁集〉文獻編輯疏誤舉隅》（《唐山學院學報》2014 年第 5 期）等之外，另僅見謝先模《〈宋詩別裁集〉和〈元詩別裁集〉的主編張景星是奉新人嗎》（《江西師範大學學報》1984 年第 3 期）、王友勝《〈宋詩別裁集〉指瑕》（《咸寧師專學報》2000 年第 4 期，此文後收入其《唐宋詩史論》，上海古籍出版社，2006 年版）、申屠青松《論〈宋詩百一抄〉》（《常州工學院學報》2009 年第 5 期）及其《〈宋詩百一抄〉的詩學思想和批評策略》（《華南農業大學學報》2010 年第 1 期）等幾篇文章。其研究現況之冷落，成果之匱乏，乃不爭的事實。

　　相比之下，沈德潛〔註2〕所編三部《別裁集》之研究則頗爲興盛。單篇小論文多至百篇，姑置勿論。僅碩士、博士論文即有：吳珮文《沈德潛「詩教」觀研究——以詩歌評選爲論述文本》（臺灣成功大學 2005 年碩士論文）、王宏林《沈德潛詩歌選本研究》（北京大學 2005 年博士論文）、王煒《〈清詩別裁集〉研究》（武漢大學 2006 年博士論文，上海古籍出版社，2010 年出版）、武菲《沈德潛〈唐詩別裁集〉研究》（陝西師範大學 2007 年碩士論文）、陳海霞《〈明詩別裁集〉研究》（江西師範大學 2008 年碩士論文）、黃秀韜《〈明詩別裁集〉中的詩學批評研究》（寧夏大學 2009 年碩士論文）、馬維潔《〈明詩別裁集〉研究》（北京師範大學 2010 年碩士論文）、于海安《沈德潛〈唐詩別裁集〉之「別裁」研究》（暨南大學 2011 年碩士論文）、翟惠《〈清詩別裁集〉研究》（蘇州大學 2011 年碩士論文）、田明珍《沈德潛視野中的唐詩典範——以〈唐詩別裁集〉選評李白、杜甫、王維爲中心的考察》（華中師範大學 2014 年碩士論文）等。此外，一些沈德潛詩學研究論著對其三部《別裁集》亦有重點論述，如吳瑞泉《沈德潛及其格調說》（臺灣東吳大學 1980 年碩士論

〔註 2〕據王煒統計，截止到 2009 年，有關沈德潛研究的論文，大陸共有 93 篇，港臺共有 28 篇，見其《〈清詩別裁集〉研究》附錄一《沈德潛研究論文知見錄》（上海古籍出版社，2010 年版，第 242～250 頁）。

文）、陳岸峰《沈德潛詩學研究》（齊魯書社，2011 年版）等，沈氏《別裁集》研究漸成選學中之顯學。姚培謙、張景星、王永祺所編《元詩別裁集》研究現狀亦極慘淡，成果中，除段厚永《〈元詩別裁集〉研究》一篇碩士論文（華中師範大學 2012 年）外，單篇論文不足十篇。

　　揆諸五部《別裁集》研究冷熱不均背後之原因，實與沈德潛、姚培謙、張景星、王永祺等人的科舉仕途、社會地位、文學成就、詩壇聲望等方面的懸殊大有關係。張景星、姚培謙皆出身松江望族，家世貴顯，其本人卻無科舉事功足以榮身。王永祺出身平凡，又入贅望湖盛氏，科舉無名，家世不顯。三人中，除姚培謙有大量作品流傳至今外，張、王二人皆未見著述流播，相關史料記載又寡。即便著述稱富的姚培謙，其著作中也鮮見提及《宋詩別裁集》。凡此種種，均增加了研究難度，有無米難炊的尷尬，導致《宋詩別裁集》之研究，或乏人問津，或語焉不詳，或錯訛頗多。沈德潛則詩名鷹揚，爲清詩格調派領袖，又挾廟堂高位，士林眾望所歸。沈氏個人著述宏富，相關史料載錄豐富，《沈德潛詩文集》亦已點校出版（潘務正，李言點校，人民文學出版社，2011 年出版），文獻足徵。從知人論世、文史互證、博觀約取等方面來說，沈德潛《別裁集》之研究，擁有《宋詩別裁集》研究難以企及的支撐優勢和研究便利。就選本編輯本身而言，《宋詩別裁集》選詩無注評，選人不立傳，本事無揭橥，詩評無徵引，編排無凡例，傳序過簡短，批評手段匱乏，近乎裸選，選家旨趣幾無跡可求，令研究者難以措手。沈氏三部《別裁》則反是，諸集皆有編者自序、編選凡例、詩人小傳、詩歌評點，批評手段豐富，編者思想有跡可考，其研究遂盛。

　　綜上所述，《宋詩別裁集》儘管傳播廣泛，影響深遠，相關研究卻不夠全面深入，一些最基本的問題，如編者的家世生平、詩學主張，選本的生成背景、文獻來源、選錄標準等問題均缺乏認真細緻的梳理，導致學界的一些觀點或失之片面，或似是而非。本書著者通過廣泛查閱清人別集、總集、筆記、方志、年譜、史傳、詩話、文論以及今人論著等文獻資料，對《宋詩別裁集》有了較爲系統而深入的認知。全書以大量的第一手文獻爲依據，採用文獻與批評相結合的研究方法，著力解決選家的家世生平、師友交遊、讀書治學、文學思想以及選本的文獻來源、編選標準、選學思想、編選體例、編輯疏誤等重要問題。全書共分爲六章：第一章鉤沉了三位編者的家世生平以及彼此間的往來，彰顯合作的基礎，並重點勾勒了《宋詩別裁集》最主要編

者姚培謙的交遊網絡，修正了當前研究成果中的一些錯誤觀點。第二章從姚培謙的詩話、文集、年譜、史傳、交遊等材料入手探討，歸納出姚培謙弘揚詩教、提倡性情的詩學思想，並分析其思想與清代前中期詩學思潮之間的內在聯繫。第三章以《宋詩別裁集》的文本本身爲主要研究對象，結合編者們的相關史料載述，論析是書推重理學、唐宋兼採的選錄宗旨，並揭橥其與乾隆詩壇風氣之間的關係。第四章依選本刊刻年代先後爲序，梳理了《宋詩別裁集》的版本流衍情況，主體部分爲著者寓目的十二種《宋詩別裁集》。第五章以選錄範圍、編排順序、作品刪改、詩學思想、編者交遊、藏書條件等爲考察標準，探討了《宋詩別裁集》在編選過程中對《宋詩抄初集》、《宋百家詩存》、《宋詩紀事》、《唐宋八家詩抄》等總集的取鑒情況。第六章以類爲序，分析了《宋詩別裁集》在編輯上所出現的刪減題序、刪改題注、刪減詩中注、題注誤入詩題、刪改詩題、竄改詩中文字、誤署作者、誤作一詩等疏誤，以助於對該書的合理利用和科學評價。附錄一至三爲姚培謙的詩話、年譜、傳記等原始資料，對讀者全面深入地瞭解姚氏其人其事，並進而解讀選本大有裨益。附錄四爲《宋詩別裁集》的評介文章，附錄五爲著者的閱讀《校記》，均有一定的詩學文獻價值。本書作爲學界第一部《宋詩別裁集》研究專著，通過對編者們相關的文學、學術、科舉、政治、文化、交遊等原始資料的爬梳，對《宋詩別裁集》選旨、選源、選型、編輯質量等問題的探討，希望能爲同仁研究提供參考。

第一章 編者考

　　姚培謙、王永祺、張景星三人兩度合作，四年內先後完成了《宋詩別裁集》、《元詩別裁集》兩部詩歌選本的編刻工作，他們至少需要足夠的時間聚在一起商討選本編輯上的宏觀和微觀問題，大到編選理念、選錄標準、體例安排、選源獲取，小到詩人名錄的圈定、具體作品的取捨、選錄數量的多寡、詩歌題材的主次、詩人詩作的排序等等。諸如此類的問題，既不可能為某人獨斷專行，也不可能是各自閉門選詩，然後再湊到一起混編成集。既有合作，且一而再，則地緣相近、私交相厚、詩學相通、志趣相投，乃其合作的基礎。而且，除詩歌總集的合作編選外，他們還有其他多方面的合作，後文有考述，茲不細論。循此而言，對《宋詩別裁集》三位編者的家世生平、交遊師承等方面的考索顯得尤為重要。三人中，姚培謙存世史料頗豐，細加尋繹，我們能基本理清其家世生平及交遊著述等情況。而著者翻檢各類文獻，皆未發現有關王永祺、張景星著述之記載，史志載其事蹟亦寥寥數筆，言之草草。故本章諸節僅能就現有資料撰述，詳明的論述則有待於新材料的發掘。

第一節　姚培謙家世生平

　　姚培謙（1693～1766），松江人，諸生，江左名士，博學多識，尤擅經史，文章亦名噪一時，自稱「篇章到處傳」（《述懷一百韻》）〔註1〕，深受方苞、沈德潛、焦袁熹、紀昀等名流推重，時人將其與徐乾學、王士禛、宋犖相提

〔註 1〕 姚培謙《松桂讀書堂集》，《四庫全書存目叢書》集部，第 277 冊，第 109 頁。

並論〔註2〕。培謙之姚氏本貫浙籍，後徙居松江金山縣之五保，「世爲金山望族」〔註3〕，姚廷瓚、姚宏緒、姚宏啓、姚培謙、姚培和皆著名當時，宏緒自云：「寒宗自汴護蹕而南，世居浙西，其通籍於松。自弘治辛酉水部公始株守一經，登高而賦、擁戶而吟者，代有其人。」〔註4〕致有「家世吳興舊，科名九葉聯」（《述懷一百韻》）〔註5〕之盛。姚氏家族，或以文章顯，或以事功著，或以道德彰，爲邑人所推戴。其重氣節、尚義善、弘詩文、修德業的文化性格對姚培謙立身處世、讀書治學皆有影響。如此名聳一時的家族，學界迄今尚無專門之研究，實爲憾事。本文則拋磚引玉，將姚培謙及其直系血親考論如次：

一、姚培謙家世

祖：姚廷聘，父：姚宏度

姚培謙祖父爲姚廷聘，邑庠生，事蹟不詳。其父姚宏度，字宗裴，號息園。工詩善畫，扶危濟困，力行善事，爲鄉人所推重，有《一隅山房吟稿》。二人事蹟，王嘉曾《姚平山先生傳》載：「（姚氏）世居雲間，今之金山縣五保。王父諱廷聘，邑庠生。父諱宏度，內閣中書，中書公始遷居於郡城之北。姚氏由前明入國朝，子姓多以科第起家，遂蔚爲我鄉之望族。」〔註6〕姚培謙《周甲錄》載：「寒族本浙籍，一徙平湖縣之廣陳鎮，再徙松江金山縣之五保，歷經數世。前明及國朝，捷鄉會、登仕版者六十餘人。大父，庠生，贈文林郎州貢公，與諸父昆弟猶聚族而居。先父敕授文林郎、內閣中書舍人，息園公始遷居郡城。」〔註7〕又《周甲錄》康熙三十三年（1694）、四十八年（1709）、五十三年（1714）、五十五年（1716）以及雍正五年（1727）等載：姚宏度娶

〔註2〕姚培謙《周甲錄》乾隆八年載：「學使菏澤劉公藻致書謙曰：『松江試事竣，即訪先生所在。而司土者言已赴山東，屢問則屢云云也。咫尺相左，深爲悵悒。渡江北來，忽已春矣。每於花晨月夕諷詠佳著，凡樂府、古今諸體，固已卓然成家，登古作者之堂矣。其餘諸撰造，搜羅博雅，校讎精詳。於表章前哲之中寓嘉惠後學之意，自吳中憺園、吾鄉漁洋、中州綿津而外，不多見也。』」
〔註3〕楊開第、姚光發《華亭縣志》卷十六《人物列傳》，清光緒五年刻本。
〔註4〕姚宏緒《松風餘韻》卷首《凡例》，清乾隆九年寶善堂刻本。
〔註5〕姚培謙《松桂讀書堂集》，《四庫全書存目叢書》集部，第277冊，第109頁。
〔註6〕王嘉曾《聞音室遺文附刻》，《續修四庫全書本》集部，第1447冊，第265頁。
〔註7〕姚培謙《周甲錄》，北京：北京圖書館出版社，1999年影印本，第107～108頁。

同郡中翰梅岩公之女張氏爲妻，育有二子一女：長子培枝，仲子培謙；其女出嫁楊含貞，含貞康熙四十八年（1709）進士。康熙五十三年（1714），姚宏度以明經晉中書科中書舍人，康熙五十五年（1716）二月抱病歸里，八月十七日卒於家。培謙母張孺人，雍正五年（1727）九月十八日卒。

從祖：姚廷瓚

　　姚廷瓚，字述緗，號懶迂，有《懶迂詩稿》、《耄學集》、《鐵樵詞》等，傳詳乾隆《金山縣志》卷十八、光緒《平湖縣志》卷十七。陸奎勳云：「華亭與當湖接壤，我宗如凱公、禕公世居華亭，而封嘉興海鹽侯。姚氏則大司寇岱芝掇科湖學，前後多通籍者。余往時補輯《檇李詩繫》，極愛姚藥師《翠樾軒詩》風流絕世。近復爲述緗尊人旃麓選定《修竹廬稿》，未嘗不歎姚氏之多才也。平山爲中舍息園先生仲子，就婚來湖，余以中表僚婿披袒論交。」（《自知集序》）〔註8〕岱芝，姚士愼其號，士愼（1578～1636），字仲含，名士姚參曾孫，明萬曆三十二年（1604）進士，累官南京刑部尚書。子世曙，字彥深，幾社成員，與王廣心、杜登春、王印周等交契，以公蔭入太學，能文章，彬彬稱世其家，世曙無嗣，生平事蹟詳陳子龍《姚司寇傳》。姚宏緒所輯《松風餘韻》卷十九錄姚士愼詩17首，並繫以小傳。據是書所載，士愼之祖爲姚簏，字登之，一字希實，號龍津，姚參子。姚士愼貞恪賢良、體恤民情，深得培謙敬仰，培謙《鍾山謁明孝陵》中云：「徙倚空林神志肅，緬懷祖澤倍淒涼（自注：先尚書官南京司寇最久）。」〔註9〕注中所云「先尚書」即姚士愼。先人勳業彪炳，自身老大無成，姚培謙黯然神傷。藥師，姚世靖其號。世靖，字子清，諸生，爲陳子龍門下士，甲申明亡，絕意仕進，隱於南溪書屋，有《翠樾軒詩稿》。世靖早擅文譽，性亦風華，溺志狹斜，年方四十貧困以終。其詩格老練，豔體直逼溫歧。子景霍，字去病，庠生，亦工詩，姚宏緒輯《松風餘韻》卷十九有《姚藥師小傳》，錄其詩41首。旃麓，姚廷瓚之父姚牲其號，牲少負雋名，與吳日千、張三帶、董槜亭等交篤，有《修竹廬詩稿》。據《平湖縣志·文苑傳》載：「廷瓚性豪邁，亦工詩，嘗構別墅於所居西偏，積書萬卷，蒔花灌竹，邀湖中諸名士結詩酒社。」〔註10〕所結「詩酒社」爲「鸚湖花社」，亦稱「花社」，時爲康熙五十七年（1718），地點在東湖，陸奎勳云：

〔註8〕姚培謙《松桂讀書堂集》，《四庫全書存目叢書》集部，第277冊，第61頁。
〔註9〕姚培謙《松桂讀書堂集》，《四庫全書存目叢書》集部，第277冊，第121頁。
〔註10〕彭潤章等《平湖縣志》，清光緒刻本。

「歲戊戌，述緗姚君舉花社，自春徂秋，極觴詠唱酬之樂。」〔註11〕戊戌，即康熙五十七年（1718），詩社唱和集爲《鸚湖花社詩》，今存。上海圖書館藏清乾隆刻本《懶迂詩稿》十五卷，包括：《鵝水偶吟》一卷，首康熙四十八年（1709）朱彝尊序，末陸奎勳跋；二刻一卷，首焦袁熹序，末于東昶、陸奎勳、楊九雲跋；《鸚湖花社詩》一卷，康熙五十七年（1718）作，首康熙六十年（1721）陸琰卓序；《詠花餞別詩》一卷；《賦物贈行詩》一卷；《懶迂小稿》一卷，首雍正二年（1724）陸琰卓、陸奎勳序，康熙六十年（1721）著者自序；《十四影詩》一卷；《八聲詩》一卷，末雍正八年（1730）姚廷瓚跋，末署「七十三叟懶迂並記」〔註12〕；《十九秋詩》一卷，首雍正元年（1723）翁嵩年序、于東昶序，末雍正元年（1723）元璟跋；《十二春閨詩》一卷；《塵瓿草》一卷；《鼠穴餘》一卷、二刻一卷；《吟豔初編》一卷，首陸奎勳序，末雍正十年（1732）姚廷瓚記二首；《吟豔續編》一卷，末雍正十年（1732）姚廷瓚記及潛和南、智和南、葉之溶、張符、張雲錦、姚培和、姚培謙諸人跋，據此可考姚廷瓚之交遊。

姚培謙與廷瓚爲忘年交，時相過從。雍正十年（1732），七十五叟姚廷瓚撰《壽平山侄孫四十》賀詩，此詩載其《鼠穴餘》。培謙《題從祖懶迂先生〈吟豔編〉後》云：「懶迂先生未全懶，栽花覓句花生管。一花一詩豔且香，春濃秋淡費平章。與花久矣成雅素，何事封姨卻相妒。無端狂颺掃邛園，高柯嫩葉相掀翻。先生惜花不惜詩，彩毫在手撚吟髭。花神相感死復活，萌芽滋長不可遏。詩能救花莫救貧，自古作者傷沉淪。嗚呼！簞瓢陋巷自有樂，幽韻清芬殊不惡。功名富貴總等閒，詩卷長留天地間。」〔註13〕又《醉菊圖爲從祖懶迂先生題》云：「幽人遺俗慮，斗酒陶沖襟。偶與淵明合，一醉本無心。清芬襲懷袖，埃壒安得侵。良辰駐秋色，周覽吐高吟。任眞有至樂，奚假棲山林。願言挈榼去，三徑事幽尋。酒酣同一笑，黃華如散金。」〔註14〕姚廷瓚栽花品茗的閒逸情懷、淡泊名利的灑脫氣質，爲培謙所推服。

〔註11〕陸惟鍌《平湖經籍志》卷十二，民國二十七年平湖陸氏求是齋刻本。
〔註12〕據此推知：姚廷瓚生於順治十五年，柯愈春《清人詩文集總目提要》將其著錄爲江蘇婁縣人，生於天啓元年至五年；將姚蛙繫爲浙江平湖人，生於順治八年至十二年，既沒弄清其父子關係，生年繫年亦誤。見《清人詩文集總目提要》，北京古籍出版社，2001年，第178、360頁。
〔註13〕姚培謙《松桂讀書堂集》，《四庫全書存目叢書》集部，第277冊，第98頁。
〔註14〕姚培謙《松桂讀書堂集》，《四庫全書存目叢書》集部，第277冊，第79頁。

伯父：姚宏緒

宏緒，一作「弘緒」，字起陶，號聽岩，康熙二十年（1681）舉人，三十年（1691）進士，選庶常。康熙四十九年（1710），參修《淵鑒類函》。雍正元年（1723）入明史館，充纂修官，後乞假歸里，不復出，有《招隱廬詩》、《寶善堂詞》、《遲就草》、《胥浦類稿》、《十如塾雜鈔》、《姚氏世譜》等，輯有《姚氏家集》一百四十卷，《詞林輯略》有傳。上海圖書館藏有姚宏緒清乾隆十年（1745）刻本《寶善堂集》。康熙四十八年（1709），宏緒開始著手編輯《松風餘韻》，採錄六朝以迄明代的松江詩文，雍正二年（1724）輯成，後屢有改易。書之《凡例》交代：「是編試手於己丑（1709），輟筆於甲辰（1724）。盡發先世藏書，兼借親朋秘籍，風晨雨夕，檢閱百千，稿成而易者至再。」〔註15〕是書初刻於乾隆八年（1743），嘉慶十年（1805）宏緒曾孫姚湘覆刻之，共五十一卷，卷十九為姚氏族人詩選。《松風餘韻》之成書，實賴宏緒諸子之力，培厚尤巨。姚宏緒云：「余之初有事於是編也，纂輯之役原令諸兒均任之。既而風塵奔走，輳多於作，日侍一室者惟厚兒獨耳。甫及脫稿，而兒以十試棘闈不得志，憤懣病狂，束之敝篋，荏苒五年。去夏，僮輩曝書，偶一寓目，不覺淚濕紙背。因念兒聰明好學，生平晴光腕力惟此略存。因稍為增訂，重錄而藏之。」〔註16〕諸子姓名及長幼，《周甲錄》康熙四十七年（1708）載：「時伯父太史聽岩公因金華守魏公男與蘭溪令施公維訥互揭事涉及，赴杭州。同學者五兄巽齋培益、亡侄秀才欽。」〔註17〕《周甲錄》康熙四十八年（1709）載：「三兄調圩培和癸巳（1713）聯捷，五兄甲午（1714）中式，四兄心求培衷丁酉（1717）中式，二兄宅安培仁癸巳（1713）中式。」〔註18〕又光緒《金山縣志·園林》載：「東園、西園在廊下，姚培厚、培仁、培位、培衷、培益兄弟讀書處。」〔註19〕綜上可知，姚宏緒五子序齒則為：培厚、培仁、培和、培衷、培益，五人中，宦蹟最顯者為培和，上海圖書館藏有姚培和《敦信堂詩集》九卷：卷一《調圩舊稿》，卷二《椿莊殘稿》，卷三至卷五《出關稿》，卷六及卷七《酒泉寓稿》，卷八《漢南剩稿》，卷九《一亭存稿》，子姚惟邁校。首乾隆十九年（1754）海寧陳世倌總序、雍正十三年

〔註15〕姚宏緒《松風餘韻》卷首，清乾隆九年寶善堂刻本。
〔註16〕姚宏緒《松風餘韻》卷首《凡例》，清乾隆九年寶善堂刻本。
〔註17〕姚培謙《周甲錄》，北京：北京圖書館出版社，1999年影印本，第112頁。
〔註18〕姚培謙《周甲錄》，北京：北京圖書館出版社，1999年影印本，第114頁。
〔註19〕龔寶琦、黃厚本《金山縣志》卷十二，清光緒刊本。

（1735）黃叔琳《出關稿》序、雍正十二年（1734）姚培和《出關稿》自序，培和自序交代：「庚戌春，行年已五十矣。」庚戌，乃雍正八年（1730），可知培和生於康熙二十年（1681）。目錄後惟邁識云：「先君子纘承世學，康熙癸巳（1713）特科聯捷，由太常博士、兵部郎官出為河東鹺使、漢興副使，以克舉其職受世宗憲皇帝深知。生平吟詠甚富，惟邁生六歲而孤，及長，甫能搜輯一二，為家集如左。然自《出關稿》全帙外，餘皆從零紈斷楮得之，蓋散佚已過半也。」〔註20〕

　　宏緒諸孫則參與了《松風餘韻》的校對工作，是書末署：「孫：張旂、式曾、慕曾、法祖、學勤、倣祖、惟邁、懌曾、念曾校字」可證。姚培謙也參與了此書的編撰工作，乾隆九年（1744）五月，培謙識云：「先伯父手輯是書，未及開雕，旋捐館舍。一亭兄從漢興解組回，感念遺編，恐年久散失，命培謙與宅安、坳堂、巽齋兄校訂付梓。中間歷寒暑數載，一亭先逝，宅安、坳堂繼之。勝事不常，雁行零落，此足悲矣。嗟嗟，先伯父闡揚風雅，具有盛心。諸兄克承先志，殫力鳩工，今剞劂告成……而伯父與三兄俱不及見矣，能不與巽齋兄同為撫卷悽愴也哉！」〔註21〕一亭即培和，姚培謙《松桂讀書堂集》卷七載有《一亭三兄奉使沙州，音信隔絕者半載，頃得家書並紀恩雜詩。伯父喜而有作，敬次元韻》。姚宏緒歿後，培和主持了全書的校刊工作，培謙《周甲錄》雍正八年（1730）載：「與諸兄及侄輩校訂先伯父所輯《松風遺韻》，三兄調圩獨力鐫版。」〔註22〕培和歿後，重擔轉落到培益、培謙身上，《松風餘韻》嘉慶十年（1805）姚湘（培和嫡孫）識云：「曾王父聽岩公……慮夫鄉先生之嘉言懿行久而湮沒，爰是旁搜博探，上自晉唐，下訖明季，閱十六寒暑，成《松風餘韻》若干卷。未謀梨棗而曾王父捐館。時先祖官漢興觀察，奉諱歸，心傷手澤，獨力開雕，迨予祖歿後二年而剞劂甫竣。從祖輩先已相繼徂謝，校讎之役獨五叔祖及族祖平山先生任焉，是可哀已。」〔註23〕《松風餘韻》於乾隆八年（1743）問世，時距姚宏緒始編此書已三十五載，是書之編撰堪謂姚氏家族的接力工程，考察其成書過程是我們瞭解其家族文化的重要窗口。乾隆三十九年（1774），汪啓淑以此書進獻朝廷。

〔註20〕姚宏緒《松風餘韻》，清乾隆九年寶善堂刻本。
〔註21〕姚宏緒《松風餘韻》，清乾隆九年寶善堂刻本。
〔註22〕姚培謙《周甲錄》，北京：北京圖書館出版社，1999年影印本，第131頁。
〔註23〕姚宏緒《松風餘韻》書末，清乾隆九年寶善堂刻本。

伯父：姚宏啟

姚宏啟，字子文，號藥岩，亦號老斅，貢生，所置梅園為邑中勝景，清嘉慶《松江府志‧名蹟志》載：「梅園，在吉麗橋南，即明參政任勉之光節堂址，後詩人姚藥岩居之，陸應暘〔註24〕書『飛鴻堂』額。乾隆元年，主事張景星闢為園池，姚氏所植老梅尚存，虯幹扶疏，為邑中之勝。」〔註25〕張景星，字二銘，即姚培謙編《宋詩別裁》的合作者。姚培謙與宏啟情深，常至梅園與之交流，對飛鴻堂感情尤篤，其《飛鴻堂梅花歌》云：「吾宗有老仙，自號曰藥翁。藥翁堂前何所有？羅浮一樹橫晴空。結為老友兩不厭，相視莫逆無言中。有時靜瀹一壺茗，兩腋颯颯生清風。有時孤吟一首詩，格高韻雋叩玉局。清水橋邊三尺雪，飛鴻叫處三更月。此時縞袂氅衣人，姑射豐神兩無別。春風動地香雲浮，我來得與清都遊。示我新詩百回讀，澡雪肺腑除煩憂。乃知藥翁之號殊有意，人世膏粱眾爭嗜。豈知世外有藥王，清苦真堪救肥膩。憑將此語問梅花，花與主人意無二。」〔註26〕飛鴻堂主人以藥翁自號，有針砭世人爭嗜膏粱之意，讀其詩，可疏瀹五臟、澡雪精神、滌除煩憂。姚宏啟崇尚自由、鄙棄功名、安貧樂道的高逸情懷以及志廉行潔的梅花品質深受培謙傾慕。

張景星購置梅園的時間為乾隆三年（1738），並非乾隆元年（1736），黃之雋《飛鴻堂記》載：「管子曰：十年之計，樹木終身之計。樹人言人之力，十倍於木之力也。是故尋常之物，若召茇秦封五柳三槐之屬，必因人而著。其不因人而著者，桑之棲日，桂之種月，楓之出沒雷電，豈不以其物之靈異絕特哉。然而物無奇庸，必因乎地。杏而壇，漆而園，頌詠徂來，書紀嶧陽，而我郡之飛鴻堂遂因梅而大著。堂在吉麗橋南，明參政任勉近思居此，為光節堂。後屬陳參議嗣元承一，易今額，萬曆間陸應暘伯生所書。至國朝，則

〔註24〕清光緒《青浦縣志》「人物三‧文苑」《陸應暘小傳》載：「陸應暘，字伯生，郊子也。少補縣學生，已而被斥，絕意仕進。詩宗大曆，黃洪憲及許國、申時行皆折節交之。王世貞好以名籠絡後進，常譽應暘，應暘不往，時論益以為高。萬曆時修復孔宅，應暘之力居多。卒年八十有六。應暘作詩喜用鴻雁字，人稱為『陸鴻雁』。」《青浦縣志‧藝文志》著錄陸應暘有《樵史》四卷。應暘，即應陽，號古塔居士、片玉山人、應陽生，松江人。明代布衣名士、書法家。與王世貞、申時行、黃洪憲等相善，清時與陸機、陸雲、楊維楨、錢惟善、陸居仁、陳繼儒並稱「松江七賢」。

〔註25〕宋如林、孫星衍、莫晉《松江府志》卷七十七，清嘉慶二十二年刻本。

〔註26〕姚培謙《松桂讀書堂集》，《四庫全書存目叢書》集部，第277冊，第94頁。

姚弘啓藥岩居之，始以梅著。姚歿，堂屢易主。予嘗一至爲賦詩。乾隆三年，張岡卿之次君二銘購爲別業。四年春二月朔，延客飲堂中，予在焉。堂前玉蝶梅一株中立，傳自姚幼時手植，呼爲梅弟。至今殆百年。日精月華之所聚也。如蟠虬遊龍雷奔電駭，一臂穿牆而東出。西則綠萼梅一株，年未老亦如屈鐵，若有意與老梅競，又若相附者也。是日也，雲晴日暄，萬蒼肆開，若醉若笑，傾其一座，蓋負其靈異絕特，不屑與彌山繞嶺者爭名，而託處斯堂以自高。而此堂之能毓靈蓄奇，妒厥奇偶，以滋沃其性天而不以歲月計者，固交相恃也。客舉酒屬予爲記勒石，予環顧客，獨予老。雖老尚幼於梅，使吾曹及梅之齒，有能精神文采若梅今日者乎。吾又以知人之力不如木之力也。然斯堂之建更前於梅百年，一旦遭逢得人，一藩一城一移一牖靡勿改觀增色。然則物華地靈不又胥恃人之力而名乃益著哉。二銘世宦年少，有用世才。其或不能伏處斯堂以戀是梅也。而歲供吾曹林下之遊，則作記之勞誠不得辭。而人與物與地胥恃文也以永，則文亦不爲無力。秦風之詩曰有梅，又曰有堂，實無堂似堂而堂之也。此則咸有焉，賦詩可乎。」〔註27〕黃之雋與張景星交契，對梅園飛鴻堂至爲熟悉，其說可靠，嘉慶《松江府志》所載實本黃氏《飛鴻堂記》而時間有誤。

　　黃達《梅園記》載：「距郡城南之二里，吾友張西圃別業在焉。老樹一株，氄氄如蓋，姚隱君藥岩手植，已近百年，所傳飛鴻老梅是也。張君拓其地爲園，不植他樹，惟大小梅數百本，以與飛鴻之古幹虯枝相映接。早春花開，一望成雪，人皆稱之以『梅園』云。夫百花之中，梅品最高。昔林君復隱西湖之孤山，一鶴自隨，寒香滿屋，其詠梅諸作至今猶傳誦之。然則梅之枯寂冷淡，非其人性情相近，固未能好也。張君殆有擯斥凡豔而獨與梅契合者耶。余交西圃久，每當花時，招余坐花下，共浮大白，未嘗不愛其骨格超然獨立，於層冰積雪間孤秀特出。曾有句云：『一片冷香宜月夜，短節得得看花來。』蓋實錄也。余故嘉西圃之善承藥岩老人意，而園之名不忘其本，於是乎記。」〔註28〕西圃，張景星其字，擯斥俗豔，超然獨立，景星與藥岩合。所引「一片冷香宜月夜，短節得得看花來」，則爲張景星僅見詩句。

　　姚培謙作《飛鴻堂前梅花一株，家藥岩先生手植。七十餘年，枝幹盤繞，

〔註27〕黃之雋《唐堂集》卷十三，《清代詩文集彙編》第 221 冊，影清乾隆十三年刻本，第 155 頁。
〔註28〕黃達《一樓集》，北京：北京出版社，1997 年影印本，第 731 頁。

畫師不能措手。春初花放，騷人酒伴攜尊吟嘯其下。主人鶴化，武林齷客得之，梅之姿態依然，而花不復作，感而賦此》〔註29〕時，梅園已易主爲杭州鹽商，張景星或即於其人手中購入。姚宏啓故去，培謙頗痛楚失落，其《哭家藥岩先生》云：「不道梅花落，詩人亦遽亡。相依八十載，應是兄弟行。自古仁多壽，如君貧可傷。水南遺跡在，揮淚向穹蒼。」〔註30〕其《仲春六日同人集飛鴻堂梅花下》四首其一亦申此情：「夢斷城南已數年，草堂鐵幹故依然。重來索笑人如昨，二月春風莫放顛。」〔註31〕姚宏啓超然物外的處世態度、看淡世事的隱逸情懷，對培謙影響很大。

從祖輩姚廷聘、廷瓚，到父輩姚宏度、宏緒、宏啓，再到平輩姚培枝、培和、培益等，大家雖窮通顯晦有殊，人生態度各異，但秉守詩禮、傳承家族文化的意識與擔當則未嘗稍怠。在文學創作、學術研究方面，諸人或有專攻，或有旁涉，文化薪傳不息。其中又以姚宏緒、姚廷瓚最爲特出，有其獨詣之處，聲名亦至爲顯赫。對於自小及大周旋其間的姚培謙而言，諸人志向懷抱所作所爲無不予其以深刻之影響。姚培謙所以能成長爲一位著名學者，家風的濡染實爲不容忽視的重要因素。

二、姚培謙生平

姚培謙，初名廷謙，字平山，一字述齋，號鱸香先生、鮑香老人，松江府金山縣（今屬上海）人。康熙三十二年（1693）十一月十八日生，乾隆三十一年（1766）春卒，壽七十四，「漢宋兼採經學家」〔註32〕，史學家，詩人，詩論家，傳詳自撰年譜《周甲錄》、《甲餘錄》及黃達《姚鱸香傳》、王嘉曾《姚平山先生傳》等。

姚廷謙幼年體弱多病，自云：「曩在兒童日，頻遭疢疾纏。諸兄紛握手，

〔註29〕詩云：飛鴻梅花誰所栽？瓊瑤萬朵當春開。清風不折龍矯矯，明月故照雪皚皚。藥岩先生吾宗秀，種梅不與梅同壽。八十年來一旦拋，清風明月還如舊。武林齷客饒黃金，買屋不能回花心。春前獨立悄無語，高士美人何處去。遊屐花時一再過，閒庭冷落貯蒼柯。青苔滿徑香寂寂，相思終日奈愁何。吁嗟乎！百年身世渾超忽，往事回頭逐電滅。彩毫玉帶會應稀，含情獨向梅花說。

〔註30〕姚培謙《松桂讀書堂集》，《四庫全書存目叢書》集部，第277冊，第102頁。

〔註31〕姚培謙《松桂讀書堂集》，《四庫全書存目叢書》集部，第277冊，第128頁。

〔註32〕培謙好友陸奎勳、顧棟高、陳祖範、任啓運、方苞、黃叔琳等爲漢宋兼採經學家，這與其學術宗旨一致，見張之洞、范希曾《書目答問補正》，揚州：廣陵書社，2007年，頁222《姓名略》。

弱冠始隨肩。問字同趨席，臨文互接筵。乘閒猶好戲，把卷輒思眠。」（《述懷一百韻》）〔註33〕六歲入塾，先後受業於張友仙、陸端士、莊安汝、陸南村諸先生，刻苦自屬，二十二歲冒周姓入青浦縣學〔註34〕，康熙五十四年（1715）正月，就婚平湖，妻陸氏，其「祖，前江西方伯筠修公之祺；父，青田廣文赤城公爀昌，家教極整肅。室人性溫慎，喜文墨，燈窗伴讀，頗得琴瑟之樂。」〔註35〕之祺，嘉興平湖人，萬曆四十七年（1619）進士，官陝西左布政使。甲申之變，歸順李自成政權，授戶政尚書。廷謙得岳父爀昌之厚愛，自云：「東床憑嘯傲，甥館久流連。外舅憐如子，師資喜得賢。」（《述懷一百韻》）〔註36〕姚陸婚姻和美，廷謙有詩述云：「旭日鳴雛雁，當湖刺畫船。綠油春漲滑，雕玉霽雲鮮。琴韻中閨叶，蟾輝天上圓。」（《述懷一百韻》）〔註37〕可惜幸福短暫，康熙五十七年（1718）十二月初六陸氏亡。康熙五十八年（1719），妾呂氏生子鐘鳴。康熙五十九年（1720），廷謙自刻所著《春帆集》。雍正二年（1724），刻所著《自知集》。自康熙六十年（1721）起，陸續刊印《唐宋八家詩》，雍正六年（1728）完成，共五十二卷。雍正「丁未、戊申兩遭薦舉，因在制力辭。」（《述懷一百韻》自注）〔註38〕丁未、戊申，爲雍正五年（1727）、雍正六年（1728），乾隆《婁縣志》、《華亭縣志》均作：「四年保舉人材，以居喪不赴」，則誤。廷謙性極友愛，能體恤人情，母沒析爨，以兄多子女，累減己產以益之。《周甲錄》雍正五年（1727）載：「九月十八日，遭先母張孺人變。遺田七百餘畝及金珠衣飾等物，謙不願分受，先兄強之再四，取字畫及玩物數種。非謙之矯情，見兄兒女多，而謙止一子也。」〔註39〕《周甲錄》雍正六年（1728）載：「督學鄧公鍾岳保舉行優諮部」〔註40〕；又雍正

〔註33〕姚培謙《松桂讀書堂集》，《四庫全書存目叢書》集部，第277冊，第109頁。
〔註34〕姚培謙《周甲錄》康熙五十三年載：「學使胡公潤，湖廣京蒙人，與伯父同榜相好。臨試時，外論疑公於年誼或有周旋，且府縣試俱領案，無不入學者。胡公微聞之，謙卷竟以避嫌不閱。同學陳子慕甫庭光以青浦縣學『周廷謙』童生名勸謙進試，得入學。」（見《周甲錄》頁117）按：此處所言伯父爲姚宏緒。
〔註35〕姚培謙《周甲錄》，北京：北京圖書館出版社，1999年影印本，第118頁。
〔註36〕姚培謙《松桂讀書堂集》，《四庫全書存目叢書》集部，第277冊，第109頁。
〔註37〕姚培謙《松桂讀書堂集》，《四庫全書存目叢書》集部，第277冊，第109頁。
〔註38〕姚培謙《松桂讀書堂集》，《四庫全書存目叢書》集部，第277冊，第109頁。
〔註39〕姚培謙《周甲錄》，北京：北京圖書館出版社，1999年影印本，第128～129頁。
〔註40〕姚培謙《周甲錄》，北京：北京圖書館出版社，1999年影印本，第130頁。

七年（1729）載：「上年，詔令各州縣舉居家孝友、行止端方、才堪試用而文亦可觀者一人，郡學舉吳君白沙濬，奉賢舉徐君聖功櫨，南匯舉張君培三朱梅，青浦令馬公謙益會同儒學舉謙。時謙在制中，且自顧慚愧，力辭。」〔註41〕《松江府志》載作：「雍正七年保舉，以居喪不赴」〔註42〕，乃不察《周甲錄》中「上年」二字，而誤署爲雍正七年（1729），此提醒我們對方志所載亦不可盲從。雍正五年（1727），廷謙遭母變，爾後因在制兩辭薦舉，其孝行可見一斑。雍正八年（1730），廷謙改歸華亭縣學，復姓姚。雍正十年（1732），「改名培謙，避祖諱也。」〔註43〕

　　姚培謙一生困厄多舛，與杜甫差擬。詩出於人，「有子美之人，而後有子美之詩。」〔註44〕學杜者「須是范希文專志於詩，又是一生困窮乃得。」〔註45〕姚培謙境遇已有杜甫其人，其詩沉鬱，「蓋深有得於少陵家法」〔註46〕。陸奎勳評曰：「平山頻年境遇坎壈，爰借古樂府題抒其不平之鳴。」〔註47〕培謙四十歲時作《秋興用老杜韻八首》〔註48〕以抒懷，其三云：「簪笏傳家身實忝，文章報國願常違。」〔註49〕有牢騷，亦不盡然，北平黃叔琳即云：「平山

〔註41〕姚培謙《周甲錄》，北京：北京圖書館出版社，1999 年影印本，第 130～131頁。

〔註42〕按：培謙雍正五年、六年、十三年、乾隆十二年四遭名公薦舉，皆不赴，方志僅載兩次。

〔註43〕姚培謙《周甲錄》，北京：北京圖書館出版社，1999 年影印本，第 132 頁。按：柯愈春《清人詩文集總目提要》將姚培謙與姚廷謙誤作兩人，分別著錄爲「生於康熙二十五年至二十九年」、「生於康熙三十年和三十四年」（見是書頁516、536）。另：培謙亦避帝諱，如書中玄燁之「玄」以「元」字代替，如《讀經》中稱初唐「房玄齡」爲「房元齡」。

〔註44〕吳喬《圍爐詩話》卷四，《清詩話續編》本，上海：上海古籍出版社，1983年版，上冊，第 583 頁。

〔註45〕吳喬《圍爐詩話》卷四，《清詩話續編》本，上海：上海古籍出版社，1983年版，上冊，第 582 頁。

〔註46〕杜詔《自知集・序》，《松桂讀書堂集》，《四庫全書存目叢書》集部，第 277冊，第 61 頁。

〔註47〕陸奎勳《樂府・序》，《松桂讀書堂集》，《四庫全書存目叢書》集部，第 277冊，第 62 頁。

〔註48〕杜甫《秋興八首》，是大曆元年（766）詩人寓居夔州時所作組詩，以騷怨發其忠忱，沈德潛評之：「懷鄉戀闕，弔古傷今，杜老生平，具見於此。其才氣之大，筆力之高，天風海濤，金鐘大鏞，莫能擬其所到。」（沈德潛《唐詩別裁集》卷十四，上海：上海古籍出版社，1979 年版，第 461 頁）

〔註49〕姚培謙《松桂讀書堂集》，《四庫全書存目叢書》集部，第 277 冊，第 119 頁。

所寄《周甲錄》也，自敘平生行止甚詳。一言以蔽之：則屢更憂患而不失其素者。平山之所以為平山也，此意惟余知之。」〔註 50〕姚培謙身上既有積極入世的一面，又有超然物外的一面，自云：「短些時吟屈，忘機欲問莊。百年懷二子，通蔽未相妨」（《秋日雜興十首》其二）〔註 51〕、「一卷《離騷》永夜親」（《春窗雜詠》三十首其十一）、「自愛行畦菜甲肥」（《春窗雜詠》三十首其五）〔註 52〕，以屈原、莊子為高標，又努力實踐著儒家「窮則獨善其身，達則兼善天下」（《孟子·盡心上》）的人生信條。

　　雍正十一年（1733）八月，姚培謙因科場案牽連繫獄，《周甲錄》是年載：「八月，撫軍山東喬公世臣列款參郡守吳公節民，內一款『府試童生』，稱謙在署閱卷，合署領案共九名通同得賄，於十四日繫獄。南浦先生以詩相慰，曰『人間定可哀，此事復何來。杯盞成蛇影，文章豈雉媒。飲炙占悔吝，遁甲向驚開。聽取枝頭說，餽羊未是災。』及對簿訊檢，都虛，臬司徐公士林旋檄童生面試，俱能文。後送院試，俱入泮。總督趙公弘恩察謙無辜，檄放，於十二年八月十九日歸家。在獄一載有餘，作時文四十餘篇，名《負暄草》。又樂府百章、古今體詩數十首。」〔註 53〕南浦先生即焦袁熹。此番牢獄之災對培謙人生觀的轉變影響很大，其《獄中雜詩序》云：「余材同社樹，學類醯雞，撫十笏而多慚，守一徑以自好。丹鉛不輟，門戶常局，何期毀譽之忽來，幾致身名之俱敗。彷徨棘木，踞蹐園扉，投轅有心，叫閽無路，雖盛孝章難免譏評，江文通猶遭窘辱，吾何人歟？輒敢擬議誰無情也，聊寫衷懷。」〔註 54〕又《獄中雜詩十二首》中云：「漫說杯蛇緣壁影，可知市虎誤人言」（其一）、「敢恃詩書輕法律，暫拋屈宋祀皋陶」（其二）、「傳經自欲希黃霸，排難誰能似孔融」（其三）、「骨相虞翻誠忤俗，猖狂阮籍只銜杯。固知識字增憂患，藜閣還同係夏臺。」（其四）〔註 55〕又《述懷一百韻》云：「梁獄書難達，崐

〔註 50〕姚培謙《周甲錄》卷首《黃叔琳序》，北京圖書館出版社，1999 年影印乾隆間刻本，第 103～104 頁。

〔註 51〕姚培謙《松桂讀書堂集》卷七，《四庫全書存目叢書》集部，第 277 冊，第 100 頁。

〔註 52〕姚培謙《松桂讀書堂集》卷八，《四庫全書存目叢書》集部，第 277 冊，第 131 頁。

〔註 53〕姚培謙《周甲錄》，北京：北京圖書館出版社，1999 年影印本，第 135 頁。

〔註 54〕姚培謙《松桂讀書堂集》，《四庫全書存目叢書》集部，第 277 冊，第 117～118 頁。

〔註 55〕姚培謙《松桂讀書堂集》，《四庫全書存目叢書》集部，第 277 冊，第 118 頁。

岡玉自堅。三年才解釋，一載苦拘攣。……識字翻添患，敦交屢獲愆。蛾眉眞短短，燕啄故翩翩。」〔註56〕娥眉遭妒，宵小獻讒，姚培謙痛言：「巨床坐久膝餘痕，看破機關合杜門。無限悲涼成獨笑，杜鵑啼血太多言。」（《春窗雜詠》）〔註57〕

培謙「廿年偃蹇一諸生」（《獄中雜詩十二首》其四）〔註58〕，「濩落浮生志願虛」（《春窗雜詠》其六）〔註59〕，雖位卑落拓，卻未忘關注民生，如《苦雨》二首云：

> 皇天一雨連五月，水雲沉沉日車沒。中庭群蛙聲嘈嘈，鄰樹饑鳥愁兀兀。腐儒環堵眞蕭然，乞米難仗顏公箋。調和陰陽大臣責，鰥生底事常憂煎。

> 去年蟲荒盎無粟，今年種圃食無菖。老農告訴不忍聞，悍吏追呼方陸續。愁來短歌不能長，殘書支枕午夢涼。慶雲景星照戶牖，天下彷彿如虞唐。〔註60〕

去年蟲荒，今歲淫雨，百姓盎無儲糧，食乏野荣，無以聊生，悍吏仍追租迫緊，天災益以人禍，實爲康乾盛世之別調。「天下彷彿如虞唐」語明褒實貶，諷刺辛辣，繼承了白居易新樂府運動的精神。憂民生之多艱，歎己命之多舛，培謙云：「推排不去總無端，始信浮生實尠歡。……卻笑杜陵無賴甚，涎流麴米說雲安。」（《詠悶》）〔註61〕據《周甲錄》雍正十一年（1733）載：「十一月，因往歲秋收歉薄，民食艱難，謙與郡中紳士設法賑濟，量捐米粟。總督高公其倬令有司賷送『惠濟桑梓』匾額。」〔註62〕姚氏晚年仍有義舉，《周甲錄》乾隆十七年（1752）載：「秋，焚燒書札契劵。謙平生頗熱腸，於知交中不能漠視，以致祖業消磨。一切緩急有本身及子孫貧窘而力不能償者，悉行焚燒，亦一快事也。」〔註63〕培謙居鄉，力行賑濟災民、焚燒契劵免予償還等善舉，發揚了家族風範。

〔註56〕姚培謙《松桂讀書堂集》，《四庫全書存目叢書》集部，第277冊，第110頁。
〔註57〕姚培謙《松桂讀書堂集》，《四庫全書存目叢書》集部，第277冊，第131頁。
〔註58〕姚培謙《松桂讀書堂集》，《四庫全書存目叢書》集部，第277冊，第118頁。
〔註59〕姚培謙《松桂讀書堂集》，《四庫全書存目叢書》集部，第277冊，第131頁。
〔註60〕姚培謙《松桂讀書堂集》，《四庫全書存目叢書》集部，第277冊，第98頁。
〔註61〕姚培謙《松桂讀書堂集》，《四庫全書存目叢書》集部，第277冊，第113頁。
〔註62〕姚培謙《周甲錄》，北京圖書館出版社，1999年影印乾隆間刻本，第136頁。
〔註63〕姚培謙《周甲錄》，北京圖書館出版社，1999年影印乾隆刻本，第151頁。

出獄後，培謙性情大變，早期積極用世之心淡化，闔日閉門謝客，專意著述，自述心境曰：「撫良辰而增慨。春窗捉筆，百感中來，午夜耽吟，寸腸欲斷，假長歌以當哭。」(《春窗雜詠序》)〔註64〕《周甲錄》雍正十二年（1734）載：「是年起，即斂門燕坐，不會一客，不答一刺，雖生而猶死矣。」〔註65〕雍正十三年（1735），培謙又遭方苞、黃叔琳、馮景夏等舉薦，《周甲錄》是年載：「世宗憲皇帝詔舉博學鴻儒，侍郎方公苞致書黃少宰，欲薦舉謙，招謙入都，少司寇馮公景夏亦欲薦謙應詔。自揣學殖空疏，力辭。」〔註66〕姚培謙對仕途心灰意冷，而以著述爲樂業，顧詒祿《題姚平山鱸鄉圖》即云：「九峰三泖煙霞聚，中有幽人讀書處。鬥鴨欄依短竹籬，釣魚船泊垂楊渡。半生汲古謝朝裾，束帛屢徵終不赴。紫殿方需喻蜀文，明堂待作甘泉賦。閉門羔雁只空回，經籍紛綸勤注疏。別去秋風三十年，遙瞻雲樹徒懷慕。訪戴何時剡水遊，問奇重踏機山路。同牢簞菜鱠鮮鱸，黃葉林中傾積素。」〔註67〕姚培謙生平種種不幸，自謂「苦調」的《述懷一百韻》皆有述：「正爾歡情愜，誰知厄運邅。家君溘厭世，閬苑去遊仙。冷月悽椿樹，酸風哭杜鵑。從茲心惻惻，況復禍綿綿。杞陧居三徙，漂搖屋一椽。鰥魚忽失水，寡鶴怯衝天。幻影流波逝，愁端飛絮緣。空床回噩夢，錦瑟怨華年。兩女嗟猶小，悲啼絕可憐。如何銜恤日，繼以悼亡篇。同好惟朋輩，相於討簡編。兩淚長流頰，霜毛欲上顛。撫躬誠恫矣，回首覺茫然。……虛窗兩結煙，思親雲黯然。……循分宜韜跡，傷心忍慕羶。最憐新食飲，還貯舊杯棬。自顧翔蒿鷗，寧同橫海鱣。爲園依苦竹，持綆汲悲泉。事外憂何與，泥中禍竟延。戰兢同集木，恐懼似臨淵。……有妹詩能好，長愁病哪痊。……老去憐兄瘦，貧中怪子孱。笑爲兒女累，憂逐歲時煎。……兩頃田無獲，三間屋欲穿。」〔註68〕以致「不知才拙劣，厭說命迍邅。」〔註69〕

乾隆元年（1736）冬，培謙「出嫁長女於庠生朱桂。桂，順治己亥科會元翰編岵思公錦孫。幼孤，賴母氏教養成立。與鐘鳴完婚，媳李氏，總理兩

〔註64〕姚培謙《松桂讀書堂集》，《四庫全書存目叢書》集部，第 277 冊，第 131 頁。
〔註65〕姚培謙《周甲錄》，北京：北京圖書館出版社，1999 年影印本，第 136 頁。
〔註66〕姚培謙《周甲錄》，北京：北京圖書館出版社，1999 年影印本，第 136～137頁。
〔註67〕顧詒祿《吹萬閣集》卷五，《清代詩文集彙編》本，第 289 冊，第 327 頁。
〔註68〕姚培謙《松桂讀書堂集》，《四庫全書存目叢書》集部，第 277 冊，第 109～110頁。
〔註69〕姚培謙《松桂讀書堂集》，《四庫全書存目叢書》集部，第 277 冊，第 109 頁。

淮鹽政繹山公陳常孫女、明經乾三宗仁次女，極賢淑，侍翁事夫俱得體，惜乎年之不永也，止生一女，許字雲南督學師序張公庠孫、國學錦瀾曾楷子。」〔註70〕乾隆三年（1738），「十二月，嫁次女於太學生張曾墉。曾墉，河南觀察鈞庭公孟球孫、孝廉京少景祁長子。」〔註71〕乾隆十二年（1747），「夏，閣學沈公德潛假滿還朝，六月十七日陛見，皇上問及江南文風士習，沈公奏謙閉戶著書不求聞達。上云：『不求聞達就難得了』。十九日，傳旨進謙所著書籍。沈公呈《樂善堂賦注》四卷、《增輯左傳杜注》三十卷、《讀經史》二冊，上覽云：『《左傳》、《經史》甚好，《賦注》尙有未詳處。』謙一介庸愚，獨學無師，管窺蠡測，何意得邀天鑒，欣悚交深。」〔註72〕《甲餘錄》乾隆二十六年（1761）載：「八月，次女亡。室人止生二女，次嫁爲吳門張氏婦，二十餘年頗嫻禮訓。凶問猝至，不禁老淚之潸潸下也。」〔註73〕培謙一生四遭名公薦舉，或孝友端方，或博學鴻儒，足見其文德明彰。姚培謙一生著述宏富，體現出博學之特點，著有《楚辭節注》、《春秋左傳杜注補輯》、《李義山詩箋注》、《御製樂善堂賦注》、《經史臆見》、《朱子年譜》、《通鑒綱要》、《明史攬要》、《春帆集》及《自知集》（後增刪彙刻爲《松桂讀書堂集》）等；自編有《陶謝詩集》、《讀書類鈔》、《類腋》、《茸城踏歌》、《古文斫》、《元詩自攜》、《詠物詩百一抄》、《唐宋八家詩》《唐宋八家文》等；與張景星、王永祺合編有《宋詩別裁集》、《元詩別裁集》。

三、結語

　　姚氏家族德業文藻並重，其重氣節、尙義善、弘詩文的家風垂範後世，啓後昆積德砥行以振昭先業，即培謙「箕裘每恐家聲墜」（《歲暮雜感》其四）〔註74〕之謂。以雍正十一年（1733）科場案爲界，姚培謙前期奉行儒家哲學，汲汲世功，剛健自奮。變故以後，則皈依老莊，精光內斂，委順隨緣，「不逃名亦不求名，混跡漁樵詠太平。自是疏慵當世棄，敢云人濁我偏清」（《春窗雜詠》其二十二）〔註75〕，「視富貴若等閒」〔註76〕，「栽松種竹，誦

〔註70〕姚培謙《周甲錄》，北京：北京圖書館出版社，1999年影印本，第137頁。

〔註71〕姚培謙《周甲錄》，北京：北京圖書館出版社，1999年影印本，第139頁。

〔註72〕姚培謙《周甲錄》，北京：北京圖書館出版社，1999年影印本，第146～147頁。

〔註73〕姚培謙《甲餘錄》，清乾隆刻本。下文所引皆出自此本，不復注出處。

〔註74〕姚培謙《松桂讀書堂集》，《四庫全書存目叢書》集部，第277冊，第115頁。

〔註75〕姚培謙《松桂讀書堂集》，《四庫全書存目叢書》集部，第277冊，第132頁。

詩讀書，陶然有以自樂」〔註77〕，爲其後期生活之寫照。姚培謙不慕榮利，自謂「澹泊乃吾師」（《詠懷八首》其一）〔註78〕，其思想，受到姚廷瓚、姚宏啓人生觀的影響。培謙晚年處窮，守節彌堅，「不緇不磷先師訓，境到窮時守更牢。」（《獄中雜詩十二首》其二）〔註79〕其「秋菊尚晚節，不與群芳同」（《和悔凡小圃雜詠》其五）〔註80〕的修爲，宗經史、重理學、敦情義的情操，很大程度上受益於家族文化的影響，從一個側面反映出江南望族文化的傳承特點。

封建時代，文人學者的成長乃至立身揚名，軌跡或不同，但導致其成功的因素則有諸多共性，時代風潮的引領、家庭環境的薰陶、自身選擇性進取、師友交往的砥礪等即爲其犖犖大者。姚培謙一生信守理學，不曾逾矩，此與姚氏宗風的影響、統治者的提倡，以及其與當時理學名儒的交遊互動皆有關係。清初興起的樸學風氣至乾嘉臻於高潮，培謙身當其時，樸學之風對其自然也有影響，其宗經重史、漢宋兼採的學術風格就是在這種背景下形成的。姚培謙一生無科名，卻編有《能事集》、《豹斑》、《房書考卷》等制藝課本（見附錄《周甲錄》載），這在雍乾時期有其普遍性。姚培謙時有「讀書種子」（《周甲錄》乾隆六年引顧棟高語）〔註81〕之譽，其學術成就之大主要緣其刻苦攻讀，自謂：「捨誦讀之外無好焉，暇則竊學爲詩賦諸禮」（《類腋・天部序》）〔註82〕、「橫經勤往復，捧手快周旋。」（《述懷一百韻》）〔註83〕「捲簾校異書」〔註84〕，浸淫治學，不憚勞煩，即便居囹圄遇轗軻，亦圖書翰墨紛陳几案，手披口吟，未嘗少懈。

姚培謙青年時代，王士禛執詩壇牛耳，神韻說風靡天下。其而立之年即「敢向詞壇問鼓旗」（《三十生朝》其二）〔註85〕，意氣風發。中年時期，沈

〔註76〕 姚培謙《松桂讀書堂集》，《四庫全書存目叢書》集部，第 277 冊，第 2 頁。
〔註77〕 姚培謙《松桂讀書堂集》，《四庫全書存目叢書》集部，第 277 冊，第 2 頁。
〔註78〕 姚培謙《松桂讀書堂集》，《四庫全書存目叢書》集部，第 277 冊，第 76 頁。
〔註79〕 姚培謙《松桂讀書堂集》，《四庫全書存目叢書》集部，第 277 冊，第 118 頁。
〔註80〕 沈大成《學福齋詩集》，續修四庫全書本，集部，第 1428 冊，第 322 頁。
〔註81〕 姚培謙《周甲錄》，北京：北京圖書館出版社，1999 年影印本，第 141 頁。
〔註82〕 姚培謙《類腋》，清乾隆七年刻本。
〔註83〕 姚培謙《松桂讀書堂集》，《四庫全書存目叢書》集部，第 277 冊，第 109 頁。
〔註84〕 沈大成《學福齋詩集》卷十四《和悔凡小圃雜詠》其二，清代詩文集彙編本，第 322 頁。
〔註85〕 姚培謙《松桂讀書堂集》，《四庫全書存目叢書》集部，第 277 冊，第 115 頁。

德潛格調說、袁枚性靈說牢籠詩壇。其文學思想先後受諸公一定影響，能兼取神韻、格調、性靈諸派之長，成自家面目。其學者而詩人，有學人之詩的特徵，與宋人契合。姚培謙與格調派、性靈派、理學派代表人物皆有來往〔註86〕，其通過選本編輯、詩歌箋注、撰著詩話、詩文創作等方式，宣揚了兼採唐宋的詩學主張。培謙於唐詩，尊盛唐輕中晚，標榜格調，宣揚詩教，有盛世氣息，與沈德潛為近；於宋人，則重北宋輕南宋，強調宋詩的倫理價值，與理學派有暗合；於詩歌創作，則倡導性靈、主張自然，與性靈派契合。

第二節　姚培謙之交遊

「總把友朋為性命，但逢花月更勾留」〔註87〕的姚培謙，一生「好交遊，名滿江左」〔註88〕。王嘉曾撰《姚平山先生傳》云：「先生生而穎異，善讀書，重交遊，弱冠補邑庠生，再試於鄉不利，輒復棄去，遂發憤著述云。吾鄉自明季陳、夏結幾社，狎主敦槃，東南名士雲集鱗萃，降及春藻大雅，流風餘澤猶有存者。先生慨慕其為人，乃設文會於家塾，寓書走幣，締交於當世之鴻才駿生，而東南名士亦翕然從之。於是開北海之尊，下南州之榻，一時杯盤縞紵之勝幾遍大江南北，而雲間之聲氣亦駸駸乎復古矣。」〔註89〕黃達《姚鱸香傳》亦載：「（姚培謙）以世家子，翩翩自好，遠近皆愛慕之。繼赴省門，亦無不爭相投契，以是文名遂大噪于江表。……又素好客。每當春花秋月，設筵肆席，徵歌選伎，以相娛樂。非惟文章氣誼可以聯結天下英雋，而聲色之移人亦云盛矣。」〔註90〕培謙交遊之廣、聲氣之盛，由茲可見。考姚培謙交遊網絡，對瞭解其社會活動、生活態度、歷史地位，進而探討其文學、學術均有裨益。據《松桂讀書堂集》、《周甲錄》記載，姚培謙至少到過：南京、句容、無錫、蘇州、揚州、淮陰、宿遷、紹興、杭州、湖州、嘉興、六安、武漢、襄陽、濟南、曲阜、泰安、濟寧、保定、北京、廣西、隴西等地，足

〔註86〕參《姚培謙之交遊》。
〔註87〕姚培謙《松桂讀書堂集》，《四庫全書存目叢書》集部，第277冊，第114頁：《挽友》二首其一。
〔註88〕宋如林修，孫星衍、莫晉、張吉安等纂《松江府志》卷五十九《古今人傳十一》，嘉慶二十二年刻本。
〔註89〕王嘉曾《闖音室遺文附刻》，《續修四庫全書》集部，第1447冊，第265頁。
〔註90〕黃達《一樓集》，北京：北京出版社，1997年影印本，第740頁。

跡半天下，留下了眾多的記遊、唱和詩篇，爲我們考其交遊提供了便利。清代文人漫遊其實是一種普遍現象，士子因科舉考試、異地爲官、訪師尋友、遊幕爲客、詩文酒會、外出坐館、書院講學、訪書編書、輯佚校勘等機緣，離開家鄉四處奔波。文人間的這種橫向流動對文學流派的形成、學術風氣的傳播、學術話題的研討都有益處。清代學術文化中心有二：南京和北京。北京又兼政治中心，其學術中心的地位益顯隆。姚培謙和這兩個地方的不少知名文人學者有來往，其中有漢學家、宋學家、文學家、書畫家等，既涉及到不同層次，也涉及到不同學派。這些遊歷交往，豐富了姚培謙的學術思想，其學者胸襟有以曠達，也影響到《宋詩別裁集》的選本批評思想，重要性毋庸多論。姚氏所與交遊者，亦有同張景星、王永祺有來往者，故舉一可知三。茲把姚培謙友人按地域分類，考錄如次：

一、松江府籍

1、黃之雋（1668～1748），初名兆森，字石牧，號唐堂，華亭人，原籍安徽休寧。少穎悟，弱冠即能詩，好著古詩，以杜韓爲師範。康熙六十年（1721）進士，改庶吉士。歷福建學政、中允等職。之雋好聚書，積有二萬餘卷。綜覽博觀，才華富贍，有《唐堂集》、雜劇《四才子》、傳奇《忠孝福》、集句詩集《香屑集》等，自撰年譜《多錄》（見國家圖書館藏乾隆刻本《唐堂集》附錄），傳詳《清史列傳》卷七十一。黃氏爲學詆陸王而尊程朱，王永祺評曰：「吾師唐堂先生前後集共六十卷，《多錄》一卷，皆手定。……先生之於文章自有原本，平日孳孳爲學，一稟程朱，卓立不惑，深疾夫陸王釋老之說。……闡提正學，排詆邪論，不遺餘力，散在集中可考。中年讀朱子書，意欲有所撰述而不果。蓋夙以標榜道學爲戒，潛心力行，自少至老，自處家以至服官，一以忠誠篤敬，由是蓄積光大，浩乎沛然。……門人王永祺謹識」〔註91〕王永祺篤守程朱理學，實由來有漸。沈德潛稱：「雲間詩，自陳黃門振興後，俱能不入歧途，累累繩貫。至盧文子後，又日就衰隤，尟所宗法矣。唐堂學殖富有，而心思才力又足以驅策之，故能自開生面，仍復不失正軌，謂之詩學中興可也。」〔註92〕

黃之雋曾爲姚培謙《樂府》詩作序，有云：「漢採秦楚之聲而立樂府，孝

〔註91〕黃之雋《唐堂集》卷首《識記》，《清代詩文集彙編》第 221 冊，影清乾隆十三年刻本，第 1～2 頁。

〔註92〕沈德潛《清詩別裁集》，上海：上海古籍出版社，1984 年版，第 982 頁。

惠二年有樂府令夏侯寬。文景時無所增更，於樂府習常隸舊而已。知不始於武帝延年，蓋至是而極盛大備云。人曰樂府興而三代之樂亡，顧玩其辭，實有六義之遺，不同者音耳。魏晉競響，浸淫至南北朝，起鄭衛之聲，雜羌胡之曲，唐人若李杜元白韓孟李賀張籍王建之徒，振古創新，炳焉與漢同風。至宋元以詞曲充樂府，而漢以來之樂府遂亡。明大家往往擬作，咸有可觀。于鱗翁《離東門行》等篇剿摹斷爛，不作可也。考漢郊祀《房中樂》載於班史，鴻文巨製，歷代取法，而迴莫能逮。《朱鷺》等曲，則或澀句讀、艱訓詁，但以諧聲有音無義，故後代按曲易名，篇句亦別。固知膠柱不如改弦，其他曲部裒積，汗漫難竟，所謂長簫短簫，清調瑟調，法已不傳矣。予少壯時頗好之，仿其辭旨音節，斷題取義，不盡合於本章，以肖自喜，以贗自愧，俄而曰不為。而姚子平山獨優為之，今梓其詩，用樂府壓卷，古近體次其後，體各有名人為序。而首以樂府屬予。嘗讀幾社詩，吾郡前輩必討源風騷，批根漢魏。味必濃至，聲必高渺，不似世人狃習凡近視唐以上為洪荒黮者，署古題於三五七言，而嚇曰樂府。楛也而釢之，臘也而璞之，然乎哉。平山匠意冶句，曼衍百餘篇，無不神解吻合，意其遊心冥悟，逖追司馬協律輩。相和於鐃歌、鞞舞之間，而得其不傳之逸響歟。世有賞音，安知不胥被之弦匏，視彼雙鬟餅師謳黃河而歌渭城者何如也。予請以蕢桴土鼓先之。」〔註93〕黃、姚二人俱宗仰杜甫、韓愈、朱熹，詩歌學古主張一致，不類凡俗之唯唐是舉，余則摒棄不為。雍正朝，培謙兩遭薦舉而卻之，黃之雋支持其出處選擇，撰《姚平山卻薦詩》云：「聖朝汲人野無佚，黌校之中講治術。詔下郡守方舉優，姚君掉頭不肯出。人生出處各有志，所貴儒林合循吏。廣川文學得仲舒，洛陽秀才推賈誼。姚君兼有猷守為（自注：雍正四年，詔郡縣學舉有猷有為有守之士為優生），抱負胡不早措施。曾晳風浴酬所知，漆雕亦云未信斯。聖人一與一說之，姚君詣郡守，悃款而力辭。墨綬視事世所有，棘人未是馳驅時。郡守不能強，屹以禮自持。閩漳諸生王麟瑞，曾紀樂春堂裏事。多療母疾梅實生，夜廬父墓馴虎至。孝廉之詔始舉行（自注：雍正初，詔舉孝廉方正），我為題薦朝帝京。擢授太守轉郎署，旋晉御史屢有聲。王君應召姚君卻，盛典相同志則各。求忠於孝古所稱，事業他年待揮霍。」〔註94〕

〔註93〕黃之雋《唐堂集》卷九，《清代詩文集彙編》第221冊，影清乾隆十三年刻本，第118頁。

〔註94〕黃之雋《唐堂集》卷三十八，《清代詩文集彙編》第221冊，影清乾隆十三年

黃之雋亦爲姚培謙、張景星所編《通鑑綱目前編節抄》作序，序文載黃氏《唐堂續集》卷二。

2、陳崿，字咸京，號岞嵐，晚號慧香，華亭人。貢生，薦充纂修詩經館分校，議敘知縣，遽乞歸，杜門著述，不復出，有《祖硯堂集》、《呵壁詞》，爲陽羨詞派成員。龍榆生《近三百年名家詞選》有簡傳〔註95〕，錄其詞一首。陳崿曾爲姚培謙《覽古詩》作序，培謙《重九前一日陳大中丞招飲清德堂》〔註96〕詩中所言「陳大中丞」即此人。康熙六十年（1721）春，陳氏與姚培謙、朱霞、陸崑曾、董杏燦、張琳等人起詩會。培謙《周甲錄》康熙六十年（1721）載：「春，與朱初晴霞、陸圃玉崑曾、陳咸京崿、董弘輔杏燦、張玉田琳起詩會齋集。小齋一月三舉，分題拈韻，即日成篇。給事王西亭先生原遴選付梓，名《于野集》。」〔註97〕

3、陸崑曾，字圃玉，號臨雲，華亭人。康熙五十年（1711）舉人，官宿州學政。雍正朝，遊幕於廣德、武進、揚州、北京等地，曾館於王鴻緒賜金園，助修《明史》，王鴻緒《谷口續集》載有《中秋微雨水繪軒小集次陸圃玉原韻二首》。陸氏工詩文，與姚培謙、陳崿、朱霞爲詩友，著有《李義山詩解》、《臨雲樓稿》。姚培謙七絕《懷陸孝廉圃玉》中云：「最是日長翻舊笈，無人解說孟郊詩」〔註98〕，以孟東野方之，可想見陸氏詩風。姚氏《飲臨雲書屋贈主人》云：「幾載相思我共君，一尊今夕肯辭醺。草堂憶昔當人日，奇字頻來問子雲。兩世交遊張範合，半生落拓阮嵇群。干霄碧樹依然在，又見階前蘭桂芬」〔註99〕，先後用了杜甫、高適交往典；揚雄「載酒問字」典；範式、張劭典；阮籍、嵇康典；可見兩人交情莫逆。沈德潛與陸氏也有交往，《歸愚詩抄》卷二十有《花朝飲王千里寓樓，同雲間陸圃玉》，自注「千里、圃玉皆徹侯張氏故客，是日述張氏盛衰事。」〔註100〕

4、胡寶瑔（1694～1763），初名金蘭，字泰舒，號瓶庵，本籍安徽歙縣

刻本，第 400 頁。

〔註95〕龍榆生《近三百年名家詞選》，上海古籍出版社，1979 年版，第 79 頁。

〔註96〕姚培謙《松桂讀書堂集》，《四庫全書存目叢書》集部，第 277 冊，第 106 頁。

〔註97〕姚培謙《周甲錄》，北京圖書館出版社，1999 年影印乾隆刻本，第 121～122 頁。

〔註98〕姚培謙《松桂讀書堂集》，《四庫全書存目叢書》集部，第 277 冊，第 125 頁。

〔註99〕姚培謙《松桂讀書堂集》，《四庫全書存目叢書》集部，第 277 冊，第 121 頁。

〔註100〕潘務正，李言點校《沈德潛詩文集》，北京：人民文學出版社，2011 年，第 1 冊，第 397 頁。

方塘村，祖希烈官常州教授始徙居婁縣，父廷對官婁縣訓導，因居青浦。雍正元年（1723）舉人，登賢書座師爲黃叔琳。乾隆二年（1737）後，歷內閣中書、軍機處行走、侍讀、福建道御史、戶部給事中、順天府丞、宗人府丞、左副都御史、兵部侍郎、山西巡撫、江西巡撫等職，乾隆二十三年（1758）晉太子少傅。乾隆二十七年（1762），以疾致仕，次年卒，加太子太保、兵部尚書，諡恪靖，傳詳王昶《春融堂集》卷六十四《胡寶琛傳》。上海圖書館藏有王永祺撰《泰舒胡先生年譜》，有泰舒七世孫胡祖謙跋，爲光緒二十九年（1903）刻本。雍正時，姚培謙與胡氏即有交往，培謙有《秋山射獵圖爲胡孝廉泰舒題》詩，稱讚胡氏「馬上意氣排天閽，……彷彿當年曹景宗，……書生如此奇不奇」〔註101〕。以南北朝時梁朝名將曹子震（457～508）比泰舒，贊許有加。

　　5、張景星：字二銘，一字西圃，華亭人，事蹟詳後文《張景星家世生平》。姚培謙雍正十一年（1733）罹獄災後，交友漸稀，張景星爲其晚年益友。《周甲錄》乾隆十五年（1750）載：「八月，得孫。十二月，哭王表叔惺齋貽穀。惺齋，相國文恭公孫、少宗伯晴村公次君，爲人介特自喜，績學，工詩詞。謙自甲寅歲謝客以來，親友中相過者絕少，惟半村、耐亭、三蕉、延之及張司馬樓靜卿雲、部曹二銘景星昆季、范秀才師任志尹、表叔吳吟香澄、王香雪貽燕與惺齋，時時晤言一室，釃酒評花以消歲月。半村、三蕉於三年前辭世，今惺齋又作古。人不勝知交零落之感。」〔註102〕甲寅，即雍正十二年（1734）。乾隆十七年（1752），張景星於姚培謙讀史樓襄文會，《周甲錄》乾隆十七年（1752）載：「三月，二銘重舉原海文會於讀史樓。」〔註103〕黃達《讀史樓文會序》云：「讀史樓者，姚君鱸香別業也。高爽軒敞，花木環列，於觴詠爲宜。惟時補堂王先生以文章提倡後進，姚君與張君西圃交贊之，因舉文會於此樓焉。吾郡承幾社餘風，繼之以春藻大雅，諸前輩負其才氣，奔走海內，英雋奇傑之士北面受歊，奉爲主盟。近今以來，少衰替矣。蓋自科舉之學行，揣摹帖括，以求速售。凡詩歌記序之類蓋束高閣，相戒勿觀，苟慨然以古人自命，思欲有所撰述，傳之於後，鮮不以爲迂闊而目笑之。今與斯會者莫不各有磊落軒天地之致，蓋將以針砭流俗而希風前哲也。

〔註101〕姚培謙《松桂讀書堂集》，《四庫全書存目叢書》集部，第277冊，第93頁。
〔註102〕姚培謙《周甲錄》，北京圖書館出版社，據乾隆刻本影印，第149～150頁。
〔註103〕姚培謙《周甲錄》，北京圖書館出版社，據乾隆刻本影印，第150頁。

豈不盛哉！是日也，積雪初晴，薄冰欲泮。風習習從東方來，襲人衣袂。遠望九峰出沒，雲際埤堄參差。俯瞰几席向所爲北花園者，野蔓荒燐，高下墟墓，今則清池嘉樹。登茲樓者，非復昔日之觀矣。於是少長列坐，盡醉而歸，既爲之記且繫以詩曰：『惟春之始，景物和柔。裙屐斯聚，陟彼高樓。樓既敞矣，採耀葩流。同條共貫，屈宋應劉。匪惟角藝，交錯觥籌。一斗一石，解我心憂。名山不朽，富貴雲浮。蘭臺金谷，用匹前休』。」〔註104〕補堂王先生，即王永祺。

　　乾隆十一年（1746），張景星與姚培謙合纂《通鑒攬要》二十七卷，海寧陳世倌序言其纂修事，陸奎勳校閱。乾隆二十六年（1761）春，張景星飛鴻堂又重新雕刻此書。乾隆二十三年（1758），姚培謙、張景星合纂《元史攬要》成，《甲餘錄》是年（1758）載：「秋七月，元史抄竟。計此書自癸亥夏起至今秋，約二十餘年。雖中間涉獵他籍，偶有作止，而夜火晨雞，無間寒暑。並與張部曹二銘景星、王孝廉延之永祺暨盛、鍾二子時昔商榷，不敢堅執鄙見從事也。錄成藏之篋笥。」乾隆二十四年（1759），姚培謙、張景星合纂《明史攬要》八卷，王永祺參閱，卷首乾隆二十四年（1759）夏錢塘王延年〔註105〕序云：「雲間姚氏述齋、張氏二銘著歷代通鑒攬要，以次及於明史。……此書有三善焉：提綱悉遵御撰，日月中天，炳耀簡冊，一善也。綱爲經，目爲傳，其間不濫入以傳聞齟齬之辭，深得左氏先經始事後經終義之意，二善也。大指則主於簡約，以便循覽，三善也。初學之士得此書而熟復焉，然後從而讀正史，不已思過半乎。述齋、二銘皆精研古學，著書滿家，窺豹一斑，可知全體云。」〔註106〕《甲餘錄》乾隆二十六年（1761）載：「三月，與延之、二銘選刻宋詩名《百一抄》付梓。……九月，刻《通鑒攬要》成。《通鑒綱目節抄》一書卷帙頗繁，未能梓以問世。二銘以爲盍摘要先行之，因爲標舉眉目，別成一書。又相與抄錄明史，合刻於家塾，名曰《攬要》。」乾隆二十七年（1762），張景星與姚培謙合編叢書《硯北偶抄》十二種，凡十七卷，國家圖書館藏乾隆二十七年（1762）姚氏草草巢刻本，卷首有乾隆二

〔註104〕黃達《一樓集》卷十八，北京：北京出版社，1997年版，影印本第755頁。
〔註105〕王延年，字介眉，錢塘人。雍正四年舉人。乾隆初，舉鴻博，後官國子監學政。十七年，會試，以耆年晉司業，賜翰林院侍講銜。延史學浹熱，嘗補袁樞《通鑒紀事本末》，杭世駿序之，晚年，大學士蔣溥、劉統勳皆以經學薦，又自進呈所著書，皇上嘉許，《清史稿》卷四八五有傳。
〔註106〕姚培謙、張景星《明史攬要》，乾隆二十四年秋刻本，蘇州圖書館藏。

十七年（1762）王永祺序，有總目。卷首題「雲間姚培謙述齋、張景星西圃錄」。王永祺序云：「述齋徵君癖於書，經史百氏類皆採剝其華實，咀嚼其膏味。……部曹西圃於倡酬風雅之暇，廣羅群帙，標籤析疑，往返日恆數四，藝林勝事相與有成。」〔註107〕《甲餘錄》乾隆二十七年（1762）載：「刻《硯北偶抄》，延之爲之序。」又《甲餘錄》乾隆二十七年（1762）載：「與延之、二銘商榷《元詩百一抄》成。」

　　6、王原（1646～1729），初名深，字仲深，一字令詒，號西亭，青浦人。八、九歲能辨四聲，十二、三竊爲詩古文，父喜其不凡，年二十四爲縣學生，康熙二十七年（1688）進士，康熙四十一年（1702）授工科給事中，嘗從刑部尚書徐乾學修《一統志》。王原壯年力學，老而不倦。曾受業於陸隴其、湯斌等理學名家，精研名理，一以濂洛爲宗，與高士奇、李良年、周在濬、張尚媛等名流交通，有《學庵類稿》、《西亭文抄》、《學庸正僞》、《論孟釋義》、《春秋咫聞》等，傳詳王昶《春融堂集》卷六十四《王原傳》。王原編有《于野集》七卷，刻於康熙五十九年（1720），乃同郡姚培謙、朱霞等三十二人唱和之作，原釐擇而選定之。書名「于野」，取《易》「同人于野」之義。培謙有《過青浦崒王給諫西亭先生》七律一首，詩云：「向晚滄江宅外過，春帆細雨奈愁何。直聲西掫封章在，歸計南山種豆多。當日問奇曾往復，茲晨載酒竟蹉跎。欲知不斷相思意，碧草如煙水綠波」〔註108〕，王原時有歸隱意。又姚氏撰《唐宋八家詩例言》云：「往余有《東坡分體詩抄》一刻，給事王西亭先生見之，寓書勸余準毛氏《文抄》之例並及諸家。暇日因各摭全集遴選付梓，遵前輩之教也」〔註109〕，培謙對王氏相當敬重。姚培謙箋注《李義山詩集》，亦請王原審閱，有乾隆五年（1740）姚氏松桂讀書堂刻本。

　　7、朱霞，字耕方，一作更芳，號初晴，婁縣人，以科考領案生拔充歲貢。雍正三年（1725），江蘇布政使鄂爾泰編選《南邦黎獻集》，聘朱霞訂定之。朱氏從高郵訓導任以老乞歸，與諸名流倡和無虛日，主壇坫者垂四十年。能詩文，尤工書畫，有《鶴墅堂集》、《一拂樓集》、《星研齋吟草》。其生平事蹟，《國朝畫識》、《婁縣志》、《松江詩徵》、《清畫家詩史》有載。朱霞唱和好友中即有姚培謙，《周甲錄》康熙六十年（1721）載：「春，與朱初晴

〔註107〕姚培謙、張景星輯《硯北偶抄》卷首，乾隆二十七年草草巢刻本。
〔註108〕姚培謙《松桂讀書堂集》，《四庫全書存目叢書》集部，第277冊，第116頁。
〔註109〕姚培謙《唐宋八家詩》卷首，雍正五年遂安堂刻本。

霞、陸圃玉昆曾、陳咸京嶁、董弘輔杏燧、張玉田琳起詩會齋集。小齋一月三舉，分題拈韻，即日成篇。給事王西亭先生原遴選付梓，名《于野集》。」〔註110〕朱霞的文學主張，得姚培謙推崇，《周甲錄》雍正七年（1729）載：「白沙中表尊行，而與謙年相若，契好無間。詩文同折衷於初晴先生。」〔註111〕白沙，爲華亭吳潚。姚培謙嘗與朱霞合作箋注李商隱七律詩，《周甲錄》乾隆四年（1739）載：「箋注《李義山詩集》。往年有《義山七律會意》一刻，大半出自初晴手筆。」〔註112〕姚培謙《松桂讀書堂集》載有《寄朱丈初晴，時司鐸高郵》詩一首，稱頌朱氏：「磊落襟期傲昔賢，性情陶冶託詩篇。暮雲春樹思千里，雪案螢窗共幾年。妙筆有神能越俗，靈臺無染爲逃禪。一官未展平生學，且自悠悠襞社邊。」〔註113〕雍正元年（1723），姚培謙刻所評注《古文斫》，《前集》卷端題「華亭姚廷謙平山評注，同里朱霞初晴、錢唐張琳玉田參閱」。雍正四年（1726），姚氏刻所輯《元詩自攜》，卷端題「華亭姚培謙平山選輯，錢塘張琳玉田、同里朱霞初晴參閱」。可知姚朱二人文學互動頻繁。朱霞詩宗杜韓，律體尤精，與姚培謙的詩學思想及創作相近。

8、蔣培穀，字貽九，號荷溪，華亭人。貢生，官東流訓導，《江蘇詩徵》卷一百十四有載。康熙五十一年（1712），姚培謙與蔣氏等人舉文會，《周甲錄》是年載：「三月，同人作暮春文會，取《論語》「暮春者」七句分題作文，會成百篇，名《暮春集》。與兄霑扶及明經蔣荷溪培穀昆季編次付梓，鼎元戴瓏岩先生與南村師選定而爲之序。」〔註114〕培謙作《送蔣大荷溪之江右》云：「半世窮經未救貧，依人還別白頭親。此行莫謂他鄉縣，千里仍然舊主賓。」〔註115〕蔣氏迫於生計，辭親外赴，姚培謙深表同情。

9、王永祺（1701～1766），字延之，號補堂，婁縣人。以歲貢中乾隆二十四年（1759）順天舉人，有《草香居詩文集》。他與姚培謙、張景星合編《宋詩別裁》、《元詩別裁》皆在其中舉之後，而與培謙結交則在此之前。據乾隆刊《婁縣志》載：「（永祺）初居望河涇，後遷城北，姚培謙分北垞之半爲其

〔註110〕姚培謙《周甲錄》，北京圖書館出版社，據乾隆刻本影印，第121～122頁。
〔註111〕姚培謙《周甲錄》，北京圖書館出版社，據乾隆刻本影印，第131頁。
〔註112〕姚培謙《周甲錄》，北京圖書館出版社，據乾隆刻本影印，第139頁。
〔註113〕姚培謙《松桂讀書堂集》，《四庫全書存目叢書》集部，第277冊，第117頁。
〔註114〕姚培謙《周甲錄》，北京圖書館出版社，據乾隆刻本影印，第115～116頁。
〔註115〕姚培謙《松桂讀書堂集》，《四庫全書存目叢書》集部，第277冊，第118頁。

草香居。」〔註116〕北垞，地處通波門外循河北岸，明萬曆年間爲倪氏故園。
清康熙時，爲姚培謙購得，修葺一新，其間有雙杏堂、天光雲影閣、弄珠
檻、招鶴樓、小杯湖、松吹亭、鶊棲室、庖湢、香雪坪、抱香庵、蓮生庵等
名勝，爲姚氏愛廬。姚培謙《北垞詩》序云：「願與世之有道而能文者詠歌遊
息其間，以裨余之蕪陋，庶幾古人開徑之意。」〔註117〕願得一有道能文之士
共同生活，談文論道，取長補短，姚氏既分北垞之半與永祺，說明王永祺即
爲其理想人選。據光緒刊《華亭縣志》卷十六《人物五‧列傳》載，王永祺
家境澆薄，當無力購買北垞半宅，姚氏贈與居多。又據是傳所載，王永祺乃
嚴氣節操守之人，不輕受恩惠，既願接受姚氏厚禮，足見二人關係超俗。居
處相鄰，守望相助，增加了兩人的交流機會，爲他們合作編選《宋詩別裁集》
提供了方便。

　　王永祺嘗助姚培謙箋注李商隱詩集，事見《周甲錄》乾隆四年（1739）
載：「箋注《李義山詩集》，往年有《義山七律會意》一刻，大半出自初晴手
筆。茲刻賴同學王子延之永祺相助。」〔註118〕又乾隆五年（1740）載：「彙
刻《詩集》八卷，屬延之選定。」〔註119〕又乾隆十三年（1748）載：「同延之
增訂《朱子年譜》」〔註120〕。《周甲錄》乾隆十六年（1751）載：「十二月二十
立春日，與延之起原海文會於讀史樓。」〔註121〕乾隆十七年（1752）載：「與
延之選刻《原海文會制藝》」〔註122〕。《甲餘錄》乾隆二十四年（1759）載：
「恭閱《佩文齋韻府》及《拾遺》，眞爲古今以來韻學集大成矣。奈卷以百
計，中人力不能購者多。因與二銘、延之、凌煙焚膏繼晷，採擷菁華，此書
若成，於藝苑似不爲無功。第未知何日得以訖功。」姚、王二人過從頻繁，
時有唱和。姚培謙作《正月七日王大延之以詩見貽，憶高常侍人日題詩寄草
堂句，續成二律卻寄》詩，其一云：「人日題詩寄草堂，濕雲卷盡見晴光。不
知兩地春多少，空有相思夢知長。節序俄驚新歲月，形容飽歷舊風霜。愁懷
欲訴渾難得，吟向梅花一斷腸。」〔註123〕其二云：「人日題詩寄草堂，達夫

〔註116〕謝庭薰修、陸錫熊纂《婁縣志》卷二十六《人物》，乾隆五十三年刻本。
〔註117〕姚培謙《松桂讀書堂集》，《四庫全書存目叢書》集部，第277冊，第78頁。
〔註118〕姚培謙《周甲錄》，北京圖書館出版社，據乾隆刻本影印，第139頁。
〔註119〕姚培謙《周甲錄》，北京圖書館出版社，據乾隆刻本影印，第139頁。
〔註120〕姚培謙《周甲錄》，北京圖書館出版社，據乾隆刻本影印，第148頁。
〔註121〕姚培謙《周甲錄》，北京圖書館出版社，據乾隆刻本影印，第150頁。
〔註122〕姚培謙《周甲錄》，北京圖書館出版社，據乾隆刻本影印，第151頁。
〔註123〕姚培謙《松桂讀書堂集》，《四庫全書存目叢書》集部，第277冊，第118頁。

妙詠擅詞場。百年身世真堪笑，前輩風流未敢忘。頭帶銀蟠癡亦韻，杯斟竹葉醉尤狂。佳辰獨我無聊甚，一片離心滿夕陽。」〔註124〕俗以農曆正月初七為人日，又稱人勝日、人慶節，做七菜羹、剪綵人、鏤金箔人、貼屏風、戴頭鬘、出遊、登高賦詩等均是人日習俗。唐代詩人高適晚年任蜀州刺史，於上元元年（760）人日，作《人日寄杜二拾遺》詩：「人日題詩寄草堂，遙憐故人思故鄉。柳條弄色不忍見，梅花滿枝空斷腸。身在遠藩無所預，心懷百憂復千慮。今年人日空相憶，明年人日知何處。一臥東山三十春，豈知書劍老風塵。龍鍾還忝二千石，愧爾東西南北人。」時值安史之亂，杜甫流寓成都，獲覽此詩，淚灑紙間，作《追酬高蜀州人日見寄並序》詩。王永祺人日貽詩問候，姚氏酬詩二首示意。並以高適、杜甫關係自比，可見二人意氣相投。

10、張琳，字佩嘉，號玉田。本籍錢塘，徙居華亭。康熙舉人，任教官，好交遊，性豪爽，曾與同里張漢颺、朱霞、張志京等結消夏詩社〔註125〕。張氏工畫梅，全祖望《題張琳前輩萬梅圖》（詩題自注：上有王靖遠詩，今藏馬氏）云：「枝南枝北無算枝，想見下筆淋漓時。花光醉倒王靖遠，筆力俯視楊補之。寒碧亭前風信動，龍城夢中美人思。《四明畫史》增遺佚，題詩為報邱郎知。」（詩末自注：張廣文之繪事，吾鄉後輩莫有知者，邱玉冊《四明畫史》亦失之）〔註126〕生平事蹟，詳《國朝畫識5》、《清代畫史增編14》、《江蘇詩徵》卷五十八。張琳詩宗陸游，有《秋葉軒詩》四卷，《四庫全書總目》卷一百八十四《秋葉軒詩提要》云：「是集乃康熙丙戌其友趙炎所選定。集中近體多於古體，而七言律詩一種又多於諸體。大抵圓熟流利，篇篇如一，蓋其瓣香惟在《劍南》一集耳。」〔註127〕中科院圖書館藏有康熙四十一年（1702）刻本《秋葉軒詩》。康熙六十年（1721）春，姚培謙、朱霞、張琳、陳崿等起詩會，唱和集編為《于野集》。姚培謙作有《讀皮陸張處士詩，憶亡友張玉田》詩二首，其二云：「平生嗜好逐煙霞，不戀西湖是舊家（自注：玉田本籍錢唐）。綠酒醉餘常獨醒，黃金揮盡豈為奢。一編塵架殘秋葉（自注：

〔註124〕姚培謙《松桂讀書堂集》，《四庫全書存目叢書》集部，第277冊，第119頁。

〔註125〕王豫輯《江蘇詩徵》卷五十八，清道光元年焦山海西庵詩徵閣刻本。

〔註126〕全祖望《鮚埼亭詩集》卷五，朱鑄禹《全祖望集彙校集注》，上海古籍出版社，2000年版，第2164頁。

〔註127〕永瑢《欽定四庫全書總目》（整理本），北京：中華書局，1997年版，第2572頁。

著有《秋葉軒集》），六尺荒墳對落花。自古詩人元少達，長天搔首不勝嗟。」
〔註128〕雍正元年（1723）刻本，姚培謙所評注《古文斫》，《前集》卷端題
「華亭姚廷謙平山評注，同里朱霞初晴、錢唐張麟玉田參閱」。「麟」為「琳」
之誤。雍正四年（1726）刻本，姚氏所輯《元詩自攜》卷端題「華亭姚培謙
平山選輯，錢塘張琳玉田、同里朱霞初晴參閱」，可知張琳與姚培謙常有文學
互動。

　　11、焦袁熹（1661～1736），字廣期，號南浦，華亭人，一說金山人。康
熙三十五年（1696）舉人，《清史列傳》卷六十七《儒林傳》稱其：「穿穴經
傳與諸經注疏，皆有筆記。其說《易》，專主義理；說《禮》，推言《禮》意；
而於《春秋》尤邃，著《春秋闕如編》八卷。……袁熹獨酌情理之平，立褒
貶之準，謹持大義，刊削煩苛。……尤大義凜然，非陋儒所及。……性至孝，
事親著書，不求聞達。鄉薦後，自以非用世才，遂不會試。五十二年，李光
地、王頊齡俱以實學通經薦，以親老固辭。後銓授山陽教諭，仍乞終養，不
赴。生平心師陸隴其，不名不字，而不走其門。……雍正十三年卒，年七十
六。」門人私諡孝文，有《此木軒文集》十卷、《此木軒直寄詞》二卷，焦袁
熹「詩亦孑孑獨造，不儕流俗」〔註129〕。國家圖書館藏焦以恕編《焦南浦先
生年譜》，為清光緒二十三年（1897）雲間木活字本，首附焦袁熹小像一幅。
以恕，字心如，袁熹第四子，諸生，能承家學，中年後肆力《儀禮》，有《儀
禮匯說》十七卷、《經說彙編》六卷，康熙六十年（1721）春，姚培謙與朱
霞、陸昆曾、陳崿、董杏燦、張琳等起詩會，焦袁熹推培謙為職志，寓書姚
氏云：「《于野集》，詩皆工妙，吾鄉文學之盛，其在是乎。然而執旗鼓者之
首，庸捨足下莫屬也。此事似緩而實急，似輕而實重，唯賈豎婦人乃以為不
若銅錢之為緊要耳。今日大病正在於此，此乃斯文關係，非細故也。不知者
或以熹為戲言，是豈然哉。是豈然哉。願諸君子益復為之，即此便不是白吃
了飯，作天地一蠹蟲，此義定非賈豎婦人所能知。因來札有『冷淡生活』一
語，似猶以熹為不識此義，故發憤一道之。」〔註130〕康熙六十一年（1722），
又札寄培謙云：「足下所刻《于野集》、《房書考卷》並《分體東坡詩》，披
尋數日，未能遂窺突奧。《于野》諸君子鼓吹風雅，鏘洋金石，豈直吾鄉盛

〔註128〕姚培謙《松桂讀書堂集》，《四庫全書存目叢書》集部，第277冊，第120頁。
〔註129〕沈德潛《清詩別裁集》，上海：上海古籍出版社，1984年版，第716頁。
〔註130〕姚培謙《周甲錄》，北京圖書館出版社，1999年據乾隆刻本影印，第122～123
　　　　頁。

事，抑將使海內人士望之若景星卿雲。謂此爲不急之務者，非知言也。已於前札中道之矣。《房書考卷》所收皆清卓一種，甚有益於初學，恨其太少耳。」〔註131〕姚培謙於雍正十一年（1733）無辜繫獄，焦袁熹則以詩相慰，《周甲錄》雍正十一年（1733）載：「八月，撫軍山東喬公世臣列款參郡守吳公節民，內一款府試童生，稱謙在署閱卷，合署領案共九名，通同得賄，於十四日繫獄。南浦先生以詩相慰，曰：『人間定可哀，此事復何來。杯盞成蛇影，文章豈雉媒。飲爻占悔吝，遁甲向驚開。聽取枝頭說，饁羊未是災。』及對簿訊檢，都虛，臬司徐公士林旋檄童生面試，俱能文。後送院試，俱入泮。總督趙公弘恩察謙無辜，檄放，於十二年八月十九日歸家。」〔註132〕培謙後作《焦孝廉南浦先生以詩相慰卻寄》相謝，詩云：「風動高枝鵲噪清，驪珠忽捧眼增明。廿年不到滄江上，一葦空思載酒行。秋雨芙蓉頻下淚，嚴霜鴻雁不成聲。自聞長者從容語，寵辱尋常底用驚。」〔註133〕姚培謙無端遭誣陷，別人避之唯恐不及，焦袁熹貽書相慰令其感動。乾隆二十七年（1762），姚培謙、王永祺等人校刻焦袁熹《讀學庸論語注疏》，事見《甲餘錄》乾隆二十七年（1762）載：「焦南浦先生有《讀學庸論語注疏》一書，表弟吳上舍耀寰光被、益旃光裕曾輯錄而刻之家塾，繼因耀寰即世，益旃以順天鄉試中式乙科留京師，板本蠹敗，因與南浦高弟金上舍耐亭及延之重加整理，冀得廣爲流播焉。」

12、張鋒：字含光，諸生，華亭人，《江蘇詩徵》卷五十八有載。姚培謙與張氏合編有《男女姓譜》，據《周甲錄》雍正三年（1725）載：「輯《男女姓譜》，與張子含光鋒彙集諸書考訂。」〔註134〕姚培謙有《張子含光以詠騷詩索序，戲題》二首，其一云：「怪底文園多病身，詠騷筆力健無倫。宮商是處成淫濫，卻向新篇見古人。」其二云：「問余憔悴近何如？悔讀《離騷》失意書。羨子閒閒十畝外，滋蘭樹蕙學三閭。」〔註135〕「悔讀」實反語，「羨子」爲心聲。《江蘇詩徵》卷五十二僅收錄王永祺詩一首，即《寄張含光》，詩云：「吾愛張夫子，清風溢素襟。秋來一片月，相憶幾回吟。秔稻登場熟，芙蓉

〔註131〕姚培謙《周甲錄》，北京圖書館出版社，1999年據乾隆刻本影印，第124～125頁。

〔註132〕姚培謙《周甲錄》，北京圖書館出版社，1999年據乾隆刻本影印，第135頁。

〔註133〕姚培謙《松桂讀書堂集》，《四庫全書存目叢書》集部，第277冊，第120頁。

〔註134〕姚培謙《周甲錄》，北京圖書館出版社，1999年據乾隆刻本影印，第127頁。

〔註135〕姚培謙《松桂讀書堂集》，《四庫全書存目叢書》集部，第277冊，第130頁。

繞屋樑。田園足幽勝，底用羨華簪。」《宋百家詩存》編者曹庭棟有《題張含光環洲圖小照》詩二首，其一稱讚張鋒「腹有詩書老不衰」〔註136〕。可知姚培謙、王永祺、曹庭棟等人與張鋒均有交往。

13、陸日爲：日爲其字，號遂山樵，本籍浙江遂昌，居松江。工山水畫，初學米芾、高克恭，後自成一家，《國朝畫徵錄》、《桐陰論畫》有載。日爲家貧，性情怪僻，高潔自好，不逐時流，人稱「陸癡」。生年不詳，吳焯康熙五十五年（1716）跋陸氏《山水圖冊》，有云：「僅得此圖，畫竟未書名即歿，蓋絕筆也。」日爲當卒於是年或稍前。姚培謙有《觀鍾嶰伯畫》云：「鍾期筆墨無人繼，素壁高懸一慨然。正恨出塵無羽翼，忽疑飛步入雲煙。怪松骨裂知何代，怒瀑雷轟直自天。桑苧翁今呼不起（自注：謂陸君日爲），當年盤礡意誰傳。」〔註137〕又《陸丈畫山水歌》云：「丈人昂藏江海客，掉首侯門人不識。萬里行縢二十年，湖山特地開顏色。興來跌宕若有神，素箋丈二爲我擘。疊嶂晴開萬古雲，懸流直下三千尺。若有人子臺蕩間，欲往從之動心魄。自言攻此頗苦辛，畫手悠悠焉足論。世間萬境貴親歷，蛟宮虎窟常逡巡。憶昔杖策匡廬雲，裹糧十日隨霞麈。時淩天風攀絕磴，返顧不殊猿猱形。雁門關外霜飛後，馬毛如蝟騾如豆。嘔脫行行不計程，山川遼落空搔首。從此經營入杳茫，揮毫落紙無不有。直把乾坤粉本看，北苑南宮只我友。絕技從來知者希，鬼神亦忌通靈手。再經婚娶總無家，三走京華猶未偶。君不見昔人好龍偏好畫，今人好畫猶好龍。百金爭買贗揭卷，牙籤玉軸徒玲瓏。王宰石、韋偃松，從來能事羞雷同。我知丈人非畫工，呼呼！丈人豈畫工。」〔註138〕對陸氏才情頗爲欣賞。

14、徐是儌，生年不詳，卒於乾隆七年（1742），字景於，號今吾，金山人，一說婁縣人。諸生，乾隆元年（1736）薦試博學宏詞，不赴，人以是高之。是儌工散文，風格簡樸，擅長敘事，上海圖書館藏有其所著《古春堂詩存》、《徐今吾詩文抄》，生平事蹟《清畫家詩史丙上》、《清代畫史增編 2》有載。姚培謙與其合編有《茸城蹋歌》，記載松江風土人情。《甲餘錄》乾隆二十三年（1758）載：「陸明經岳祥芝浙遊歸，得敷文院長傅探花玉笥王露先生詩信。余與玉笥訂交三十餘年，憶昔來遊雲間，會於廖明府浩前賡軒半村園

〔註136〕曹庭棟《產鶴亭詩五稿》，《四庫全書存目叢書》集部，第 282 冊，第 222 頁。
〔註137〕姚培謙《松桂讀書堂集》，《四庫全書存目叢書》集部，第 277 冊，第 117 頁。
〔註138〕姚培謙《松桂讀書堂集》，《四庫全書存目叢書》集部，第 277 冊，第 94 頁。

中。朱學博初晴霞、陳徵君慧香嶨、徐明經今吾是儆、董上舍宏輔杏燧、陸孝廉圃玉昆曾、顧上舍綏成思孝、家四兄坳堂培衷，暨錫山杜太史雲川詔、竟陵唐庶常赤子建中、泰興沈孝廉興之默、錢唐張高士玉田琳相與論文，酌酒曜靈，匯景繼以華燈，極友朋之樂。曾幾何時，半村園已為雪中鴻爪，諸公亦相繼下世，惟玉笥與余尚在。嗟乎！人事如過眼之煙雲，光陰若走隙之車馬，良可慨也。我兩人猶得寄詩筒通音問，披覽手書，神往於六橋三竺間者久之。」可知到乾隆二十三年（1758），文中所述諸公，除姚培謙、傅王露外，餘皆辭世，此條有助於諸人卒年的考斷。

15、張卿雲，字慶初，一字樓靜，華亭人，《宋詩別裁集》編者張景星之兄，生於康熙四十九年（1710）六月初八日，卒於乾隆二十五年（1760）三月初九日，年五十有一。以婁縣學生循例注選府同知，改鹽運使司運同，誥授朝議大夫，生平事蹟詳沈大成撰《朝議大夫都轉鹽運使司運同樓靜張君墓碑》。樓靜與培謙素心晨夕，姚培謙輯《類腋》凡五十五卷，分天、地、人、物四部。其中，天、地二部為姚氏自輯，是書卷首署「華亭姚培謙集」可證；人、物二部則與張卿雲同輯，是書卷首署：「雲間姚培謙述齋、張卿雲樓靜同輯」。《甲餘錄》乾隆二十一年（1756）載：「往余輯類書，天、地二部已刻，頗為同志推許。人、物二門有志未逮。張司馬樓靜卿雲注意風雅，竭力慫恿，謂必次第續成，始可稱全璧。因於五月中薈萃文史，相與採掇考訂，盛茂才淩煙步青、鍾茂才康之晉共勷其事，至己卯冬哀然成帙，現在雕板。惜乎樓靜遽赴玉樓，不及見此書之蕆役也。良朋徂謝，每一念及，不勝知舊凋零之感。」己卯，為乾隆二十四年（1759）。姚培謙撰《類腋·物部序》云：「人、物分類較天、地二部更為繁瑣，年來精力困倦，纂輯之事幾欲中輟矣。會同學樓靜張司馬不鄙雕蟲，助之卒業，往復參訂，由是《類腋》遂為完書。余第一序中所謂『事求其源，毋但以前後類書為憑』者，今之用意猶夫初也。惜乎殺青方半，司馬遽遊道山，人、物部本一時授梓，物部已竟，輒先印行。深感素心晨夕，渺焉莫蹤，而賢嗣輩能捐稿以述，遵先志風雅，繼承良在茲乎，爰復序而識之。乾隆癸未嘉平月姚培謙書，時年七十有二」〔註139〕乾隆癸未，為乾隆二十八年（1763）。姚培謙撰《類腋·人部敘》云：「余纂《類腋》一書，部以天、地、人、物，自始迄今歷數十年，人物一部最後成，同時鳩工鋟梓。工人作輟無常，人部告竣，又居最後，及此而乃為完書也。一

〔註139〕姚培謙《類腋·物部》，乾隆二十八年刻本。

部頭緒繁多，來易該據，晬日以次搜輯，凡古今類書所列門目，或本分者合之，或本合者分之，或補足未備，或汰其過冗，螢窗雪案，與友人張司馬削稿再足續刻，緣起已具，詳《物部敘》中矣。……獨念役役鉛刊，歲月如馳，回首數十年中，事都爲陳，邈不復留，是書幸良友助余，雖遲之久之，終不致以缺略未全爲憾。……時乾隆乙酉中秋日鮑香老人姚培謙書。」〔註140〕乾隆乙酉，爲乾隆三十年（1765）。

16、張翰純，字隆孫，華亭人，卿雲子。乾隆三十年（1765），其輯《類腋補遺》補姚培謙《類腋·地部》之闕。書成，出示姚培謙，蒙姚許可而附刻於原書之後，翰純序云：「質諸先生（按：姚培謙），先生欣然許可，使附刻其後。……乾隆乙酉年小春月張隆孫書於聽雪草堂。」〔註141〕此《補遺》書名葉題：「張翰純採輯，同硯王承曾古哉、元和張仙根豈凡參閱，瞻雲閣雕藏。」王承曾，諸生，爲棲靜長婿。張翰純並校訂姚氏《類腋·人部》，該部卷末署：「張隆孫翰純校訂」。

17、吳南林，內閣中書，松江人。康熙四十八年（1709），姚培謙年十七，隨業師莊安汝讀書於吳氏草廬。《周甲錄》康熙四十八年（1709）載：「夏，隨莊師讀書於中舍吳南林先生之梅溪草廬。」〔註142〕姚培謙作有《過吳舍人南林梅溪草廬遺址》七律一首，詩云：「忽過吳家舊草堂，刹那興廢感滄桑。高低半墮臨溪石，曲折還餘繞屋牆。黃卷當窗頻映雪（自注：余嘗讀書於此），素心到座即飛觴。舍人情重眞堪憶，更爲梅花一斷腸。」〔註143〕徐珂《清稗類抄·迷信類》載：「康熙甲戌十二月，松江吳南林中翰家雄雞生卵，大如鴿蛋，殼甚堅厚。以椎椎破之，亦具黃白，白如凝脂不散，黃帶赤色。」〔註144〕所言「吳南林」即此人，康熙甲戌爲康熙三十三年（1694）。

18、劉維謙，字讓宗，號友萍，婁縣人，諸生，音韻學家，傳詳乾隆《婁縣志》卷二十六，有《詩經叶音辨僞》八卷，爲乾隆三年（1738）雙峰書屋刻本，黃之雋爲此書撰序，收入其《唐堂集》卷九。劉氏另有《楚辭叶音》一卷，附刻於姚培謙著《楚辭節注》，據《周甲錄》乾隆六年（1741）載：「二

〔註140〕姚培謙《類腋·人部》，乾隆三十年刻本。
〔註141〕張翰純《類腋補遺序》，姚培謙《類腋·地部》附錄，乾隆三十年刻本。
〔註142〕姚培謙《周甲錄》，北京圖書館出版社，1999年據乾隆刻本影印，第114～115頁。
〔註143〕姚培謙《松桂讀書堂集》，《四庫全書存目叢書》集部，第277冊，第117頁。
〔註144〕徐珂編撰《清稗類抄》，北京：中華書局，1986年版，第10冊，第4804頁。

月，《楚詞節注》成。明經劉讓宗維謙著《叶音》一卷，並附刻焉。讓宗篤學嗜古，植品勵行，惜不遇以卒，且無子。」〔註145〕今上海圖書館、浙江圖書館藏姚培謙《楚辭節注》，凡六卷，卷端題「華亭姚培謙平山節注」，書成於乾隆六年（1741），爲培謙家刻，姚書乃據朱熹《楚辭集注》刪繁舉要而成，爲家塾課本。書之《例言》即交代：「此書以朱注爲宗，或本文奧隱，注語須得更爲引申者，間附王注者若干條。」卷末附劉維謙《楚辭叶音》一卷，卷端題「雙虹劉維謙」，末有識記云：「韻學素未究心，同學劉君友萍研討最精，著有《楚辭叶音》一卷，附刻以便讀者。」劉氏與黃之雋、張棠皆有交往，王永祺、張景星、張卿雲爲劉維謙門人。

19、王貽谷，字子有，號惺齋，華亭人，王圖炳仲子，候選國子監典簿，生年不詳，乾隆十五年（1750）卒，有《惺齋詩稿》。《周甲錄》乾隆十五年（1750）載：「十二月，哭王表叔惺齋貽穀。惺齋，相國文恭公孫、少宗伯晴村公次君。爲人介特自喜，績學，工詩詞。謙自甲寅歲謝客以來，親友中相過者絕少，惟半村、耐亭、三蕉、延之及張司馬樓靜卿雲、部曹二銘景星昆季、范秀才師任志尹、表叔吳吟香澄、王香雪貽燕與惺齋，時時晤言一室，釃酒評花以消歲月。半村、三蕉於三年前辭世，今惺齋又作古。人不勝知交零落之感。」〔註146〕按：王圖炳（1668～1743），號瀓川，頊齡子。康熙三十八年（1699）舉人，康熙四十六年（1707）聖祖南巡，迎鑾獻詩，蒙召入京，供奉內廷，康熙五十一年（1712）進士，改庶常，累官禮部左侍郎，以詹事府正詹事致仕。王頊齡（1642～1725），字顒士，一字容士，號瑁湖，晚號松喬老人，王廣心長子，康熙二年（1663）舉於鄉，康熙十五年（1676）進士，由太常博士舉康熙十八年（1679）博學鴻詞科，改翰林院編修，累官武英殿大學士，兼工部尚書，特贈少傅，諡文恭。

20、王貽燕，字翼安，號淡齊，一號棪齋，華亭人，圖炳長子，候補郎中，贈翰林院編修。貽燕善畫蘭竹，工書法刻印，著《香雪山房遺稿》。姚培謙雍正繫獄，嘗反省：「擇交每向窮愁審，悔過都從閱歷來。」（《獄中雜詩十二首》其四）〔註147〕釋後則擇交審慎，《周甲錄》乾隆十五年（1750）載：「謙自甲寅歲謝客以來，親友中相過者絕少，惟半村、耐亭、三蕉、延之及張司

〔註145〕姚培謙《周甲錄》，北京圖書館出版社，1999 年據乾隆刻本影印，第 140 頁。
〔註146〕姚培謙《周甲錄》，北京圖書館出版社，1999 年據乾隆刻本影印，第 149～150頁。
〔註147〕姚培謙《松桂讀書堂集》，《四庫全書存目叢書》集部，第 277 冊，第 118 頁。

馬樓靜卿雲、部曹二銘景星昆季、范秀才師任志尹、表叔吳吟香澄、王香雪
貽燕與惺齋，時時晤言一室，釃酒評花以消歲月。」〔註148〕沈大成與貽燕有
交往，作有《梅魂和王香雪》云：「玉奴儀態本珊珊，紙帳歸來夜欲闌。月冷
尋香空墮影，雪深入夢不知寒。可能標格依稀見，未許風情仔細看。翦盡劂
藤招不得，幾回惆悵倚闌干。」〔註149〕

　　21、王嘉曾（1729～1781），初名廷商，改楷曾，通籍後易今名，字漢儀，
一字寧甫，別號史亭，金山人，王貽燕仲子。雍正七年（1729）五月九日生，
乾隆十八年（1753）舉順天鄉試，乾隆三十一年（1766）進士，改庶常，乾
隆三十六年（1771）散館授編修，充四庫館、方略館纂修官、文淵閣校理，
乾隆四十五年（1780）爲山西副考官，後以疾告歸，乾隆四十六年（1781）
八月十五日卒於家，年五十三。嘉曾淡泊蘊藉，摒絕世俗紛華靡麗之習，敦
信義，重然諾，承家風潛德不耀人，精通《春秋左傳》、《漢書》、《十三經》，
手校《十三經注疏》、《昭明文選》、《山海經》、《說文解字》，爲戴震、翁方綱
所重，有《聞音室詩文集》，生平著述詳其《聞音室詩集》卷首所載許巽行撰
《墓誌銘》、沈大成題跋、徐寶善題跋、張興鏞跋以及嘉慶二十一年（1816）
嘉曾子元善、元宇跋。嘉曾「爲詩雖風力愈上，而一種抑塞磊落之致時流於
言外。」〔註150〕嘉曾與培謙爲中表親，時相過從，撰有《姚平山先生傳》，稱
讚姚氏「性極友愛，太孺人歿後，則析其家爲二，而己則減產以讓伯兄，以
兄多子女累也，宗黨義焉。尤慷慨任氣，故賓至雜沓，客座恒滿。或有病之
者，先生曰：昔劉惔、謝譓史皆稱其不妄交，接門無雜賓。而鄭莊誠門下：
客至忘貴賤，執賓主之禮。由是聲聞梁楚間，人之爲通爲介，亦適其性而已。
然卒以是受困，中歷憂患，晚而家益落，乃其讀書詠歌則終始如一日也。生
平著述不名一家，自著有《松桂堂詩文全集》，若《左傳杜注》、《通鑑綱目節
抄》、《類腋》諸書博覽子史，穿穴義疏，尤爲一生心力所萃云。」〔註151〕

　　22、王鼎，字祖錫，號條山，亦號香浦、山甫，《宋詩別裁集》編者王永
祺伯子，康熙六十年（1721）生，乾隆四十五年（1780）舉人，年已六十，
有《蘭綺室詩抄》十七卷，今存嘉慶八年（1803）古訓堂刻本，卷首有乾隆

〔註148〕姚培謙《周甲錄》，北京圖書館出版社，1999年據乾隆刻本影印，第149～150
　　　　頁。
〔註149〕沈大成《學福齋詩集》卷十四，清代詩文集彙編本，第321頁。
〔註150〕張錫慂《聞音室詩集跋》，《續修四庫全書》集部，第1447冊，第219頁。
〔註151〕王嘉曾《聞音室遺文附刻》，《續修四庫全書》集部，第1447冊，第265頁。

二十九年（1764）王鳴盛序、嘉慶六年（1801）王昶序、王寶序之序，據書末校題署名，鼎有三子：念勤、念昭、朝泰，《清代詩文集彙編》冊 490 已據此影印出版。傳詳《湖海詩傳》卷三十七、《皇清書史》卷十六。王鼎曾協助姚培謙編撰《陶謝詩集》，是書卷首題：「雲間姚培謙、王鼎點閱，男姚鐘鳴校字」。王鼎《蘭綺堂詩抄》卷一《江干集》有《集北垞傾酒石潭對桃花飲》詩，中云：「攀條有餘歡，左右豁心目。異境闢仙源，勝事踰金石。」〔註152〕

23、黃達，字上之，華亭人，有《一樓集》二十卷，沈大成序云：「吾郡自幾社後，風流消歇百年。於茲近者，吳中七子詩出，而吾友青浦王蘭泉、上海黃芳亭、趙升之居其三，然皆下縣人也。今得黃君與延之諸君子以詩提倡於北郭，斐然皆有集以行，將遠與高楊爭，而近與蘭泉三君並驅矣。」〔註153〕姚培謙之「北郭，詩人之藪也。吾友黃君上之早歲即以詩鳴其間。既成進士，歸而益致力，苦心孤詣，日有課程，與王延之諸君子倡和切劘。」（《一樓集・沈大成序》）〔註154〕延之即王永祺。黃達推服姚培謙，以「高節群推陶處士（按：陶潛），才名共識謝元暉（按：謝朓）」〔註155〕擬姚培謙。元暉，即玄暉，避玄燁諱。又《都門將歸寄鱸香》中云：「好約重開真率會，追尋松桂舊盟鷗。」〔註156〕姚氏歿後，黃氏作《姚鱸香傳》記之。其《哭友絕句三十首》之《姚鱸香培謙》云：「松桂書堂著述新，聲名早已動楓宸。秋雲滿徑蓬蒿亂，哪問當年舊主人。」〔註157〕黃氏《一樓集》中另有《集北垞傾酒石潭對桃花飲》、《題鱸香小圃八景》諸詩，知黃達為姚氏北垞常客。

24、曹充周，字賢符，松江人，與培謙同學，事見《周甲錄》康熙三十七年（1698）載：「受句讀於張友仙先生。時同塾者孝廉曹賢符充周、秀才錢思魯三省及兄明經露扶培枝。」〔註158〕

〔註152〕王鼎《蘭綺堂詩抄》，《清代詩文集彙編》第 490 冊影清嘉慶八年古訓堂刻本，第 4 頁。

〔註153〕黃達《一樓集》卷首，北京：北京出版社，1997 年影印本，第 560～561 頁。

〔註154〕黃達《一樓集》卷首，北京：北京出版社，1997 年影印本，第 560 頁。

〔註155〕黃達《一樓集》卷一《集姚鱸香園亭》，北京：北京出版社，1997 年版，影印本第 570 頁。

〔註156〕黃達《一樓集》卷二，北京：北京出版社，1997 年版，影印本第 580 頁。

〔註157〕黃達《一樓集》卷十，北京：北京出版社，1997 年版，影印本第 665 頁。

〔註158〕姚培謙《周甲錄》，北京：北京圖書館出版社，1999 年據乾隆刻本影印本，第 109 頁。

25、錢三省，字思魯，松江人，與培謙同學，事見《周甲錄》康熙三十七年（1698）載：「受句讀於張友仙先生。時同塾者孝廉曹賢符充周、秀才錢思魯三省及兄明經霑扶培枝。」〔註159〕。

26、張照（1691～1745），字得天，號涇南，華亭人，有《得天居士集》，今存道光張祥河刻本，祥和爲照從孫，生平事蹟詳次節《張景星家世生平》，據《周甲錄》雍正二年（1724）載：「閱校閩中闈卷，張大司寇草雲照所屬也。」〔註160〕

27、顧思孝，字綏成，大申〔註161〕曾孫，華亭人，與姚培謙友善，《周甲錄》雍正四年（1726）載：「校刻顧見山先生《堪齋詩存》。先生前輩宗匠，歷官副使。經史子集俱有手錄定本。更精八法，片紙貴重。文孫綏成思孝行完而學富，與謙友善。子光裕年十三便能吟詩作畫，不意一月之內父子俱物故。僅存一妾一女，家藏古玩字畫散失殆盡。是集印不滿百部，板本不可問矣，念之慨然。」〔註162〕《周甲錄》雍正十年（1732）載：「讀酈道元《水經注》，此書多僞字。得吳綏眉先生校閱全部，又於綏成處得伊祖見山先生批閱本。讀之，幾忘寒暑。終亦不能一一記憶。」〔註163〕姚培謙有《顧大綏成招飲花前，余以他往不赴，有詩和答》二首。其一中云：「博得新詩數篇在，終朝倚枕自微吟」。其二云：「每向花前惜寸陰，況逢勝侶倍情深。感生潘鬢雖非昔，比盡紅兒豈似今。綠酒難邀春去路，彩雲偏繫夢迴心。新詩莫向欄邊

〔註159〕姚培謙《周甲錄》，北京：北京圖書館出版社，1999 年據乾隆刻本影印本，第 109 頁。

〔註160〕姚培謙《周甲錄》，北京：北京圖書館出版社，1999 年據乾隆刻本影印本，第 127 頁。

〔註161〕顧大申，本名鏞，字震雄，號見山，又號堪齋，華亭人。崇禎十五年（1642），與王廣心、彭賓等結贈言社。順治九年（1652）進士，授工部主事，督江寧蘆政。順治十四年（1657）分司夏鎮河道，曾捐俸創設兩湖書院。順治十八年（1661）因奏銷案牽連，左遷順天府通判，後丁憂歸里，服闋，詔復其官。康熙二年（1663），同宋徵輿等共纂《松江府志》。康熙九年（1670）政府納其建議疏通婁江、吳江、松江，解決蘇州水患。十二年（1673）爲陝西洮岷道僉事，卒於官。王鴻緒《望雲集》有《送顧見山先生分憲洮岷和原韻》。大申爲水利專家，工詩文，善畫山水，有《堪齋詩存》八卷，《詩原》二十五卷。

〔註162〕姚培謙《周甲錄》，北京：北京圖書館出版社，1999 年據乾隆刻本影印本，第 128 頁。

〔註163〕姚培謙《周甲錄》，北京：北京圖書館出版社，1999 年據乾隆刻本影印本，第 132～133 頁。

奏，銷損芳魂在一吟。」〔註164〕與姚培謙「我正燈前吟苦句」（《春窗雜詠》其十八）〔註165〕同聲相應。《甲餘錄》乾隆二十三年（1758）載：「陸明經岳祥芝浙遊歸，得敷文院長傳探花玉笥王露先生詩信。余與玉笥訂交三十餘年，憶昔來遊雲間，會於廖明府浩前賡軒半村園中。朱學博初晴霞、陳徵君慧香崿、徐明經今吾是儌、董上舍宏輔杏燧、陸孝廉圃玉昆曾、顧上舍綏成思孝、家四兄坳堂培衷，暨錫山杜太史雲川詔、竟陵唐庶常赤子建中、泰興沈孝廉興之默、錢唐張高士玉田琳相與論文，酌酒曜靈，匿景繼以華燈，極友朋之樂。曾幾何時，半村園已爲雪中鴻爪，諸公亦相繼下世，惟玉笥與余尚在。」

28、曹一士（1678～1736），字諤廷，號濟寰，青浦人，康熙三十二年（1693），補諸生。雍正四年（1726）舉順天秋試。雍正八年（1730）進士，改庶吉士。雍正十一年（1733）散館，授編修，充《一統志》纂修官。雍正十三年（1735），充文穎館纂修官，五月，改山東道監察御史，有《四焉齋文集》八卷、《詩集》六卷。《四焉齋文集》於乾隆十五年（1750）由其子誕文編刻成書。諤廷父泰曾，康熙十七年（1678）舉人，曾任福建莆田知縣，贈工科給事中，傳詳全祖望《鮚埼亭集》卷二十五《工科給事中前翰林院編修濟寰曹公行狀》。沈德潛《清詩別裁集》小傳云：「曹一士，字諤廷，上海人。雍正庚戌進士，官兵科給事中。諤廷諸生時，名滿大江南北，既爲黃門，所條封事，皆去積弊培元氣，有利國家者，藝林吐氣，賴有斯人，奏疏可覆按也。詩亦不肯隨俗，時露奇警。」〔註166〕諤廷與培謙同學，《周甲錄》雍正六年（1728）載：「高相國還朝招謙爲西賓，自揣學淺，不足爲人師，兼正在廬居，遂薦同學曹諤廷一士以往。曹以選拔入都，北闈中式，庚戌成進士，入翰林，官至給事。」〔註167〕

29、吳濬，字白沙，華亭人。與培謙爲中表親，《周甲錄》雍正七年（1729）載：「上年，詔令各州縣舉居家孝友、行止端方、才堪試用而文亦可觀者一人，郡學舉吳君白沙濬，奉賢舉徐君聖功梽，南匯舉張君培三朱梅，青浦令馬公謙益會同儒學舉謙。時謙在制中，且自顧慚愧，力辭。白沙中表尊行，而與

〔註164〕姚培謙《松桂讀書堂集》，《四庫全書存目叢書》集部，第 277 冊，第 116 頁。
〔註165〕姚培謙《松桂讀書堂集》，《四庫全書存目叢書》集部，第 277 冊，第 132 頁。
〔註166〕沈德潛《清詩別裁集》，上海：上海古籍出版社，1984 年版，第 1120 頁。
〔註167〕姚培謙《周甲錄》，北京圖書館出版社，1999 年據乾隆刻本影印，第 129 頁。

謙年相若，契好無間，詩文同折衷於初晴先生。後白沙授粵東河源令，卒於官，賢聲甚著。」〔註168〕姚培謙《柬吳白沙索眼鏡》詩云：「眼底昏昏雲霧如，不知何計卻能除。晴窗怯寫蠅頭字，棐幾空翻蟲口書。半紙春風傳去鴿，一泓秋水貯來魚。清光倘荷遙相寄，銀海還澄映雪餘。」〔註169〕培謙目力不濟，詩代柬向吳白沙索眼鏡。

30、顧成天（1663～1744），字良哉，號小厓，婁縣人。康熙二十年（1681）舉人，雍正八年（1730），以《挽聖祖詩六章》特蒙召見，賜進士，散館授編修，賜居澄懷園花語山房。乾隆元年（1736），晉侍讀學士。所著《東浦草堂詩文集》，乾隆賜序並賜《鏡容詩》。另有《金管集》一卷、《花語山房詩文小鈔》一卷、《三重賦》一卷、《燕京賦》一卷、《離騷解》一卷、《楚辭九歌解》一卷、《讀騷別論》一卷等，嘉慶《松江府志》卷五十九有傳。顧氏嘗委託姚培謙選定《四書制藝》，事見《周甲錄》雍正九年（1731）載：「侍講顧小厓先生成天屬選《四書制藝》，來札云『拙稿一生精力大半在此，思一手定之。今辰入申出，尚有他幹，必不可得矣。別無可託之友，不得不仰瀆於先生。』侍講文稿約六百餘篇，擇其尤佳者二百餘首付之坊人，惜乎雕板未竟也。」杜詔有《同邵振飛雪中過寶幢庵，次壁間顧小厓韻》詩〔註170〕。

31、吳昌祺，字綏眉，號樊桐山人，雲間人，有《刪訂唐詩解》二十四卷，與姚培謙有學術互動，事見《周甲錄》雍正十年（1732）載：「讀酈道元《水經注》，此書多偽字，得吳綏眉先生校閱全部，又於綏成處得伊祖見山先生批閱本。讀之，幾忘寒暑。」〔註171〕

32、張鵬翀（1688～1745），字天扉，一字抑齋，號南華，本籍崇明縣，徙居嘉定安亭里，遂占籍。雍正五年（1727）進士，授庶吉士，十三年（1735），充文穎館纂修官，主雲南鄉試。乾隆元年（1736），充《八旗志》書館纂修官。乾隆六年（1741），晉侍講，主河南鄉試；晉右春坊右庶子，充日講官起居注。乾隆七年（1742）晉少詹事，乾隆九年（1744）晉正詹事。乾隆十年（1745）歸省，卒於臨清道中。有《南華詩鈔》若干卷，其中《進呈集》、《賡韻集》、

〔註168〕姚培謙《周甲錄》，北京圖書館出版社，1999 年影印本，第 130～131 頁。
〔註169〕姚培謙《松桂讀書堂集》，《四庫全書存目叢書》集部，第 277 冊，第 117 頁。
〔註170〕杜詔《雲川閣集》，《清代詩文集彙編》第 218 冊，影雍正九年刻本，第 575 頁。
〔註171〕姚培謙《周甲錄》，北京：北京圖書館出版社，1999 年據乾隆刻本影印本，第 132 頁。

《傳宣集》、《雙清閣詩》皆應制之作，制藝有《四書文稿》，傳詳王昶《春融堂集》卷六十五《張鵬翀傳》、沈德潛《歸愚文鈔》卷十八《起居注詹事府詹事兼翰林院侍讀學士加二級張先生行狀》。鵬翀性穎異，忠愛侃直，沈德潛與其定交諸生，嘗共結詩社，歸愚服其才，所撰《張南華太史詩序》云：「張南華先生嘗官於朝矣，人因其氣之清、品之潔、才之敏，以仙稱之。南華亦自以爲仙，弗卻也。愛佳山水，裹糧往遊，糧盡而返，無繫戀。喜弈，不求勝人。客至，常設脫粟飯，客辭，亦不強留。爲人作畫，十數紙頃刻盡，或終歲不可得。綜其生平，取適而已。長有韻語，興到，每得三四十篇。嘗偕眾詞臣試殿廷，未亭午，有投卷者，眾曰：『必南華也』。視之，果然，至尊微頷之。予偶於坐間見其詠雁字律體詩，不半日，上下平韻俱就，不即不離，興寄微遠，即生平詩可知矣。與人論畫，謂右丞、董巨，蕭散閒逸，全以韻勝。後代精工嚴整，無一筆無成出，然彌近彌遠。指點畫理，無非詩趣。自道所得，評者不能異辭。或曰：『南華金門大隱，似東方生。』或曰：『豪氣似太白。』或曰：『超曠似子瞻，而齊物我，忘寵辱，仍是漆園、散仙。』讀南華詩者，遇之人間煙火外可也。」〔註172〕張氏善畫，沈德潛《爲程風沂給諫題張南華宮詹畫扇》云：「南華居士美且鬒，散仙偶作人間緣。潑墨成畫總遊戲，欲與張旭同稱顛。有時經月不點筆，有時片刻掃盡床頭箋。偶爲知交寫方曲，興所到處神隨焉。杈枒老樹蒼而堅，雜以修竹形便娟。怪石突怒勢欲走，下有縱橫回折飛來泉。胸中那存倪黃董巨法，畫從我心心從天。」〔註173〕乾隆十年（1745），清高宗召見沈德潛於勤政殿，對沈氏說：「張鵬翀才捷於汝，而風格不及於汝。」〔註174〕對張氏捷才有肯定。姚培謙《周甲錄》雍正十年（1732）載：「冬，婁城張詹事南華鵬翀來祝謙壽，聯吟作畫信宿，久之將歸，書對聯贈曰『江光祿冠世文章筆花吐焰；鄭康成專門著述帶草生香。』謙何敢竊比古人，至閉戶讀書，則實有志而未逮。」〔註175〕

33、吳澄，號吟香，華亭人，績學博聞，慨然有志功名，數試南北闈而

〔註172〕沈德潛《歸愚文抄》卷十二，《沈德潛詩文集》第3冊，北京：人民文學出版社，2011年，第1325～1326頁。
〔註173〕沈德潛《歸愚詩抄》卷十一，《沈德潛詩文集》第1冊，北京：人民文學出版社，2011年，第205頁。
〔註174〕沈德潛《沈歸愚自訂年譜》，《沈德潛詩文集》第4冊，附錄二，北京：人民文學出版社，2011年，第2120頁。
〔註175〕姚培謙《周甲錄》，北京圖書館出版社，1999年據乾隆刻本影印，第133頁。

不售，乃棄而爲詩，宗尚宋元，有《吳吟香遺詩》。澄有子二：昕、嗣宗，皆諸生，能詩。吳昕從沈大成問學，大成《吳吟香遺詩序》云：「爲詩者必有所宗，宗漢魏則風古而格峻；宗六朝則體新而詞媚；宗三唐則調高而律嚴；宗宋元則意別而才肆，是故即事寫情、撫時託興、低回俯仰、變化離合而終不失其宗，捨是則流僻邪散矣。……（吳君吟香）爲詩，舉凡歡愉憂戚、疾病傷悼、閒居逆旅、與夫風雨晦明、登臨弔古、懷人感舊、抗髒悲憤，一於詩寓之。……（吟香）詩之蹊徑實近宋元，擷其菁英而薙其蕪荺，挹其光澤而辟其塵蒙，學而安焉，不他嗜而遷焉，可謂有所宗矣。向使天假之年，�屬蕭括，老之以歲月，奚難挹讓裕之、伯生而入廬陵、臨川、眉山之室哉。」〔註176〕姚培謙《周甲錄》乾隆十五年（1750）載：「謙自甲寅歲謝客以來，親友中相過者絕少，惟半村、耐亭、三蕉、延之及張司馬棲靜卿雲、部曹二銘景星昆季、范秀才師任志尹、表叔吳吟香澄、王香雪貽燕與惺齋，時時晤言一室，釃酒評花以消歲月。」〔註177〕甲寅，爲雍正十二年（1734）。

34、沈大成（1700～1771），字學子，一字嵩峰，號沃田，華亭人，貢生。父喬堂嘗官青浦令，歿後家道衰落，學子遂棄舉子業，以遊幕爲生，前後達四十年，通經史百家，與盧見曾、惠棟、戴震、王鳴盛、程晉芳、任大椿、張鳳孫、江春、黃之雋等交契，有《學福齋集》、《學福齋詩集》，王昶《湖海詩傳》卷十八錄其詩九首，傳詳《碑傳集》卷一百四十一汪大經所撰《沈先生大成行狀》、黃達《一樓集》卷十七《沃田居士傳》。惠棟稱學子「邃於經史，又旁通九宮納甲天文樂律九章諸術，故搜擇融洽而無所不貫。」〔註178〕戴震稱其「舉凡先秦以降精深博大怪奇偉麗之文靡不好之，而神與俱凝，復與俱釋，而亦時時自發爲文章。其醇之經，肆之子史百家，掩其光而彌著，淡其味而彌永。」〔註179〕學子與王永祺、姚培謙時相雅集，其《學福齋詩集》有《王香雪招同繆學山、王香浦、衛畏之、戴鉏庵、張南查集姚悔凡松桂讀書堂，分得花字》云：「碧樹愔愔散暮鴉，石欄水檻靜無嘩。便娟人引樓頭月，絡繹詩飛筆底花。按拍自忘銀漏促，卷波誰道絳河賒。老顛風景年來

〔註176〕沈大成《學福齋集》卷五，《續修四庫全書》集部，第1428冊，第69頁。
〔註177〕姚培謙《周甲錄》，北京圖書館出版社，據乾隆刻本影印，第149～150頁。
〔註178〕沈大成《學福齋集》卷首《惠序》，《續修四庫全書》集部，第1428冊，第2頁。
〔註179〕沈大成《學福齋集》卷首《戴序》，《續修四庫全書》集部，第1428冊，第2頁。

裂，不覺當階醉影斜（自注：鳳樓校書在坐）。」〔註180〕《前詩意猶未盡復題一首》云：「豈有清詞擬下賢，也隨竿木到尊前。荒街已斷三更鼓，盛坐猶誇十樣箋。小院曲廊風細細，高梧深竹月娟娟。何堪沉頓聞蘋澤，子夜新聲更可憐。」〔註181〕又《閏重陽前五日，姚悔凡招同王草香、方苕山、李坤符小集，因登讀史樓，悔凡以藏書見贈，重感其意，兼有所懷作》云：「戢枻偶歸里，銜觴喜朋舊。嘉客函山至，挈杖亦相就。談囿驚縱橫，詩境快馳驟。煩襟不覺開，深杯屢為覆。主人啟園扉，萬石立煙瘦。登樓一延目，了了見群岫。況近閏重九，秋光更明秀。勝情易奄移，異景巧奔湊。槲柏黃已含，芙蓉紅尚透。悽風自西來，寒氣冒郊郛。樓中富奇書，善本皆有副。藤笈恣流觀，墨香開恂愁。宛入華藏海，怪偉紛左右。慨然指為贈，貧子慰瞍瞍。明珠未云珍，吉金寧比厚。囊重奚奴嗟，櫝空神物吼。茲事鄨粲後，讚歎真希有。因思寫韻人，曾此揄廣袖。窈窕煙月空，三年曠已久。華屋昔邪滋，暗壁餘芳漱。長江浩茫茫，延佇起悵惘。良會詎可常，一笑何時又。」〔註182〕又有《和悔凡小圃雜詠》（見《學福齋詩集》卷十三）等。

35、王寶序，字全初，王永祺仲子，張弈樞女婿。《甲餘錄》乾隆二十五年（1760）載：「元日同人集松桂堂，餞送王子全初寶序北遊。全初為延之次君、今涪快婿，余內戚中幼輩也。續學工文，余決其蜚鳴必驟至，秋果以禮經中順天鄉闈第四名，竊自喜臆揣不謬。」

36、廖賡軒，字浩前，一作昊前，號舫亭，華亭人，卒於乾隆二十三年（1758）之前，據《甲餘錄》乾隆二十三年（1758）載：「陸明經岳祥芝浙遊歸，得敷文院長傅探花玉笥王露先生詩信，余與玉笥訂交三十餘年，憶昔來遊雲間，會於廖明府浩前賡軒半村園中。朱學博初晴霞、陳徵君慧香崿、徐明經今吾是微、董上舍宏輔杏燧、陸孝廉圃玉崑曾、顧上舍綏成思孝、家四兄坳堂培衷，暨錫山杜太史雲川詔、竟陵唐庶常赤子建中、泰興沈孝廉興之默、錢唐張高士玉田琳，相與論文，酌酒曜靈，匿景繼以華燈，極友朋之樂，曾幾何時，半村園已為雪中鴻爪，諸公亦相繼下世，惟玉笥與余尚在。嗟乎！人事如過眼之煙雲，光陰若走隙之車馬，良可慨也。我兩人猶得寄詩筒通音問，披覽手書，神往於六橋三竺間者久之。」培謙有《遊蘭筍山次廖二東岩

〔註180〕沈大成《學福齋詩集》卷十二，《清代詩文集彙編》第292冊，第311頁。
〔註181〕沈大成《學福齋詩集》卷十二，《清代詩文集彙編》第292冊，第311頁。按《續修四庫全書》影本題目作《前詩意猶未盡，多題一首》。
〔註182〕沈大成《學福齋詩集》卷十三，《清代詩文集彙編》第292冊，第319頁。

韻》詩，所云「廖二東岩」，或即廖浩前。按：康熙五十九年（1720）春，清聖祖玄燁遊佘山，賜名蘭筍山並親書匾額，姚詩當作於此後。

二、蘇州府、常州府籍

37、顧嗣立（1669～1722），字俠君，號秀野，長洲（今屬蘇州）人。性嗜書，耽吟詠，操履耿介，輕財，好施與。康熙五十一年（1712）進士，改庶吉士，散館任教習。康熙五十三年（1714）入武英殿，例授中書，不就。康熙五十四年（1715）改知縣，移疾歸。康熙六十一年（1722）卒，年五十四。著有《秀野集》、《閭邱集》、《寒廳詩話》，生平事蹟見《清史列傳》卷七一、《國朝先正事略》卷四十、《秀野公自訂年譜》。顧詩出入韓蘇，才力健舉，五七言古體紀遊諸作最為擅場。沈德潛評其「詩品初仿金元，繼躋昌黎，後臻王孟韋柳，垂老以未能步趨李杜為憾事。蓋其詩得江山之助，遊歷愈廣，風格愈上，《桂林》、《嵩岱》二集尤為生平之冠。」〔註183〕《清史列傳》卷七十一《文苑傳二》稱其：「善詩，始得力於遺山、虞、楊諸家，而其後漸近於雄偉變化，有昌黎、眉山之勝。」〔註184〕所輯《元詩選》千二百卷，網羅浩博，名與《宋詩抄》、《明詩綜》埒，又箋注韓愈、溫庭筠二家詩，皆極眩洽。康熙五十九年（1720），姚培謙自刻《春帆集》，請顧嗣立作序，顧氏盛讚姚氏：「坐千人而才如海湧，步九龍則思與泉通。嚼徵含宮不啻郢中奏曲，敲銅刻燭何殊漢上題襟。」（《春帆集序》）〔註185〕培謙有《顧編修俠君招飲秀野草堂賦贈》詩，贊其：「吳閶有堂名秀野，珠盤玉敦走天下。天為斯文出異人，先生豈是悠悠者。先生少年賈董從，鳳毛麟角一代無。雄才壯氣凌京都，餘子愕眙順風趨。讀盡中秘未見書，卿雲爛漫隨卷舒。衣被草木分華夢，龍門蘭臺望久孚。願為霖雨心猶紆，翩翩逸思不可拘。等身著述計未迂，坐擁百城陋三車。博綜六藝味其腴，酉山宛委簡策殊。編剗抉別惠世儒，縱橫千載搜奧區。眼明寶月胸慧珠，豐神奕奕照五湖。」〔註186〕以漢賈誼、董仲舒〔註187〕擬顧氏，二人惺惺相惜。

〔註183〕沈德潛《清詩別裁集》，上海：上海古籍出版社，1984年版，第916頁。

〔註184〕王鍾翰點校《清史列傳》，北京：中華書局，1990年版，第5828頁。

〔註185〕姚培謙《松桂讀書堂集》，《四庫全書存目叢書》集部，第277冊，第61頁。

〔註186〕姚培謙《松桂讀書堂集》，《四庫全書存目叢書》集部，第277冊，第92～93頁。

〔註187〕「賈董」並稱，史不乏例，元周伯琦《考試鄉貢進士紀事》詩：「事憶歐蘇遠，詞懷賈董雄。」明孫柚《琴心記・陽關送別》：「慚愧孫吳將略，衛霍功勳，賈

38、杜詔（1666～1736），字紫綸，號雲川、蓉湖詞隱，學者稱半樓先生，無錫人。少從嚴繩孫、顧貞觀遊，得其指授，工填詞。康熙五十一年（1712）進士，改庶吉士。雍正十三年（1735），嵇曾筠薦舉博學鴻詞，卻之。性好山水，喜倡導後進，晚歲與道士榮漣、釋天鈞結九龍三逸社，有東林遺風。乾隆元年（1736）病卒，有《雲川閣集》、《蓉湖漁笛譜》，傳詳《清史列傳》卷七十一《文苑傳二》。杜詔「天才秀逸，論詩專主性靈，緣情綺靡，出入溫李之間。嘗選《唐詩叩彈集》十二卷、《續集》三卷，皆中晚之作，故生平得力亦在大曆以後。詞格近草窗、玉田。……古文得廬陵神髓。」〔註188〕杜氏與姚培謙以詩文交，康熙六十年（1721），杜詔攜顧貞觀《彈指詞》赴雲間拜會姚培謙，謀請刻之，事見姚培謙《周甲錄》康熙六十年（1721）載：「冬，錫山杜太史雲川詔艤舟相訪，商刻顧梁汾先生《彈指詞》。」〔註189〕雍正二年（1724）夏四月，杜詔敘《彈指詞》云：「華亭姚子平山於書無所不窺，平時採摭詩文甚夥。偶與予論次當代詞人，予以梁汾師所著《彈指詞》示之，因重加校刊行世。……今平山之服膺《彈指》不減於予，因屬予序而傳之。夫予固窮且老矣，何足以傳吾師，而能大其傳者，庶幾其在平山也哉。」〔註190〕

康熙六十年（1721），姚培謙出所著《自知集》，請杜賜序，杜詔云：「吾友姚子平山以名家子沉潛嗜古，年富而才麗，學博而志專。庚寅仲冬偶遇雲間，下塌於其北垞別墅，因出所著近詩《自知集》若干卷，殷勤商榷，且屬序之。」「庚寅」為康熙四十九年（1710），應為「壬寅」（1721）之誤〔註191〕。姚氏《自知集》刻於雍正二年（1724），事見《周甲錄》雍正二年（1724）載：「刻近詩《自知集》，適雲川來，選定並作序。」〔註192〕雍正二年（1724）春，杜詔「過茸城，信宿平山之北垞。因出所著近詩曰《自知集》若干卷屬予點次，而並為之序。……有明前後七子軒然自號成家，爀世烜俗，正錢虞山所謂『聚聲導聲，言之不慚；問影循聲，承而滋繆。』揆厥所由，皆不自知之

董文才。」清顧炎武《贈路舍人澤溥》詩：「君才貫董流，矧乃忠孝嗣。」
〔註188〕王鍾翰點校《清史列傳》，北京：中華書局，1990年版，第5826頁。
〔註189〕姚培謙《周甲錄》，北京圖書館出版社，1999年據乾隆刻本影印，第123頁。
〔註190〕顧貞觀《顧梁汾先生詩詞集》，臺北：廣文書局，1970年版，第147～148頁。
〔註191〕杜怡順《上海清代中前期著述研究》，復旦大學2012屆博士論文，第202頁引證。
〔註192〕姚培謙《周甲錄》，北京圖書館出版社，1999年據乾隆刻本影印，第126頁。

故耳。今吾平山以名家子，年富而才嚴特妙，集中諸詩可見一斑。其所至固足以雄示今人而有餘，然一章之成、一字之下，反復沉吟，常焰然不自足。其以《自知》名集，蓋深有得乎少陵家法矣。予何以測平山所詣也哉。雍正甲辰仲春錫山同學弟杜詔。」（《自知集序》）〔註193〕雍正甲辰，即雍正二年（1724）。杜詔《贈姚徵士平山三首》（存一）云：「子豈蓬蒿士，功名未是遲。傷心緣喪母，挾策肯逢時。要路憑誰據，孤吟只自知（自注：著有《自知集》）。素衣曾不染，爲賦白華詩。」〔註194〕康熙六十一年（1722），杜詔過華亭，宿姚培謙之遂安堂，應姚氏之請和其三十自壽詩，杜詔有《姚平山留宿遂安堂，次韻奉酬令兄心求暨朱耕方、董弘輔、張玉田、徐景予諸君見和之作》云：「半生空染素衣塵，歸隱多慚賀季眞。每到貧來思作客，劇憐老去怕依人。夜闌擁絮寒尤重，兩隙窺簾月又新。才子雲間驚絕豔，況教三十少年春。（自注：平山時以三十自壽詩索和）」〔註195〕培謙有《錫山杜太史雲川過訪贈詩依韻奉答》二首，其一云：「素心那肯混浮塵，風雨相期意最眞」；其二云：「留賓卻喜連宵雨，斗室居然日日春。」〔註196〕

39、妙復，字天鈞，無錫人，有《石林吟稿》。天鈞與榮道士洞泉、杜太史雲川結詩社名「九龍三逸」，傳詳《晚晴簃詩匯》卷一百九十七、《清詩別裁集》卷三十二。沈德潛《歸愚詩抄》卷五有《石林精舍晤天鈞上人》。姚培謙有《喜錫山天鈞上人過訪》詩云：「蓮社暌違二十年，驚看鬢髮已皤然。千江明月心能照，一卷淩雲句可傳。智慧自生清淨界，閒愁未了俗塵緣。何時同上蒙山頂，摘取新茶試二泉。」〔註197〕

40、華希閔（1672～1751），字豫原，號劍光，無錫人。康熙五十九年（1720）舉人，乾隆元年（1736）舉博學鴻詞，不赴。乾隆十六年（1751），迎聖駕於惠山，賜知縣，未久病逝。希閔嗜學，工古文，尚氣節，扶正學，興義舉。鄂爾泰設春風亭招賢俊，希閔與沈德潛同以耆德見重。著有《大學約言》、《中庸勝語》、《論孟講義》、《延綠閣集》，校《遺山先生新樂府》，《清史列傳》卷

〔註193〕姚培謙《松桂讀書堂集》，《四庫全書存目叢書》集部，第 277 冊，第 61 頁。
〔註194〕杜詔《雲川閣集》，《清代詩文集彙編》第 218 冊，影雍正九年刻本，第 641 頁。
〔註195〕杜詔《雲川閣集》，《清代詩文集彙編》第 218 冊，影雍正九年刻本，第 588 頁。
〔註196〕姚培謙《松桂讀書堂集》，《四庫全書存目叢書》集部，第 277 冊，第 115 頁。
〔註197〕姚培謙《松桂讀書堂集》，《四庫全書存目叢書》集部，第 277 冊，第 120 頁。

六十七、《清代畫史》有傳。《周甲錄》康熙五十九年（1720）載：「夏，錫山華君豫原希閔過訪。相得甚歡，隨偕至錫山，下榻劍光閣數日。是秋，華君舉於鄉。」〔註198〕培謙與華氏相交最深，其《余與錫山華孝廉豫原交契最深，別十餘年，邂逅金陵，幾不相識，因成三截句》詩可證，其二推崇華氏「萬卷文章壓選樓，虛懷商榷每相留。往時意氣猶堪說，我愧無聞君白頭」〔註199〕；其三則云：「未得談心在客廬，君留我去又離居。臨歧不惜殷勤贈，一幅王郎得意書（自注：以王吏部虛舟字幅見貽）。」〔註200〕姚培謙編《唐宋八家詩》，華氏參與校訂。

41、秦宮璧（1661～1742），字龍光，號一舟、潛齋，之鑑孫，慶淵子，武進人。雍正二年（1724）舉人，例授文林郎，候選知縣。性穎悟，重實學，通經史，天文地理諸書靡不究心。工詩古文詞，名重一時。康熙時，於京邸授經，名流趨附其門。操履甚嚴，生平無干謁，士林愛重之，著有《愛蓮堂稿》、《學庸文稿》、《四書講義》、《崇正集》、《發謫集》、《章句大全》等，傳見《武進縣志・文學》。康熙五十三年（1714），秦、姚訂交，事見《周甲錄》是年載：「二月，與姜子條本立、自芸耕、秦龍光宮璧、金軼東門詔、王漢階步青、任翼聖啓運、吳方來綏、元起煜立、荊其章琢、周紹濂欽、儲之盤又銘、束聚五昌霖、楊簡在名寧、葉召南棠、龔植岩麟玉諸先生及一時名宿訂交於澄江朱君淡中沖飲香亭上，作古詩一章以紀其事。」〔註201〕培謙有《舟次錫山，寄毘陵秦丈龍光》詩二首，其一贊秦氏「傲兀詞壇四十年」〔註202〕，推許頗高。按：秦之鑑（1609～1676），字尙明，號惕菴，宋代詞人秦觀後裔。明崇禎十五年（1642）舉人，崇禎十六年（1643）進士，選浙江仁和知縣，敕授文林郎，以丁憂辭去。入清不仕，居鄉授徒，大江南北從遊者眾，有《惕菴詩鈔》，《武進縣志・隱逸》有傳。

42、沈德潛（1673～1769），字確士，號歸愚，長洲人，乾隆四年（1739）進士，清詩「格調派」領袖，倡言詩教，有《沈歸愚詩文集》，編有《古詩源》、《唐詩別裁》、《明詩別裁》、《國朝（清）詩別裁》等。康熙五十九年

〔註198〕姚培謙《周甲錄》，北京圖書館出版社，1999年據乾隆刻本影印，第121頁。
〔註199〕姚培謙《松桂讀書堂集》，《四庫全書存目叢書》集部，第277冊，第129頁。
〔註200〕姚培謙《松桂讀書堂集》，《四庫全書存目叢書》集部，第277冊，第129頁。
〔註201〕姚培謙《周甲錄》，北京圖書館出版社，1999年據乾隆刻本影印，第117～118頁。
〔註202〕姚培謙《松桂讀書堂集》，《四庫全書存目叢書》集部，第277冊，第111頁。

（1720），沈、姚二人訂交於金陵，時二人俱應鄉試，沈德潛時年四十八歲，姚培謙年二十八。姚培謙《周甲錄》康熙五十九年（1720）載：「秋，應試金陵，與李芷林東欀、程得莘之銘、郭秋浦泓、沈確士德潛、儲定伯思淳、王鶴書之醇諸先生訂交於方氏齋中。」〔註203〕康熙五十六年（1717），沈德潛赴省試，與諸公訂交，其中不乏姚培謙好友，事見《沈歸愚自訂年譜》康熙五十六年（1717）載：「七月，赴省試，時金陵文會，與會者：儲六雅、王耘渠、王罕皆、曹諤庭、束聚五、荊其章、蔡芳三、顧天山、顧嗣宗諸公。時藝、詩、古文各一場，後補送，猶有前代《壬申文選》之風也。」〔註204〕乾隆十二年（1747），沈德潛向朝廷舉薦培謙，事見《周甲錄》是年載：「夏，閣學沈公德潛假滿還朝，六月十七日陛見，皇上問及江南文風士習，沈公奏謙閉戶著書不求聞達。上云：『不求聞達就難得了』。十九日，傳旨進謙所著書籍。沈公呈《樂善堂賦注》四卷、《增輯左傳杜注》三十卷、《讀經史》二冊，上覽云：『《左傳》、《經史》甚好，《賦注》尚有未詳處。』謙一介庸愚，獨學無師，管窺蠡測，何意得邀天鑒，欣悚交深。」〔註205〕又《松江府志》載：「姚培謙，字平山，松江府婁縣人，諸生。好交遊，名滿江左。雍正七年保舉，以居喪不赴。後數年，尚書沈德潛還朝，奏培謙閉戶讀書不求聞達，以其所著《〈御製樂善堂賦〉注》四卷、《增輯〈左傳〉杜注》三十卷、《經史臆見》二卷代為進呈，王編修嘉曾以為《通鑒綱目節鈔》及《類腋》雖未經進，尤其一生心力所萃云。所著有《松桂堂集》，卒年七十有餘。」〔註206〕朝廷特旨卓拔，姚培謙不赴。沈氏《清詩別裁集》凡選錄清人 996 位，詩 3952首，與培謙過從甚密的陸奎勳、黃之雋均有作品選錄，姚培謙則無作品入選，原因在於是書僅錄乾隆二十五年（1760）已過世者，而姚氏尚健在。《凡例》即交代：「人必論定於身後。蓋其人已為古人，則品量與學殖俱定。否則，或行或藏，或醇或駁，未能遽定也。集中所取，雖前後不同，均屬已往之人。」〔註207〕

〔註203〕姚培謙《周甲錄》，北京圖書館出版社，1999 年影印本，第 121 頁。

〔註204〕潘務正、李言校點《沈德潛詩文集》第 4 冊，附錄二，北京：人民文學出版社，2011 年，第 2105 頁。

〔註205〕姚培謙《周甲錄》，北京圖書館出版社，1999 年影印乾隆刻本，第 146～147頁。

〔註206〕宋如林修；孫星衍、莫晉等纂《松江府志》卷五十九《古今人傳十一》，嘉慶二十二年刻本。

〔註207〕沈德潛《清詩別裁集》，上海：上海古籍出版社，1984 年版。

43、任啓運（1670～1744），字翼聖，號乾若，世稱釣臺先生，荆溪人。少家貧，借書苦讀，雍正元年（1723）舉人。雍正十一年（1733），張照以精通性理薦試，特賜進士，授翰林院檢討，阿哥書房行走，專授皇子。清高宗即位，充日講起居注官，旋擢中允，晉侍讀學士。乾隆四年（1739）擢侍講學士。乾隆七年（1742），擢都察院左僉都御史。乾隆八年（1743），充三禮館副總裁，旋晉宗人府丞。乾隆九年（1744）卒。任啓運「學綜漢宋，而以朱子為歸」〔註208〕，「尤深於三禮」〔註209〕，與顧棟高、方苞、李紱等交契，有《禮記章句》十卷、《周易洗心》九卷、《四書約指》十九卷、《孝經章記》十卷、《夏小正注》、《竹書紀年考》、《逸書補》、《孟子時事考》、《清芬樓文集》等。康熙五十三年（1714）二月，任氏與姚培謙訂交於澄江朱沖飲香亭，事見《周甲錄》是年載：「二月，與姜子條本立、自芸耕、秦龍光宮璧、金軼東門詔、王漢階步青、任翼聖啓運、吳方來紱、元起煜立、荆其章琢、周紹濂欽、儲之盤又銘、束聚五昌霖、楊簡在名寧、葉召南棠、龔植岩麟玉諸先生及一時名宿訂交於澄江朱君淡中沖飲香亭上。」〔註210〕姚培謙編選《唐宋八家詩》，任氏參與校訂。

44、王素軒，字日燠，吳郡人。王氏與培謙學術交往頗多，姚培謙輯《類腋‧天部》末署：「吳郡王日燠素軒錄」；乾隆十一年（1746）刻本，姚培謙增輯《春秋左傳杜注》書末有牌記云：「乾隆丙寅夏五月，吳郡小鬱林陸氏雕版，王日燠錄。」乾隆丙寅，即乾隆十一年（1746），小鬱林陸氏為陸錦。上海圖書館藏姚培謙著《李義山七律會意》，凡四卷，雍正刻本，卷首有雍正五年（1727）六月姚培謙序，卷末則署「吳郡王素軒錄，金陵王兆周鐫」，扉葉題「北垞讀本」。

45、王步青（1672～1751），字漢階，一作罕皆，號己山，金壇人。性沖澹，長身玉立，覃心正學，以制藝名世。雍正元年（1723）進士，改庶吉士，授檢討，以病假歸。尹會一官兩淮鹽運使於揚州重建安定書院，延漢階為掌教，操持選正，黜浮崇雅，學子視為楷模。著有《己山文集》十卷、別集四卷，所著《朱子四書本義匯參》四十五卷「抉經之心，擘傳之脈，擇精語詳，

〔註208〕徐世昌《清儒學案小傳》，臺北：明文書局，1985年版，學林類5，第827頁。
〔註209〕徐世昌《清儒學案小傳》卷七，臺北：明文書局，1985年版，學林類6，第17頁。
〔註210〕姚培謙《周甲錄》，北京圖書館出版社，1999年據乾隆刻本影印，第117～118頁。

學者爭奉爲圭臬。」〔註211〕暮年猶勤學不倦，其書齋曰：無逸所，傳詳陳祖範撰《墓誌銘》。姚王訂交於康熙五十三年（1714），事見《周甲錄》是年載：「二月，與姜子條本立、自芸耕、秦龍光宮璧、金軼東門詔、王漢階步青、任翼聖啓運、吳方來緻、元起煜立、荊其章琢、周紹濂欽、儲之盤又銘、束聚五昌霖、楊簡在名寧、葉召南棠、龔植岩麟玉諸先生及一時名宿訂交於澄江朱君淡中沖飲香亭上。作古詩一章以紀其事。」〔註212〕

46、姜耕（1676～1751），字自芸，晚號退耕，康熙五十九年（1720）舉人，康熙六十年（1721）進士，嘗官清苑知縣。熟精書畫弈算，研深學術，著有《讀易輒書》、《讀玄輒書》、《莊子輒書》、《讀詩小箋》、《楚辭繹》、《漢魏六朝詩繹》、《白雪青蓮詩繹》、《唐五七律繹》、《姜自芸時文》、《白蒲子尺牘》、《白蒲子古文》、《白蒲子詩編》等。康熙五十三年（1714），姜氏與姚培謙訂交，事見《周甲錄》是年載：「二月，與姜子條本立、自芸耕、秦龍光宮璧、金軼東門詔、王漢階步青、任翼聖啓運、吳方來緻、元起煜立、荊其章琢、周紹濂欽、儲之盤又銘、束聚五昌霖、楊簡在名寧、葉召南棠、龔植岩麟玉諸先生及一時名宿訂交於澄江朱君淡中沖飲香亭上。」〔註213〕沈德潛《姜自芸太史詩序》云：「康熙歲壬辰，予與自芸姜先生相遇於義門書塾。時先生負高才，抱碩學，而又當壯盛之歲，發爲詩歌，一往縱逸，牢籠萬態。相與酬答，自顧如滕、薛、蓼六之遇齊楚，無能爲役也。不數年，先生掇巍科，入辭館，元本雅頌，登歌廟朝，而先生之詩一變。既天子重理民才，簡畀劇邑，先生執法守官，得罪大吏。大吏加以橫逆，禍幾不測，賴天子神聖，察其無辜，而大吏以冰山傾崩，斃於詔獄，先生冤抑始白。維時託諸詠吟，每有感憤結轖，磊落不平之辭，而先生之詩又一變。既而脫然歸里，偕山農野老，談討枌榆，較量晴雨，隨所感觸，無非自得，尤有純乎天趣者焉。而先生之年亦已老矣。……予於先生爲後進，而年差長於先生。向處於無能爲役者，益以齒髮日衰，殖業頹落，而先生道味充腴，詩境與年俱老，更有不能追望其後塵者也。回憶義門書塾相遇時，行及三紀，兩人之聚散離合，蹤跡變幻，電光鳥影，輕塵短夢，不有惘惘而莫能爲懷者耶？」〔註214〕康熙壬辰，

〔註211〕徐世昌《清儒學案小傳》，臺北：明文書局，1985 年版，學林類 5，第 828 頁。
〔註212〕姚培謙《周甲錄》，北京圖書館出版社，據乾隆刻本影印，第 117～118 頁。
〔註213〕姚培謙《周甲錄》，北京圖書館出版社，據乾隆刻本影印，第 117～118 頁。
〔註214〕沈德潛《歸愚文抄》卷十二，《沈德潛詩文集》第 3 冊，北京：人民文學出版

爲康熙五十一年（1712），時沈德潛與姜氏結交；義門爲何焯。

47、楊名寧，字簡在，江陰人，雍正元年（1723）拔貢，嘗官山西徐溝、福建侯官、山東陵縣等地知縣，通經史諸子，長於考證，著有《碎錄》、《水輯類音》、《雜諍》，校注顧亭林《日知錄》，盧文昭重之，傳詳徐世昌《清儒學案》。名寧爲凝齋學派宗主楊名時從弟，能承名時之學。凝齋之學「出於安溪，論學一本程朱，以誠爲本，持躬爲政，實踐其言，闇然爲己平生所得力。」〔註215〕康熙五十三年（1714），其與姚培謙訂交，事見《周甲錄》是年載：「二月，與姜子條本立、自芸耕、秦龍光宮璧、金軼東門詔、王漢階步青、任翼聖啓運、吳方來紱、元起煜立、荊其章琢、周紹濂欽、儲之盤又銘、束聚五昌霖、楊簡在名寧、葉召南棠、龔植岩麟玉諸先生及一時名宿訂交於澄江朱君淡中沖飲香亭上。」〔註216〕按：名時（1661～1737），字賓實，號凝齋，江陰人。康熙三十年（1691）進士，從李光地研經學，與湯斌、陸隴其齊名。康熙五十六年（1717），授直隸巡道，康熙五十八年（1719）遷貴州布政使。雍正二年（1724），世宗親賜「清操夙著」匾額。雍正三年（1725）擢兵部尚書，總督雲貴。雍正四年（1726），任吏部尚書。乾隆即位，加禮部尚書銜兼國子監祭酒，命值上書房，侍皇太子課讀。卒贈太子太傅，入賢良祠，諡文定。著有《易義札記》、《詩經札記》、《四書札記》等。凝齋學派因楊名時號而名，名時弟子有夏宗瀾、王文震、靖道謨等，其交遊者有方苞、黃叔琳、冉覲祖、朱軾、徐用錫、秦蕙田、蔡德晉、莊亨陽、官獻瑤、徐恪等一時名流。

48、吳紱，字方來，宜興人。祖吳唐，紱少承家學，敏悟好學。雍正二年（1724），舉鄉試第一。乾隆二年（1737）進士，選庶吉士，散館，授編修。任啓運薦紱淹通三禮，奉旨充三禮館纂修官。乾隆九年（1744），主湖南鄉試，所得皆名士。紱文詞元奧，邃於性理之學，自輯舊作，題名《雞肋集》。另有《四書大義》、《易學便蒙》、《儒術源流》、《南華纂注》、《確庵詩文》、《周官考證》、《儀禮考證》、《周禮臆擬》、《儀禮臆擬》、《學禮識小錄》、《札記小箋》、《有司徹疑問》、《字學審聲》、《字學訂形》、《詩文雜稿》、《纂修三禮稿》等。康熙五十三年（1714），其與姚培謙訂交，事見《周甲錄》是年載：「二

社，2011 年，第 1324～1325 頁。
〔註215〕徐世昌《清儒學案小傳》，臺北：明文書局，1985 年版，學林類 5，第 767 頁。
〔註216〕姚培謙《周甲錄》，北京圖書館出版社，據乾隆刻本影印，第 117～118 頁。

月，與姜子條本立、自芸耕、秦龍光宮璧、金軼東門詔、王漢階步青、任翼聖啓運、吳方來絨、元起煜立、荊其章琢、周紹濂欽、儲之盤又銘、束聚五昌霖、楊簡在名寧、葉召南棠、龔植岩麟玉諸先生及一時名宿訂交於澄江朱君淡中沖飲香亭上。」〔註217〕

49、束昌霖，字聚五，丹陽人，有《怡先堂文稿》，泫廖勁悍，源出莊韓，而以經術發之，與王步青友善，生平事蹟詳吉夢熊《束聚五傳》。康熙五十三年（1714），其與姚培謙訂交，事見《周甲錄》是年載：「二月，與姜子條本立、自芸耕、秦龍光宮璧、金軼東門詔、王漢階步青、任翼聖啓運、吳方來絨、元起煜立、荊其章琢、周紹濂欽、儲之盤又銘、束聚五昌霖、楊簡在名寧、葉召南棠、龔植岩麟玉諸先生及一時名宿訂交於澄江朱君淡中沖飲香亭上。」〔註218〕束聚五與沈德潛亦爲朋友，見《沈歸愚自訂年譜》康熙五十六年（1717）載：「七月，赴省試，時金陵文會，與會者：儲六雅、王耘渠、王罕皆、曹謂庭、束聚五、荊其章、蔡芳三、顧天山、顧嗣宗諸公。時藝、詩、古文各一場，後補送，猶有前代《壬申文選》之風也。」〔註219〕

50、儲又銘，字之盤，宜興人。康熙五十年（1711）舉人，候選知縣。雍正三年（1725）七月，調補川陝任。九月，補陝西平涼府乎涼知縣。雍正四年（1726）十月，甘肅按察使李元英保舉赴部。雍正五年（1727）正月奉旨補授雲南楚雄知府。康熙五十三年（1714），其與姚培謙訂交，事見《周甲錄》是年載：「二月，與姜子條本立、自芸耕、秦龍光宮璧、金軼東門詔、王漢階步青、任翼聖啓運、吳方來絨、元起煜立、荊其章琢、周紹濂欽、儲之盤又銘、束聚五昌霖、楊簡在名寧、葉召南棠、龔植岩麟玉諸先生及一時名宿訂交於澄江朱君淡中沖飲香亭上。」〔註220〕

51、程之銘，字得莘，金陵白下人。雍正元年（1723）舉人。康熙五十九年（1720），與姚培謙訂交，事見《周甲錄》康熙五十九年（1720）載：「秋，應試金陵，與李芷林東懷、程得莘之銘、郭秋浦泓、沈確士德潛、儲定伯思淳、王鶴書之醇諸先生訂交於方氏齋中。」〔註221〕

〔註217〕姚培謙《周甲錄》，北京圖書館出版社，據乾隆刻本影印，第117～118頁。
〔註218〕姚培謙《周甲錄》，北京圖書館出版社，據乾隆刻本影印，第117～118頁。
〔註219〕潘務正，李言校點《沈德潛詩文集》第4冊，附錄二，北京：人民文學出版社，2011年，第2105頁。
〔註220〕姚培謙《周甲錄》，北京圖書館出版社，據乾隆刻本影印，第117～118頁。
〔註221〕姚培謙《周甲錄》，北京圖書館出版社，1999年影印本，第121頁。

－53－

52、鄒升恒，字泰和，號愼齋，忠倚孫，無錫人。康熙五十七年（1718）進士，散館授編修，官至侍講學士，有《借柳軒詩集》，《詞林輯略》卷二有載。《周甲錄》康熙六十一年（1722）載：「秋，錫山鄒泰和學士升恒攜其所著文就謙商榷。歸後，復以靖海勵滋大太史宗萬四書時藝屬選。」〔註222〕又《周甲錄》雍正三年（1725）載：「秋，於居室左偏葺書屋數椽，庭中有松有桂，泰和學士題額曰：松桂讀書堂。」〔註223〕

53、張範，字琴川，常熟人。《周甲錄》雍正十一年（1733）載：「衍聖公以書幣聘修盛典。四月，來文云：『奉旨纂修盛典，理合遍訪鴻儒以任斯職，訪得姚某業精，著述名冠倫魁，學海濬乎靈源，不忘三篋。詞鋒森其武庫，自富五車。惟多識而博聞，乃茹今而涵古，移府檄縣行學，敦請刻日束裝前赴闕里。』蓋因孝廉胡象虛二樂嘗於公前道謙名。氏公又凂見謙著述，謬採虛聲，故有是舉。謙自問譾陋，不勝抱愧，且多病不能遠行，力辭。時上舍張琴川範館聖府，札致云：『聖公素仰盛名，虛左以待，範明知足下高雅恬淡，未必遠來，而主人之意眞切，必欲奉屈，所以令當事造請云云。』謙又凂象虛轉辭之乃已。」〔註224〕衍聖公爲孔廣棨。

54、顧棟高（1679～1759），字復初，號震滄，無錫人。康熙六十年（1721）進士，官內閣中書。雍正時以奏對越次罷官，乾隆十六年（1751），以經學徵，賜國子監司業，未就。乾隆二十二年（1757），晉國子監祭酒。顧棟高「精心經術，尤長於春秋」〔註225〕，有《萬卷樓文稿》、《方儒粹語》、《春秋大事表》、《毛詩類釋》、《尚書質疑》等，《湖海詩傳》有載。《周甲錄》乾隆六年（1741）載：「二月，《楚詞節注》成。……少司成顧震滄先生棟高致書曰：『《楚詞》注者林立，然多苦作意生新。先生一以朱注爲定本，間補州師一二，並刪去其議論，使讀者虛心涵永，自得三閭心事於意言之外。千載眼孔不爲成見所封，嘉惠後學匪淺矣。讀書種子如先生及武進蔣子東委、虞山陳子弈韓，指不多屈。東委先生四十年前曾於敝邑一晤。弈韓於蘇郡常往來，而先生獨未得一面，所心悵也。』秋，編次平日讀經史臆見付梓。少司成又致書曰：『大

〔註222〕姚培謙《周甲錄》，北京圖書館出版社，據乾隆刻本影印，第123～124頁。
〔註223〕姚培謙《周甲錄》，北京圖書館出版社，據乾隆刻本影印，第127頁。
〔註224〕姚培謙《周甲錄》，北京：北京圖書館出版社，1999年版，據乾隆間刻本影印本，第134～135頁。
〔註225〕張維屛《國朝詩人徵略初編》卷二十二，臺北：明文書局，1985年版，第756頁。

集內，經學史學，端拜洛誦，具見根柢湛深。《春秋》、《周禮》與鄙意合者，什居八九。乃知讀書到著實處，自然所見略同。《周禮》為贗作，弟近年來始持此論，不意先生先獲我心。大快！大快！」〔註226〕又《周甲錄》乾隆十四年（1749）載：「十二月，《節抄正編》至魏咸熙、吳元興元年。十一日，東漢後漢畢。十二日，《節抄》晉起。顧少司成又寄書曰：『《通鑑綱目節抄》，此係絕大製作。寧遲毋速，寧詳毋略，要須事增於前、文省於舊』，斯言實獲我心。」〔註227〕

三、嘉興府、杭州府、紹興府籍

55、陸奎勳（1663～1738），字聚侯，號坡星，又號陸堂，平湖（今屬嘉興）人，世楷子。康熙六十年（1721）進士，改庶吉士，散館授編修，充《明史》纂修官。不久因病還鄉，開館講學，朱彝尊題名「陸堂」，學者尊為陸堂先生。奎勳淡榮利，不為嶄絕之行，生平誦法朱熹，晚乃一意說經，其「與楊次也副使、沈厚餘榜眼、柯進士南陔唱和城南，有『浙西四子』之譽」（《陸奎勳傳》）〔註228〕。詩文弱冠已充笥篋，後乃以餘力為之，沈德潛稱：「陸堂穿穴五經，皆有述作，今人中井大春也。詩獨風流明麗，廣平賦梅花不礙心似鐵洵然。」〔註229〕《晚晴簃詩匯·詩話》卷六十一稱其：「詩工膽明麗，蓋自《西崑》出，而益之以疏宕。視歸愚、子才行輩較前，故不受其範圍也。」〔註230〕著有《陸堂易學》、《今文尚書說》、《戴禮緒言》、《陸堂文集》二十卷、《陸堂詩集》二十四卷。《清史列傳》卷六十七有傳。

姚、陸二人訂交於康熙五十四年（1715），時姚氏就婚平湖，妻陸氏。陸奎勳敘培謙《自知集》對此有記述：「平山為中舍息園先生仲子，就婚來湖，余以中表僚婿披袵論交。讀其所著《自知集》若干卷，大抵五七言古體以李杜為宗而參以眉山氣韻。其近體則清辭麗句，玉貫珠聯，兼有玉溪、八又之能事。平山心不自足，與余究論詩之源流。余謂從唐人學漢魏，此溯流尋源也。似乎趨易，實則難工。若由風騷及漢魏，由六季而三唐，玩味三年，即

〔註226〕姚培謙《周甲錄》，北京：北京圖書館出版社，1999 年版，據乾隆間刻本影印本，第 140～141 頁。
〔註227〕姚培謙《周甲錄》，北京圖書館出版社，據乾隆刻本影印，第 148～149 頁。
〔註228〕陳金林等編《清代碑傳全集》，上冊，上海：上海古籍出版社，1987 年版，第 255 頁。
〔註229〕姚培謙《松桂讀書堂集》，《四庫全書存目叢書》集部，第 277 冊，第 432 頁。
〔註230〕徐世昌編《晚晴簃詩匯》，北京：中華書局，1990 年版，第 2491 頁。

有萬斛泉源隨地湧出之勢矣。平山喜讀選詩，於唐宋元明諸集無不擷其菁英，劇其壁壘。而余復進之以《三百篇》、《離騷》、《九歌》者，所謂舉裘而挈其領也。」〔註231〕乾隆二年（1737）十二月，陸奎勳為姚培謙《樂府》作序，署稱「襟弟」（《樂府序》）〔註232〕，實長培謙三十歲。乾隆五年（1740）夏，其為姚培謙《松桂讀書堂集》作序，稱讚：「姚子平山生長藝圃，閉戶覃精，學不涉於膚末。平日讀經史有得，隨時札記，以備遺忘。余得其書而反覆讀之，因伏而歎曰：『姚子之學，其儒者之學矣乎。』……夫儒者之學，以經為體，則非明經無以立體；以史為用，則非通史無以致用。姚子兼而有之，不可悠然想見其蘊藉乎。」〔註233〕培謙《松桂讀書堂集》載三首詠奎勳詩章，對陸氏亦不吝讚美，如《送陸五坡星計偕北上》云：「平原有才子，英華世所詫。學問窮根柢，著書常滿架。膏馥所沾溉，往往得高價。世罕得其真，用之材苦大。科名是底物，羽翮不可借。文章老更成，遠近徒膾炙。」〔註234〕陸氏客粵三年，旋從廣西修省志回，培謙即作《寄平湖陸編修坡星》二首致意，其一讚道：「大手推前輩，雄文壓上才。書成高一代，振策賦歸來。」〔註235〕其二則稱：「往日追隨慣，而今契闊深。盈盈一湖水，脈脈兩人心。相見期新歲，相思託素琴。名山傳盛業，珍重碧雲岑（自注：所著經說俱已刻成）。」〔註236〕

韓愈為「唐詩之一大變。其力大，其思雄，崛起特為鼻祖。宋之蘇、梅、歐、蘇、王、黃，皆愈為之發其端。」〔註237〕培謙敬「昌黎大儒」〔註238〕，讚「倔強有昌黎」（《觀二王帖四首》其三）〔註239〕陸奎勳於昌黎亦極稱頌，其《煙雨樓聯句》稱：「記事昌黎體最工」〔註240〕，可見二人思想之共鳴。陸奎勳尊朱熹之學，宗經重史，與姚培謙相砥礪發明。乾隆五年（1740）夏，

〔註231〕姚培謙《松桂讀書堂集》，《四庫全書存目叢書》集部，第 277 冊，第 61 頁。
〔註232〕姚培謙《松桂讀書堂集》，《四庫全書存目叢書》集部，第 277 冊，第 62 頁。
〔註233〕陸奎勳《松桂讀書堂集序》，《四庫全書存目叢書》集部，第 277 冊，第 1 頁。
〔註234〕姚培謙《松桂讀書堂集》，《四庫全書存目叢書》集部，第 277 冊，第 76 頁。
〔註235〕姚培謙《松桂讀書堂集》，《四庫全書存目叢書》集部，第 277 冊，第 107 頁。
〔註236〕姚培謙《松桂讀書堂集》，《四庫全書存目叢書》集部，第 277 冊，第 107 頁。
〔註237〕葉燮《原詩‧內篇上》，北京：人民文學出版社，1979 年版，第 8 頁。
〔註238〕姚培謙《松桂讀書堂集》，《四庫全書存目叢書》集部，第 277 冊，第 56 頁。
〔註239〕姚培謙《松桂讀書堂集》，《四庫全書存目叢書》集部，第 277 冊，第 77 頁。
〔註240〕陸奎勳《陸堂詩續集》卷二，《四庫全書存目叢書》集部，第 271 冊，第 158 頁。

陸奎勳序姚氏《松桂讀書堂集》時即主張：「儒者之學，經經而史緯。經其體也，史其用也，二者相爲表裏。」〔註241〕培謙則坦承：「經史爲學問之根柢，竊有志焉」〔註242〕，「沉思默坐參《周易》，一日還能讀一爻。」（《春窗雜詠》其二十）〔註243〕浸淫日久，自有所成。陸奎勳推崇姚培謙詩學，將其與毛奇齡、朱彝尊、王士禛相提並論，稱：「國朝詩話，我浙如毛西河、朱竹垞兩太史徵事既博，持論極工。而新城王司寇則取材尤富，觀者莫不心醉焉。鱸香居士讀詩之餘，心有悟入，隨筆詮次，直能於漢魏六朝三唐宋元諸家窮微闡奧，諸詩老不得雄踞於前矣。」（《詩話跋》）〔註244〕對於唐宋詩之爭，姚培謙、陸奎勳均主張唐宋兼採，陸氏《水雲巢詩略序》云：「論詩者往往尚唐而斥宋，予不謂然。試觀宋人中若元之、永叔、子瞻、晦翁諸大家，雖其體制風調小異於唐，而究論根柢，未有不得力於《國風》、《楚辭》者。……使我黨從事吟壇者，皆能根柢風騷，則爲唐爲宋，隨其性所喜筆所近而爲之，靡不可爾。奚必斷斷焉爭高下於末流也與？」〔註245〕陸奎勳推服蘇軾，自云：「兒時愛玩坡老集，……公詩在宋推巨擘。」〔註246〕以陸氏的成就地位，其文學主張或影響到姚培謙編《宋詩別裁集》的標準及取捨，如兼採唐宋、重視理學家詩、蘇軾詩等。

56、孟鳳苞，字西明，會稽人，姚培謙有《寄酬山陰孟西明》詩二首，其二云：「古人重求友，在遠可相知。臭味一以同，胡寧患差池。……贈君白玉環，宛轉狀相思。白玉有缺壞，素心終不移（自注：西明先投縞紵，予報以玉環）。」〔註247〕

57、馮景夏（1663～1741），字樹仁，一作樹臣，號伯陽，桐鄉人。精敏有氣略，好讀史書，覃精歷代政典，通曉時務。康熙三十二年（1693）舉人。歷長安知縣、廬州知府、安徽按察使、江寧布政使、刑部左侍郎等職。晚歲，

〔註241〕陸奎勳《松桂讀書堂集序》，《四庫全書存目叢書》集部，第 277 冊，第 1 頁。
〔註242〕姚培謙《松桂讀書堂集自序》，《四庫全書存目叢書》集部，第 277 冊，第 2 頁。
〔註243〕姚培謙《松桂讀書堂集》，《四庫全書存目叢書》集部，第 277 冊，第 132 頁。
〔註244〕姚培謙《松桂讀書堂集》，《四庫全書存目叢書》集部，第 277 冊，第 54 頁。
〔註245〕陸奎勳《陸堂文集》卷四，《四庫全書存目叢書》集部，第 270 冊，第 572～573 頁。
〔註246〕陸奎勳《陸堂詩續集》卷一《雪夜再閱蘇詩識以長句》，《四庫全書存目叢書》集部，第 271 冊，第 150 頁。
〔註247〕姚培謙《松桂讀書堂集》，《四庫全書存目叢書》集部，第 277 冊，第 79 頁。

居嘉興，以著述自娛，善山水畫，得董其昌筆意，《浙江通志》、《清史列傳》卷二十二有傳。雍正十三年（1735），馮景夏舉薦姚培謙博學鴻儒，謙不赴，《周甲錄》是年載：「世宗憲皇帝詔舉博學鴻儒，侍郎方公苞致書黃少宰，欲薦舉謙，招謙入都，少司寇馮公景夏亦欲薦謙應詔。自揣學殖空疏，力辭。」〔註248〕姚培謙有《寄少司寇馮伯陽先生，時予假歸里》（五首，中云：「金貂映玉勒，承詔歸林泉。豈無廊廟志，高風契靜便」據此推測，培謙或嘗為官，後被賜還，此事史書無載，待考）、《元日立春，寄懷馮侍郎伯陽先生》（二首）、《馮方伯內升副憲，以盆松見寄》〔註249〕諸詩，可知兩人過從頻繁。

58、釋元璟，字借山，號晚香老人，平湖人。元璟遍參濟宗名宿，遊歷半天下，詩體屢變，國初諸老咸重之，有《完玉堂詩集》，今存清初刻本，卷首有汪琬、毛奇齡、朱彝尊、王士禛、張棠等人題辭，《清詩別裁集》卷三十二有傳。汪琬評其：「體格清整，詞旨亦高雅，有雲中白鶴天半朱霞之妙。」〔註250〕王士禛評：「借公從儒入釋，勇猛精進，早歲聞道，又能親炙作家，虛懷訪問，善於運化。自會稽入都，以詩來贄。讀其詩如其人，信乎！鈍翁稱許為不謬。其筆秀骨清，造境閒而遠，悟性空而靈，蓋有得於蒲團竹篦之工，沃以煙霞神韻，此真禪河香象也。」〔註251〕朱彝尊評：「向于秋岳先生處閱《東湖六子倡和集》，乃知王柘湖、陸叔度、趙退之、錢稗拙之後，其風流逸韻猶有存者。借公英年好學，才情清俊，能標舉韻頎其間。壬午過余梅里，索題《廬山畫卷》，長歌見贈。沉雄頓挫，有草蛇灰線之妙。即陳屈見此，亦當割席遜坐，故酬以絕句云『方外誰傳正始音，誦師長句一披襟。試看碧海掣鯨手，已覺年來苦用心。』」〔註252〕張棠評：「讀晚香先生詠菊詩，可補騷經之佚。」〔註253〕元璟與姚培謙關係篤厚，《周甲錄》康熙五十四年（1715）載：「親串中，胡進士聞衣紹高、陸秀才德三邦傑、檢討坡星奎勳及方外借山元璟尤相好。詩文就正諸公，受益良多。」〔註254〕姚培謙《松桂讀

〔註248〕姚培謙《周甲錄》，北京圖書館出版社，1999年影印乾隆刻本，第136～137頁。

〔註249〕姚培謙《松桂讀書堂集》，《四庫全書存目叢書》集部，第277冊，第80、118、106頁。

〔註250〕釋元璟《完玉堂詩集》，《清代詩文集彙編》第195冊，影清初刻本，第2頁。

〔註251〕釋元璟《完玉堂詩集》，《清代詩文集彙編》第195冊，影清初刻本，第3頁。

〔註252〕釋元璟《完玉堂詩集》，《清代詩文集彙編》第195冊，影清初刻本，第4頁。

〔註253〕釋元璟《完玉堂詩集》，《清代詩文集彙編》第195冊，影清初刻本，第6頁。

〔註254〕姚培謙《周甲錄》，北京圖書館出版社，1999年據乾隆刻本影印，第118～

書堂集》載有《贈借山上人》、《白蘋花分供借山上人》〔註255〕詩。元璟《完玉堂詩集》卷五載有《白蘋花姚平山分贈》詩：「白蘋香且潔，皎皎布汀洲。宜與風人采，洵堪俎豆羞。雨餘明雪鏡，日落隱沙鷗。好友能分贈，玩之散百憂。」〔註256〕元璟與姚廷瓚也有交往，《完玉堂詩集》卷五載《元宵後葉待堂書齋同於湯谷姚述紃劉書升》〔註257〕詩。

59、金門詔（1673～1751），字軼東，《詞林輯略》作「東軼」，號易東，又號東山，江都（今屬揚州）人。乾隆元年（1736）進士，散館，充三禮館纂修，嘗知山東壽陽縣。家有藏書樓二酉山房，勤於治史，有《蓮西集》、《金東山文集》十二卷。杭世駿《送金東山歸維揚序》評曰：「東山善談笑，喜賓客，圍棋賭酒酣嬉，累日夕而不厭。……心無毒螫，胸無柴棘，稱心肆口，屢尤於人而不以爲悔，性情通傀。……東山負承明著作之才，與修勝國之史，直而不阿，簡質而當理。」〔註258〕沈德潛《簡金東山》詩稱讚金氏「君雖鄉貢士，公卿並側席。延訪入史局，眾指推巨擘。……君本嗜學人，食雞欲千跖。」〔註259〕康熙五十三年（1714），其與姚培謙訂交，事見《周甲錄》是年載：「二月，與姜子條本立、自芸耕、秦龍光宮璧、金軼東門詔、王漢階步青、任翼聖啓運、吳方來紱、元起煜立、荊其章琢、周紹濂欽、儲之盤又銘、束聚五昌霖、楊簡在名寧、葉召南棠、龔植岩麟玉諸先生及一時名宿訂交於澄江朱君淡中沖飲香亭上。」〔註260〕姚培謙有《退筆和金丈心齋》詩，贊金氏「勳績在縑緗」〔註261〕。

60、傅王露，字晴溪，一字良木，號玉笥、閬林，「越中七子」之一，晚號信天，會稽人。康熙五十四年（1715）一甲進士第三，授翰林院編修。雍

---

119 頁。

〔註255〕姚培謙《松桂讀書堂集》，《四庫全書存目叢書》集部，第 277 冊，第 102、105 頁。

〔註256〕釋元璟《完玉堂詩集》，《清代詩文集彙編》第 195 冊，影清初刻本，第 50 頁。

〔註257〕釋元璟《完玉堂詩集》，《清代詩文集彙編》第 195 冊，影清初刻本，第 51 頁。

〔註258〕杭世駿《道古堂文集》卷十五，《續修四庫全書》集部，第 1426 冊，第 350 頁。

〔註259〕沈德潛《歸愚詩抄》卷六，《沈德潛詩文集》第 1 冊，北京：人民文學出版社，2011 年，第 99～100 頁。

〔註260〕姚培謙《周甲錄》，北京圖書館出版社，據乾隆刻本影印，第 117～118 頁。

〔註261〕姚培謙《松桂讀書堂集》，《四庫全書存目叢書》集部，第 277 冊，第 110 頁。

正七年（1729），主江西學政。乾隆初，晉詹事府中允，充武英殿纂修官，不久告歸。傅王露詩學白居易，有《玉笥山房集》、《晴溪詩鈔》等，傳見《詞林輯略》卷二。沈德潛《歸愚詩抄餘集》卷一有《傅玉笥前輩招同邵濟川太史游西湖、南山，經法相寺，登陶家莊，紀勝有作》。傅王露與姚培謙訂交於雍正初，知交四十年，據《甲餘錄》乾隆二十三年（1758）載：「陸明經岳祥芝浙遊歸，得敷文院長傅探花玉笥玉露先生詩信，余與玉笥訂交三十餘年，憶昔來遊雲間，會於廖明府浩前賡軒半村園中。朱學博初晴霞、陳徵君慧香嶼、徐明經今吾是倣、董上舍宏輔杏燧、陸孝廉圖玉昆曾、顧上舍綏成思孝、家四兄坳堂培衷，暨錫山杜太史雲川詔、竟陵唐庶常赤子建中、泰興沈孝廉興之默、錢唐張高士玉田琳，相與論文，酌酒曜靈，匿景繼以華燈，極友朋之樂，曾幾何時，半村園已為雪中鴻爪，諸公亦相繼下世，惟玉笥與余尚在。嗟乎！人事如過眼之煙雲，光陰若走隙之車馬，良可慨也。我兩人猶得寄詩筒通音問，披覽手書，神往於六橋三竺間者久之。」姚培謙《寄酬傅探花闍林》三首其三所云「半村（自注：園名）夜久燭花偏」即指此事。培謙《寄酬傅探花闍林》其一云：「蓬島煙霞拂錦袍，謫仙風采見揮毫。幾年不到黃金殿，卻使人間紙價高」；其二云：「著作從來屬偉人，牙籤玉軸一時新。五雲輝煥當書局，越地山川發古春。」〔註262〕對傅王露文學成就讚不絕口。傅王露為《宋詩別裁集》作序，中云：「是書取捨，要為實獲我心。杜兩宋末流之弊，躋三唐最勝之業，其在茲乎！其在茲乎！」可見他與姚培謙等人詩學主張一致。

61、張弈樞，字今涪，平湖人，詞人，有《月在軒琴趣》。《周甲錄》乾隆三年（1738）載：「七月，遊江寧。八月，張子古愚秉植偕往揚州，逗留數日。乘興遊泰山。時昆圖先生為山東方伯。在署盤桓，堅留過歲。適張子今涪弈樞自京還，繞道歷下，遂以十月同歸，一路唱酬，得詩數十首。」〔註263〕《周甲錄》乾隆十一年（1746）載：「坊人以房書《豹斑二集》請，方從事《通鑒》，卒卒未暇。因屬今涪鳳放在機昆季選評，謙特署名而已。」〔註264〕《甲餘錄》乾隆二十四年（1759）載：「張大今涪寄詩六首，第一首說盡余幾十年

〔註262〕姚培謙《松桂讀書堂集》，《四庫全書存目叢書》集部，第277冊，第130頁。
〔註263〕姚培謙《周甲錄》，北京圖書館出版社，1999年據乾隆刻本影印本，第138頁。
〔註264〕姚培謙《周甲錄》，北京圖書館出版社，1999年據乾隆刻本影印本，第146頁。

來景況，讀之慨然，附錄於左：鑪香堂上白頭翁，不問年朝與歲終。萬卷藏書三寸管，五更雞唱一燈紅。一、壓來豈止牛腰重，疊去應教棟宇盈。一世不曾閒一日，只贏人說鄭康成。二、冰心恬退鬢絲絲，窗外龍鱗世澤垂。莫道著書虛歲月，姓名早被聖人知。三、海鶴風姿寄一邱，敝衣蔬食劇風流。帶鈎不為吟詩減，骨相天然李鄴侯。四、老漁生長荻蘆邊，嗜好何曾與俗緣。每到凸樓深夜坐，剪燈風雨月窗前。五、三十餘年汗漫遊，南船北轍雪盈頭。自來方叔無知己，只有蘇公分外投。」培謙有《報罷後，戲柬平湖張大今涪》詩，中云：「畢竟葫蘆樣未新，不教席帽暫離身。相逢此日休相慰，同是秋風報罷人」〔註265〕，「戲」字，似解嘲，實無奈。張氏為培謙《楚辭節注》作序，上海圖書館藏姚培謙撰《楚辭節注》六卷，扉頁題「乾隆辛酉春鐫 楚辭節注 鑪香居士讀本」，乾隆辛酉為乾隆六年（1741），卷首乾隆六年（1741）張弈樞序，張序云：「鑪香先生讀書纘言，篤學好古，上自《左》、《國》、《史》、《漢》，下逮唐宋八家，已論列有成書，而於《楚辭》獨宗《集注》，嘗為余言：『……我於《楚辭》止節取訓詁，不尚議論，正欲使學者空所依傍，熟讀深思，庶人人得真面目耳。』」所言《集注》即朱熹《楚辭集注》，姚氏此書為家塾課本。

　　62、李思年，淳安人，生平事蹟不詳。培謙有《青溪李思年家貧績學，聖祖皇帝南巡，曾獻詩賦，恩蒙顧問。今年五十餘，雙鬢半白，猶應童子試，相見淒然，因贈長句》七律二首，其一尾注：「思年試童子第一，有誣以贪緣得者」〔註266〕，培謙為之鳴不平，謂其：「清才俊望久沉淪，……文章有價可謀身。風狂巨撼輪困木，水暖將舒蹭蹬鱗」（其一）；又「曾織天孫雲錦裳，龍犀日角見仁皇。數奇秖得君王顧，才大還隨童子行。老去丹青殊兀傲，愁中金石轉鏘洋。九京欲喚歐陽起，一卷權書與薦揚」（其二），對李思年沉淪不遇表示同情。

　　63、陳濟，字檢亭，一作簡亭，陸隴其甥男，《宋百家詩存》編者曹庭棟妻弟〔註267〕。門前有三棵蕉樹，遂以三蕉為號。釋元璟《完玉堂詩集》卷五載《三蕉書屋詩為陳簡亭作》〔註268〕。《周甲錄》乾隆七年（1742）載：「秋，

〔註265〕姚培謙《松桂讀書堂集》，《四庫全書存目叢書》集部，第277冊，第129頁。
〔註266〕姚培謙《松桂讀書堂集》，《四庫全書存目叢書》集部，第277冊，第119頁。
〔註267〕其姊卒於雍正二年十一月二十六，見曹庭棟自撰年譜《永宇溪莊識略》。
〔註268〕釋元璟《完玉堂詩集》，《清代詩文集彙編》第195冊，影清初刻本，第51頁。

校訂陸當湖先生《三魚堂賸言》，至明春告成，先生宅相陳三蕉濟立傳付梓。」
〔註269〕黃之雋《題陳氏三蕉書屋》詩末自注云：「（陳氏）係陸稼書先生甥，
以先生年譜見詒。」〔註270〕按：陸隴其（1630～1692），原名龍其，避諱改作
隴其，字稼書，平湖人，學者稱當湖先生。康熙九年（1670）進士，累官四
川道監察御史，時稱循吏。宗朱熹斥陸王，卒諡清獻，從祀孔廟，有《困勉
錄》、《讀書志疑》、《三魚堂文集》等。培謙有《春夜偕友飲陳三蕉小桃源二
首》，其一云：「掃除三徑迎今雨，傾倒一巵論故交」〔註271〕，兩人關係非泛
泛，《周甲錄》乾隆十五年（1750）載：「謙自甲寅歲謝客以來，親友中相過
者絕少，惟半村、耐亭、三蕉、延之及張司馬樓靜卿雲、部曹二銘景星昆季、
范秀才師任志尹、表叔吳吟香澄、王香雪貽燕與惺齋時時晤言一室，釃酒評
花以消歲月。半村、三蕉於三年前辭世。」〔註272〕可推知陳濟卒於乾隆十二
年（1747）。

64、蔣拭之，字季眉，號蓼崖，鄞縣（今屬寧波）人。乾隆元年（1736）
進士，與甥男全祖望同年，與查慎行為莫逆交。乾隆七年（1742），與全祖望
等成立真率社，有《荻貽堂集》、《暮耕齋偶存》。子學鏞、學鏡亦名士。學鏞，
為全祖望入室弟子，著有《鄞志稿》、《讀經偶鈔》、《三禮補箋》等。《學鏞小
傳》載：「蔣學鏞，字聲始，乾隆三十六年舉人，從祖望得聞黃萬學派，學鏞
尤得史學之傳。」〔註273〕姚培謙《周甲錄》康熙五十四年（1715）載：「時寧
波蔣子季眉拭之館徐氏，與謙善。」〔註274〕

65、胡紹高，字聞衣，平湖人，康熙四十八年（1709）進士，與紹安、
紹寧兄弟皆登魁科，名揚邑里。紹高與姚培謙友善，康熙五十四年（1715），
姚氏就婚平湖，與胡氏結交，《周甲錄》康熙五十四年（1715）載：「親串中，

〔註269〕姚培謙《周甲錄》，北京圖書館出版社，1999 年據乾隆刻本影印本，第 142
頁。

〔註270〕黃之雋《唐堂集》卷四十二，《清代詩文集彙編》第 221 冊，影乾隆十三年刻
本，第 435 頁。

〔註271〕姚培謙《松桂讀書堂集》，《四庫全書存目叢書》集部，第 277 冊，第 133 頁。

〔註272〕姚培謙《周甲錄》，北京圖書館出版社，1999 年據乾隆刻本影印本，第 149
～150 頁。

〔註273〕朱鑄禹《全祖望集匯校集注》之《全祖望傳》附錄，上海古籍出版社，2000
年，第 2716 頁。

〔註274〕姚培謙《周甲錄》，北京圖書館出版社，1999 年據乾隆刻本影印本，第 118
頁。

胡進士聞衣紹高、陸秀才德三邦傑、檢討坡星奎勳及方外借山元環尤相好。詩文就正諸公，受益良多。」〔註275〕

66、陸邦傑，字德三，諸生，平湖人。康熙五十四年（1715），姚氏就婚當湖，與之訂交，事見《周甲錄》是年載：「親串中，胡進士聞衣紹高、陸秀才德三邦傑、檢討坡星奎勳及方外借山元環尤相好。詩文就正諸公，受益良多。」〔註276〕

67、董邦達（1699～1774），字孚臣、孚聞，號東山，富陽人，雍正十一年（1733）進士，乾隆二年（1737）散館，授編修，嘗官禮部尚書、都察院左都御史，工書畫，善風鑒，《周甲錄》雍正二年（1724）載：「春，富陽董君孚臣邦達過訪，下榻寒齋。李君坤四宗潮與董君同年選拔，招遊細林山，舟中相對，董君善風鑒，向謙諦視，曰：『君相若多鬢，則前程必遠大。』去後復有書來，謙作書報之曰：『敬聞命矣』，並繫以詩，末句云：『他時重把臂，面目得無差。』今董已官至侍郎，而謙霜雪盈腮，猶然故吾。」〔註277〕按：李坤四善歌。

68、柴世堂，字陛升，仁和人，紹炳子，雍正元年（1723）舉孝廉方正，有《胥山詩鈔》。與陳琰、柴升、吳朝鼎合刻《浙西四子詩鈔》，參修《寧波府志》。《周甲錄》雍正二年（1724）載：「十二月，武陵柴胥山世堂來訪。攜其尊人虎臣先生文集，屬批選。臨別贈句云：『文章海內空儕偶，聲氣雲間獨主持。』謙滋愧焉。」〔註278〕按：柴紹炳（1616～1670），字虎臣，號省軒，工詩文，有捷才，下筆千言立就，人稱「西陵體」，「西泠十子」中名最著。康熙八年（1669），詔舉山林隱逸之士，巡撫范承謨薦舉，力卻，有《省軒文鈔》十卷、《詩鈔》二十卷、《白石軒雜稿》八卷、《考古類編》十二卷、《古韻通》八卷等。

69、曹庭棟（1699～1785），字楷人，號六圃，又號慈山居士，嘉善人。諸生，有《產鶴亭詩集》七卷，編有《宋百家詩存》。曹氏《永宇溪莊識略》康熙五十七年（1718）載：「同妻弟檢亭過陸清獻公三魚堂，晧公長子直方，

〔註275〕姚培謙《周甲錄》，北京圖書館出版社，1999 年據乾隆刻本影印本，第 118 ～119 頁。

〔註276〕姚培謙《周甲錄》，北京圖書館出版社，1999 年據乾隆刻本影印本，第 118 ～119 頁。

〔註277〕姚培謙《周甲錄》，北京圖書館出版社，1999 年影印本，第 125～126 頁。

〔註278〕姚培謙《周甲錄》，北京圖書館出版社，1999 年影印本，第 126～127 頁。

叩所藏遺著，出雜錄一冊，檢亭欲付梓，商所以名是書，余擬以《三魚堂勝言》。遲數年，託雲間姚鱸香校刻之。」〔註279〕曹庭棟、陳濟、姚培謙之間交往緣姚陸聯姻，《周甲錄》雍正三年（1725）載：「秋，於居室左偏葺書屋數椽，庭中有松有桂，泰和學士題額曰：松桂讀書堂。落成時，適鵝水曹六圃庭棟過訪，為大書『眞率齋』銘以牓客位。六圃深於古學，著述不倦，人與文俱高。雖希闊聚首，而郵筒往來，商榷今古，時得其益焉。」〔註280〕

　　70、陳世倌（1680～1758），字秉之，號蓮宇，海寧人。康熙四十二年（1703）進士，選庶吉士，散館授編修。雍正二年（1724）官山東巡撫。雍正十三年（1735），遷工部尚書。乾隆六年（1741），授文淵閣大學士。乾隆十年（1745）加太子太保。乾隆十五年（1750），授禮部尚書。乾隆二十二年（1757）年老乞休，加太子太傅。次年卒，諡文勤。著有《閨範類篇》、《建中錄》、《學辯質疑》、《宋十賢傳》、《嘉惠堂集》等。《周甲錄》雍正六年（1728）載：「春，今相國海寧陳公世倌督理水利南來，以節抄前明呂司寇《呻吟語》屬訂付梓。」〔註281〕

　　71、杭世駿（1696～1773），字大宗，號堇浦，仁和人。雍正二年（1724）舉人，聘福建同考官，乾隆元年（1736）舉鴻博，授翰林編修，改御史。乾隆八年（1743）上疏言事，遭革職，後以奉親著述為事。乾隆十六年（1751）官復原職。世駿學富才高，詩格清老，疏淡，有逸氣，不掉書袋，著述頗豐，有《道古堂集》、《詞科掌錄》、《續禮記集說》、《經史質疑》、《榕城詩話》等，生平事蹟詳《清史列傳》卷七一、《國朝先正事略》卷四一、應澧《杭大宗墓誌銘》。《甲餘錄》乾隆十九年（1754）載：「二月，汪司馬格齋萃宗自西泠過訪。方文翰棨如、金江聲志章、杭堇浦世駿、舒雲亭瞻、周穆門京、汪西顥沆、施竹田安、翟晴江顥各以著述寄贈。諸先生俱詩文哲匠，余神交有年。不能扁舟造訪，非懶也，病也。」〔註282〕

四、徽州府、安慶府

　　72、陳宏謨，字履萬，績溪人。以歲貢選揚州訓導，博洽經史百家，工

〔註279〕曹庭棟《永宇溪莊識略》，陳祖武選《乾嘉名儒年譜》第4冊，北京圖書館出版社，2006年，第8頁。
〔註280〕姚培謙《周甲錄》，北京圖書館出版社，1999年影印本，第127頁。
〔註281〕姚培謙《周甲錄》，北京圖書館出版社，1999年影印本，第129頁。
〔註282〕姚培謙《甲餘錄》，乾隆刻本。

詩古文，傳見嘉慶《績溪縣志》。《周甲錄》康熙五十九年（1720）載：「選江浙考卷《能事集》，明經陳履萬先生宏謨研精製義，至老不倦。是選得陳先生之助居多。」〔註283〕又康熙六十一（1722）載：「冬，從坊人請選歷科小題房書，名《豹斑》，以天蓋樓選本爲宗。亦得陳先生之助。」〔註284〕按：天蓋樓選本即呂留良選本。

73、李東櫰，字芷林，雍正元年（1723）舉人。時黃叔琳典江南鄉試，得人多，其中即有王晉原、李東櫰、陳祖範、任啓運、徐文靖、程之銘、潘思榘、張鵬翀、唐管、徐鐸、胡寶瑔、潘偉、王庭諍諸名士。姚、李訂交於康熙五十九年（1720），《周甲錄》是年載：「秋，應試金陵，與李芷林東櫰、程得莘之銘、郭秋浦泓、沈確士德潛、儲定伯思淳、王鶴書之醇諸先生訂交於方氏齋中。」〔註285〕方氏疑即方苞。

74、胡二樂，字象盧，歙縣人，廩生。乾隆元年（1736），陳世倌薦舉博學宏詞。《周甲錄》雍正十一年（1733）載：「衍聖公以書幣聘修盛典。四月，來文云：『奉旨纂修盛典，理合遍訪鴻儒以任斯職，訪得姚某業精，著述名冠倫魁，學海濬乎靈源，不忘三篋。詞鋒森其武庫，自富五車。惟多識而博聞，乃茹今而涵古，移府檄縣行學，敦請刻日束裝前赴闕里。』蓋因孝廉胡象盧二樂嘗於公前道謙名。氏公又夙見謙著述，謬採虛聲，故有是舉。謙自問譾陋，不勝抱愧，且多病不能遠行，力辭。時上舍張琴川範館聖府，札致云：『聖公素仰盛名，虛左以待，範明知足下高雅恬淡，未必遠來，而主人之意眞切，必欲奉屈，所以令當事造請云云。』謙又浼象盧轉辭之乃已。」〔註286〕

75、方苞（1668～1749），字靈皋，晚號望溪，桐城人，寄籍江寧。清代散文桐城派代表，與劉大櫆、姚鼐稱「桐城三祖」。少從兄舟問學，得其指授。康熙四十五年（1706）進士，以母疾歸侍，家居三年。康熙五十年（1711），因《南山集》牽連下獄。獄中兩年，著《禮記析疑》、《喪禮或問》。康熙五十二年（1713），因李光地營救，得康熙帝赦免，入值南書房。康熙六十一年（1722），充武英殿修書總裁。雍正九年（1731），授詹事府左春坊左

〔註283〕姚培謙《周甲錄》，北京圖書館出版社，1999 年影印本，第 121 頁。

〔註284〕姚培謙《周甲錄》，北京圖書館出版社，1999 年影印本，第 124 頁。

〔註285〕姚培謙《周甲錄》，北京圖書館出版社，1999 年影印本，第 121 頁。

〔註286〕姚培謙《周甲錄》，北京：北京圖書館出版社，1999 年版，據乾隆間刻本影印本，第 134～135 頁。

中允，次年遷翰林院侍講學士。雍正十一年（1733），晉內閣學士，任禮部侍郎，充《一統志》總裁。雍正十三年（1735），充《皇清文穎》副總裁。乾隆元年（1736），再入南書房，充《三禮書》副總裁。乾隆四年（1739），革職，留任三禮館修書。乾隆七年（1742），因病致仕，賜侍講銜。乾隆十四年（1749）八月卒，葬於江蘇六合。方苞宗宋儒，明倫理，折衷宋元經說，為文創義法說，以「清真雅正」為歸，有《望溪先生文集》、《周官集注》、《周官析疑》、《周官辯》、《考工記析疑》、《儀禮析疑》、《春秋比事目錄》、《詩義補正》、《左傳義法舉要》、《史記注補正》、《離騷正義》等。雍正十三年（1735），方苞、黃叔琳等舉薦姚培謙應博學鴻儒，姚氏不赴，《周甲錄》雍正十三年（1735）載：「世宗憲皇帝詔舉博學鴻儒，侍郎方公苞致書黃少宰，欲薦舉謙，招謙入都，少司寇馮公景夏亦欲薦謙應詔。自揣學殖空疏，力辭。」〔註287〕

　　76、汪啓淑（1728～1799），字秀峰，一字慎儀，號訒庵，歙縣人，寄居杭州。藏書家、篆刻家，嗜古印章，自稱印癖先生，搜集歷代印章數萬枚。家富，捐工部郎中，遷兵部郎中。與厲鶚、杭世駿、朱樟結南屏詩社。《甲餘錄》乾隆二十三年（1758）載：「黃山汪子秀峰啓淑博雅，喜著書，十二月，攜所著各種載盆松扁舟過訪，語不及俗，對良友之眞率，撫青松之不凋，為之忻暢彌日。」《甲餘錄》乾隆二十六年（1761）載：「接秀峰手札，云書室延燒，卷帙大半成灰燼。秀峰著作等身，其中《三國史糾謬》、《六書今韻略》二種尤見苦心，乃必傳之書也。惜竟為六丁取去。」

五、其他

　　77、黃叔琳（1672～1756），字崑圃，號金墩，直隸宛平（今屬北京大興）人。著名學者，通經史，窮性理，研經世，詩宗王士禛。康熙三十年（1691）進士，授編修。雍正元年（1723），授浙江巡撫。乾隆元年（1736），授山東按察使，次年，遷布政使。乾隆二十一年（1756）卒，《黃侍郎公年譜》、《清史列傳·金墩黃氏家乘》有傳。黃氏喜提攜後進，沈德潛評：「崑圃先生愛才如渴，聞人一長必稱揚之。使之成名，蓋宰相心事也。」〔註288〕姚培謙《少宰北平黃年伯手札相慰賦謝》二首其一云：「八載依晨夕，三秋歎索居。瞻雲

〔註287〕姚培謙《周甲錄》，北京圖書館出版社，1999 年影印乾隆刻本，第 136～137 頁。

〔註288〕沈德潛《清詩別裁集》，上海：上海古籍出版社，1984 年版，第 689 頁。

懷昔款，烹鯉得來書。湖海氣猶在，風塵跡已疏。瑤華能不吝，讀罷重歊
歔。」其二云：「雅望傾朝野，龍門水正深。傳天仍鳳羽，向日有葵心。翰墨
供多病，星河照苦吟。此生終濩落，何以答知音。」〔註289〕對黃氏極爲推
重。乾隆十七年（1752），黃叔琳序姚培謙《周甲錄》時回憶二人交往：「往
余棲止吳中，華亭姚子平山以世好相見，年方盛壯，文章氣誼已有以過人
者。未幾別去，郵筒往來，歲時不絕。」〔註290〕雍正九年（1731），黃叔琳編
刻《周禮節訓》，培謙校訂並序，王永祺亦參校。《周甲錄》雍正十三年（1735）
載：「少宰黃崑圃先生叔琳以所注《文心雕龍》屬校訂付梓。」〔註291〕乾隆三
年（1738），黃叔琳《文心雕龍輯注》成，常熟陳祖範與姚培謙客濟南助之。
此書原刻爲乾隆六年（1741）養素堂本，卷首有黃氏自序，卷末有姚培謙
跋。《黃侍郎公（叔琳）年譜》乾隆三年（1738）載：「九月，刻《文心雕龍
輯注》，時陳祖範來署，因將校定《雕龍》本復與論訂，而雲間姚平山廷謙適
至，請付諸梓。」〔註292〕《周甲錄》乾隆三年（1738）載：「七月，遊江寧。
八月，張子古愚秉植偕往揚州，逗留數日。乘興遊泰山。時崑圃先生爲山東
方伯。在署盤桓，堅留過歲。適張子今涪弈樞自京還，繞道歷下，遂以十月
同歸，一路唱酬，得詩數十首。」〔註293〕姚培謙《濟南藩署侍北平黃年伯夜
話有感賦呈》詩記此事，詩云：「不信齊吳道阻修，官齋夜話值深秋。……公
今依舊登雲路，猶自心閒對白鷗。」〔註294〕

　　乾隆四年（1739），黃叔琳爲姚培謙《李義山詩集箋注》作序，序云：「以
吾觀於唐人李義山之詩，抑何寓意深而託興遠也。往往一篇之中猝求其指歸
所在而不得，奧隱幽豔，於詩外別開一洞天。前賢摸索，亦有不到處，元裕
之已有『無人作鄭箋』之歎矣。自石林禪師創爲注，而朱長孺氏繼成之，馳
譽藝林數十年。於茲顧釋其詞，未盡釋其意。間有指稱，僅十之二三，則讀
者猶不能無遺憾焉。雲間姚平山氏熟觀朱注，惜其未備也，乃更爲箋注。援
引出處大半仍朱，至於逐首之後必加梳櫛，脈理分明，精神開發，讀之覺作

〔註289〕姚培謙《松桂讀書堂集》，《四庫全書存目叢書》集部，第277冊，第106頁。
〔註290〕姚培謙《周甲錄》卷首，北京：北京圖書館出版社，1999年版，據乾隆間刻
　　　　本影印本，第103頁。
〔註291〕姚培謙《周甲錄》，北京圖書館出版社，1999年影印本，第136頁。
〔註292〕顧鎭編《黃侍郎公年譜》，陳祖武選《乾嘉名儒年譜》第1冊，北京圖書館出
　　　　版社，2006年，第223頁。
〔註293〕姚培謙《周甲錄》，北京圖書館出版社，1999年影印本，第138頁。
〔註294〕姚培謙《松桂讀書堂集》，《四庫全書存目叢書》集部，第277冊，第121頁。

者之用心湧現楮上，洵乎能補石林、長孺之所未備也。……蓋平山此書本以釋意為主，發軔於七律，而後乃及其全，然於援引出處亦多糾正。……平山向有《離騷》、《九歌》、《招魂》解，又所著經說，於《毛詩小序》、《集注》之兩歧者確能定其從違，蓋非直窮年用力於義山詩者也，而於義山詩亦可見其博雅該通之大略焉。」〔註295〕又為姚氏《增輯左傳杜注》作序，事見《周甲錄》乾隆九年（1744）載：「九月，《增輯左傳杜注》成。崑圃先生作序，闇亭太守刻於家塾。」〔註296〕復旦大學圖書館藏姚培謙《春秋左傳杜注》，為清乾隆十一年（1746）陸氏小鬱林刻本，卷首乾隆十一年（1746）黃叔琳序云：「華亭姚平山氏研精《左傳》，得其要領。其為書也，以左氏《經傳集解》為主，而兼引孔疏，旁及各傳注，元元本本，疏通證明，不遺餘力。平山蓋不惟杜氏一家之學而已。據經以讀傳，因傳以放經，是非異同之際，三致意焉。凡他說之有裨杜氏而可以並參者，必與《集解》兩存，以俟後人採擇，其詳且慎如此，不可為著書法歟。」〔註297〕

　　78、黃叔璥（1680～1758），字玉圃，號篤齋，叔琳弟，康熙四十八年（1709），與兄叔琬（字象圃）同中進士。叔璥「遇大事侃然，執持不少屈撓。究心宋五子及元明諸儒集，深造有得。」〔註298〕康熙六十年（1721），調赴臺灣任巡察御史，次年六月抵臺，方苞有《送黃玉圃巡按臺灣序》贊其「廉靜有才識……君廉能夙著於吏部及臺中，其能綏靖此邦，已為眾所豫信」〔註299〕，著有《臺海使槎錄》八卷，分《赤嵌筆談》、《番俗六考》、《番俗雜記》三部分，記錄臺灣山川地勢、風土民俗及原住民狀況，《周甲錄》乾隆二年（1737）載：「閱《臺海使槎錄》，得悉彼中山川風俗。是書，御史黃玉圃先生叔璥巡視臺灣時所著。闇亭陸太守錦輯《小鬱林叢書》，以其卷帙略多，御史寄謙刪訂而刻入焉。」〔註300〕

　　79、高斌（1683～1755），字東軒，遼寧奉天人，鑲黃旗，清名臣，水利專家，乾隆皇帝慧賢貴妃之父。雍正元年（1723），授內務府主事，遷郎中，主蘇州織造。雍正六年（1728），授廣東布政使。雍正九年（1731），

〔註295〕姚培謙箋注《李義山詩集》卷首，乾隆五年姚氏松桂讀書堂刻本。

〔註296〕姚培謙《周甲錄》，北京圖書館出版社，1999年影印本，第144～145頁。

〔註297〕姚培謙《春秋左傳杜注》卷首黃叔琳序，清乾隆十一年陸氏小鬱林刻本。

〔註298〕徐世昌《清儒學案小傳》卷七，明文書局，1985年版，學林類6，第16頁。

〔註299〕劉季高校點《方苞集》卷七，上海古籍出版社，1983年版，第195～196頁。

〔註300〕姚培謙《周甲錄》，北京圖書館出版社，1999年影印本，第138頁。

遷河東副總。雍正十年（1732），調兩淮鹽政，兼署江寧織造。乾隆十年
（1745）三月，加太子太保，五月，授吏部尚書。十二月，命協辦大學士、
軍機處行走。乾隆十二年（1747）三月，授文淵閣大學士。乾隆十三年
（1748），以周學健案奪大學士。乾隆二十年（1755）卒，諡文定，御製懷舊
詩，命祀賢良祠，有《固哉草亭詩集》。沈德潛評：「東軒相公研窮易理，居
己廉靜，待人以誠，與之交者，必使之得其意而去，所謂休休有容者也。
詩多說理而不腐，別於白沙、定山一派。」〔註 301〕姚培謙《周甲錄》乾隆五
年（1740）載：「夏，河道總督高公斌以《固哉草亭詩集》授弟培恩，轉屬校
閱。」〔註 302〕

　　80、高其位，字宜之，號蘊園，一作韞園，遼寧鐵嶺人，康熙十二年
（1673），隨軍征討吳三桂，駐防襄陽。康熙四十年（1701），遷湖廣襄陽總
兵。康熙五十二年（1713），擢湖廣江南提督，署兩江總督。雍正三年（1725）
授文淵閣大學士，兼禮部尚書，加太子少傅。雍正五年（1727）卒，諡文恪，
入祀賢良祠，有《蘊園遺詩》。父天爵，本漢軍鑲白旗，因有軍功，雍正皇帝
嘉改漢軍鑲黃旗。子高起，以蔭授四川茂州知州，累遷兵部尚書。《周甲錄》
雍正二年（1724）載：「相國三韓高公其位屬批閱《考古類編》，數月而訖。」
〔註 303〕《周甲錄》雍正六年（1728）載：「高相國還朝招謙為西賓，自揣學
淺，不足為人師，兼正在廬居，遂薦同學曹諤廷一士以往。」〔註 304〕姚培謙
有《高相國蘊園先生貽雙鶴》〔註 305〕詩。

　　81、唐建中，字赤子，號南軒，湖北竟陵人。《詞林輯略》作：「字志子，
號南軒，又號作人。」〔註 306〕唐建中好友姚培謙、全祖望等俱載作「赤子」，
「志子」疑誤，杜詔《二月四日，唐次衣前輩暨令弟敷時、程友聲午橋、王
植初昆田、吳次侯置酒李氏園，適沈厚餘、唐赤子、陸圃玉、汪鳴韶偕過，
因用放翁『醉中感懷』韻二首》〔註 307〕、《花朝雨後，與沈厚餘、唐赤子、劉
恒叔召集廣陵諸名流於李氏園，以少陵『東閣官梅動詩興』一詩分韻得客字》

〔註 301〕沈德潛《清詩別裁集》，上海：上海古籍出版社，1984 年版，第 1255 頁。
〔註 302〕姚培謙《周甲錄》，北京圖書館出版社，1999 年影印本，第 139～140 頁。
〔註 303〕姚培謙《周甲錄》，北京圖書館出版社，1999 年影印本，第 126 頁。
〔註 304〕姚培謙《周甲錄》，北京圖書館出版社，1999 年影印本，第 129 頁。
〔註 305〕姚培謙《松桂讀書堂集》，《四庫全書存目叢書》集部，第 277 冊，第 102 頁。
〔註 306〕朱汝珍《詞林輯略》，臺北：明文書局，1985 年版，第 100 頁。
〔註 307〕杜詔《雲川閣集》，《清代詩文集彙編》第 218 冊，影雍正九年刻本，第 589
　　　　頁。

〔註308〕，皆作「赤子」。唐建中康熙五十二年（1713）進士，授翰林院編修，《清詩別裁集》卷二十三有傳。姚培謙《周甲錄》雍正六年（1728）載：「竟陵唐太史赤子建中攜近作《梅花詩》索序。假館北垞，匝月而別。」〔註309〕其《松桂讀書堂集》載《楚中唐太史南軒攜梅花近詠過訪索序留宿草堂》即此事，詩中推許唐氏爲「三楚文章伯」，兩人「神交從舊雨，留宿正春寒。濁酒開懷飲，梅花剪燭看。塵談聽亹亹，更漏不知殘」〔註310〕；又《得唐太史南軒手書卻寄》四首其一云：「遙空忽聽遠鴻音，尺素攜來抵萬金。天末已知良友況，行間尤見古人心。」〔註311〕可見關係親密。唐建中與全祖望交契，唐氏卒，全祖望作《哭唐著作丈赤子》詩云：「鳳泊鸞漂後，行蹤類賈胡。浮生長偃仰，百事總荒蕪。老竟成羈鬼，居空卜左徒。故人寢門哭，能到夜臺無。」〔註312〕

82、趙弘本，字淵如，康雍名臣。《周甲錄》康熙五十九年（1720）載：「二月，探梅鄧尉，遊錫山，常州別駕趙淵如弘本署錫邑事。招閱試卷，盤桓兩月而返，得詩數十首，長洲顧編修俠君嗣立作序，題曰《春帆集》。」〔註313〕姚培謙有《錫山客舍，奉寄總戎趙額駙》詩二首，即言此事。其二云：「九龍山憶九峰青，幕府春來幾吐萱。地望舊傳詩禮將，天文原接羽林星。凝香燕寢應飛藻，簪筆書生未勒銘。最喜魚鱗三十六，心隨江水過郵亭。」〔註314〕

83、張稚禮，行三，山東洙水人，有餘清書屋，培謙與之以詩論交，有《仲春四日過洙水張三稚禮餘清書屋，挑燈話舊。稚禮有詩見示，率和元韻》詩云：「信宿此堂上，春風又一時。光陰莫回首，燈火且論詩。蘭蕊盈階砌，梅花落酒卮。明朝掛帆去，煙草動相思。」〔註315〕

84、繆庚仙，姚培謙有《過濟寧寄汶上繆明府庚仙》詩：「姑胥臺畔月如

〔註308〕杜詔《雲川閣集》，《清代詩文集彙編》第 218 冊，影雍正九年刻本，第 590 頁。

〔註309〕姚培謙《周甲錄》，北京圖書館出版社，1999 年影印本，第 129～130 頁。

〔註310〕姚培謙《松桂讀書堂集》，《四庫全書存目叢書》集部，第 277 冊，第 104 頁。

〔註311〕姚培謙《松桂讀書堂集》，《四庫全書存目叢書》集部，第 277 冊，第 127 頁。

〔註312〕全祖望《鮚埼亭詩集》卷四，朱鑄禹《全祖望集匯校集注》，上海古籍出版社，2000 年版，第 2126 頁。

〔註313〕姚培謙《周甲錄》，北京圖書館出版社，1999 年影印本，第 120～121 頁。

〔註314〕姚培謙《松桂讀書堂集》，《四庫全書存目叢書》集部，第 277 冊，第 111 頁。

〔註315〕姚培謙《松桂讀書堂集》，《四庫全書存目叢書》集部，第 277 冊，第 104 頁。

銀，尊酒分離十幾春。南北煙雲頻過眼，江天魚鳥不親人（自注：頻年音信甚稀）。三年宦況看雙鬢，半世名場剩此身。咫尺不同君握手，可知暌隔是前因。」〔註316〕沈大成《王香雪招同繆學山王香浦衛畏之戴鉥庵張南查集姚悔凡松桂讀書堂分得花字》中「繆學山」，或即此人。

85、王敛福，字凝齋，號凝其、石翁，山東諸城人，康熙六十年（1721）進士，補吏部員外郎，累官浙江海防道，《詞林輯略》卷二有載。《周甲錄》乾隆十年（1745）載：「郡志失修八十餘年。山東王公敛福來署郡事，聘中允黃唐堂之雋、進士張研眞梁兩先生總其事。謙與延之、半村、乾三及孝廉張虛受先生澤珹、國學金耐亭思安爲分纂。謙病不能勝任，辭。適王公移守潁州中止。」〔註317〕

86、鄧鍾岳（1674～1748），字東長，號悔廬，《詞林輯略》卷二「康熙辛丑科」作「晦廬」，東昌（今山東聊城）人，基哲子。好學，深於《易》、《禮》。康熙四十七年（1708）舉人，康熙六十年（1721）狀元及第。雍正元年（1723）充江南副考官，以母喪歸。雍正四年（1726），主江蘇學政。雍正七年（1729）主廣東學政，遷內閣學士兼禮部侍郎。雍正十一年（1733）任禮部侍郎，充《一統志》總裁。乾隆間，歷浙江學政、通政司參議、禮部侍郎。乾隆九年（1744）、十二年（1747）兩任江南正考官。爲人剛直，端厚守禮，嘗手書周敦頤《愛蓮說》以明志。著有《知非錄》一卷、《寒香閣詩集》四卷、《寒香閣文集》四卷。雍正六年（1728）主江蘇學政時保舉姚培謙，《周甲錄》雍正六年（1728）載：「督學鄧公鍾岳保舉行優諮部」〔註318〕。

87、孔廣棨（1713～1743），字京立，號石門，曲阜人，孔子第七十代嫡孫，祖父爲衍聖公孔傳鐸，父繼濩早卒。雍正九年（1731），孔廣棨襲封衍聖公，妻何氏，欽天監正春官何君錫孫女、禮部左侍郎何國宗次女。《周甲錄》雍正十一年（1733）載：「衍聖公以書幣聘修盛典。四月，來文云：『奉旨纂修盛典，理合遍訪鴻儒以任斯職，訪得姚某業精，著述名冠倫魁，學海濬乎靈源，不忘三篋。詞鋒森其武庫，自富五車。惟多識而博聞，乃茹今而涵古，移府檄縣行學，敦請刻日束裝前赴闕里。』蓋因孝廉胡象虛二樂嘗於公前道謙名。氏公又夙見謙著述，謬採虛聲，故有是舉。謙自問譾陋，不勝抱

〔註316〕姚培謙《松桂讀書堂集》，《四庫全書存目叢書》集部，第277冊，第121頁。
〔註317〕姚培謙《周甲錄》，北京圖書館出版社，1999年影印本，第145頁。
〔註318〕姚培謙《周甲錄》，北京：北京圖書館出版社，1999年影印本，第130頁。

愧，且多病不能遠行，力辭。時上舍張琴川範館聖府，札致云：『聖公素仰盛名，虛左以待，範明知足下高雅恬淡，未必遠來，而主人之意眞切，必欲奉屈，所以令當事造請云云。』謙又浼象虛轉辭之乃已。」〔註319〕《周甲錄》乾隆六年（1741）載：「冬，衍聖公選補典籍，移咨督學促行再四，力辭不赴。」〔註320〕

88、魏星渠，江西廣昌人（清隸建昌府）。培謙有《廣昌魏孝廉星渠過訪留飲》詩云：「花嶼閒吟處，經年憶故人。足音千里到，情話一燈親。盤剪園中韭，杯傾甕底春。聊乘風雨夕，投轄效陳遵。」〔註321〕

　　綜上所述，姚培謙交遊具有四個特點：一、交遊範圍廣泛。其交遊區域以松江、江蘇、浙江爲主，安徽、山東、湖北、北京、甘肅、廣西等地也有涉足。此既緣姚培謙爲松江人之地利故，也與江南地區盛行雅集唱酬的風氣有關。二、學術旨趣相近。姚培謙朋友中文人學者居多，如陸奎勳、顧棟高、陳祖範、任啓運、方苞、黃叔琳等皆主漢宋兼採，與姚培謙學術趨向一致。三、注重望族互動。姚培謙出身望族，又能利用舉辦文會、詩歌雅集、學術交流、姻親世交等途徑，與當地張照、王嘉曾、焦袁熹、曹一士、顧大申、顧成天等家族強化聯繫，以德行垂範鄉里。四、交往對象駁雜。培謙友人遍天下，其中既有高官顯宦，也有落拓士子；既有社會名流，也有方外僧侶；既有純粹詩文交，也有同赴科舉侶。這些對姚氏形成兼師包容的學術品格頗有影響。

　　姚培謙積極參與社會活動，此爲其擴大交遊圈之重要途徑。如姚氏家有刻書坊，不僅自刻，亦幫友人校刻文集著述，這是一種文學及學術互動；姚氏雖一生科舉無成，卻一再趕赴省試，積纍了豐富的應試經驗，並曾幫人閱校闈卷，知曉官方意圖，故受邀編有《能事集》、《豹斑》、《房書考卷》等課本，爲士子課藝提供研摩坁本。王鳴盛謂：「學問之道，求於虛不如求於實，議論褒貶皆虛文耳。」〔註322〕頗能代表乾嘉樸學的主流觀念。姚培謙尊經史，倡致用，務博通，詩文自秦漢迄明清無不涉獵，批評考據並重，漢學宋

〔註319〕姚培謙《周甲錄》，北京：北京圖書館出版社，1999 年版，據乾隆間刻本影印本，第 134～135 頁。
〔註320〕姚培謙《周甲錄》，北京圖書館出版社，1999 年影印本，第 141～142 頁。
〔註321〕姚培謙《松桂讀書堂集》，《四庫全書存目叢書》集部，第 277 冊，第 102 頁。
〔註322〕王鳴盛《十七史商榷序》，南京：鳳凰出版社，2008 年版。

學兼宗，對乾嘉學術有所揚棄，所著《對問》、《詩話》集中體現了這些特
點。此既有姚培謙個人的主觀努力，也離不開朋友交往的激蕩砥礪，而這一
切都將影響到姚氏編撰《宋詩別裁集》的選錄思想及標準，如：兼採唐宋，
提倡性情；標榜詩教，重視理學；主張理趣，反對語錄等。

第三節　張景星家世生平

　　張景星，字二銘，一字西圃，候補主事，松江婁縣人〔註323〕。清順治十
三年（1656），婁縣從華亭析置，或稱華亭人。松江望族，張氏最為顯赫，其
科第之盛、綿延之長無出其右，王昶即謂：「雲間望族，莫如張氏。考《三國
志·晉書》，自大鴻臚儼以名德著於孫吳，而步兵翰繼之。……歷唐宋元明，
張氏登膴仕者甚眾，以至於本朝益貴顯。少司馬以名進士為侍郎，文敏公以
翰林薦登司寇，書法之工受知今上。」〔註324〕少司馬指張集；文敏公指張
照。黃達撰《張氏族譜序》亦贊：「張氏為吾郡著姓，祥澤一支流傳最遠。余
自壬戌冬，卜築通波門之西，與張氏名貞吉者衡宇相望。聞其家孝友為鄉里

〔註323〕關於張景星的籍貫，學界目前主流看法是：江西奉新，以中華書局和上海古
　　　　籍出版社為代表，二者於《宋詩別裁集·出版說明》中均如是言：「張景星，
　　　　字行之，江西奉新人，乾隆十年進士。」因兩家在學界素以嚴謹稱，影響頗
　　　　大，其說一出，襲之者眾。如王文勝的相關論著、劉達科《遼金元詩文史料
　　　　述要》（中華書局，2007年版，頁44）、申屠青松《清初宋詩選本研究》（南
　　　　京大學2008屆博士論文，頁147）、謝海林《清代宋詩選本研究》（上海古籍
　　　　出版社，2011年版，頁361）等均持此說，實皆誤，早在清乾隆時，傅王露
　　　　撰《宋詩百一抄序》已云：「《宋詩百一抄》者，雲間張部曹二銘、暨其同志
　　　　姚徵士述齋、王孝廉補堂，相與撰定之書也。」明確交待了張景星的籍貫為
　　　　雲間（今屬上海）；在《松江府志》、《婁縣志》、《華亭縣志》及一些清人別集、
　　　　總集、傳記中，也可發現有關張景星家世籍貫的原始文獻，可以完全確定其
　　　　為松江府人。學界也有正誤者，如謝先模《〈宋詩別裁集〉和〈元詩別裁集〉
　　　　的主編張景星是奉新人嗎》（《江西師範大學學報》1984年第3期）、金開誠
　　　　等《歷代詩文要籍詳解》（北京出版社，1988年版，頁140）、朱林寶《中華
　　　　文化典籍指要》（山東人民出版社，1994年版，頁361）、王學泰《中國古典
　　　　詩歌要籍叢談》（天津古籍出版社，2004年版，頁119）等均將張景星籍貫定
　　　　為松江，可惜關注者寥寥。2008年4月，上海古籍出版社重印《宋詩別裁集》
　　　　時，其《出版說明》中仍未對此錯誤加以修正，這無疑不利於學術的健康發
　　　　展。其「不作為」，勢必又將誤導一批讀者。故在時賢基礎上揭開張景星的真
　　　　實身份，仍屬當務之急。
〔註324〕王昶《春融堂集》卷四十二《張玉壘七十壽序》，《續修四庫全書》集部，第
　　　　1438冊，第99頁。

重，蓋心儀之久。茲攜其族譜來乞序，譜由賓暘創始，曉麓踵修，然後貞吉起而集其成。……今祥澤族譜元元本本一十九世，相傳之系皎若列眉。不枝不譁，具得體裁。甚矣！其有裨於清河之世系也，且其爲譜，自中州徙吾郡者始不泛引淆亂以自誣其祖宗。其視世之傳會相誇詡者，其賢不肖相去何如哉！」〔註325〕

著者遍查清人別集、傳記、筆記、方志等史料，發掘了不少張景星家族事蹟的文獻資料，其家世概況可藉以理清，茲把相關史料載錄如次：

清嘉慶《松江府志》卷五十八《古今人傳十》載：

> 張棠，字南暎，婁縣人，集子。康熙三十五年舉人，官戶部員外郎，遷刑部郎中，出知桂林府。爲政簡肅、決獄明恕、御棷治劇、斧擘理解不動聲色而案無留牘。時各府知縣盤查流民，男婦老幼二百七十餘口解省候質，羈留日久，饑困欲斃。棠首捐俸廉詳請給賑，民賴以活。獯猲劫掠村莊，眞凶往往竄匿山谷，監禁者多無辜牽累。乃檢查積案，悉予開釋。他案之牽連繫獄者亦如之，圉圄頓空。開華掌書院，廣集生徒，資以膏火。修築城東南順成橋，以便行旅。守桂三載，詔許詑終養歸。棠家本素封，居鄉每遇旱潦米貴，設法濟貧。前後減價平糶，動以數千石，鄉人尸祝之。西陲用兵，請出家資助餉。雍正八年，朝廷以蘇松水道淤塞，大發帑金。開濬吳淞江故道，復請助銀三萬。世宗憲皇帝嘉獎，特授太僕寺少卿，年七十三卒。子卿雲，字慶初，以諸生貢成均，後積捐至連同，以母老不謁選。與弟景星友愛無間，撫甥葬師，鄉里推爲長者。景星字二銘，候補主事，性長厚，喜賓客，卜築城南之梅園，名流宴集，聲色自豪，有孔北海、劉道和之風焉，卒年七十六。〔註326〕

景星兄卿雲，字棲靜，兄弟友愛，二人事蹟主要見載於沈大成撰《朝議大夫都轉鹽運使司運同棲靜張君墓碑》：

> 雲間張氏爲江東之世家，其先居上海之筠溪里，後遷於郡城。當皇朝定鼎之初，有盛德積善發聞於時，至今傳之。爲長者曰筠齋公諱淇，贈兵部左侍郎，累加刑部尚書。有子四：其長由進士起

〔註325〕黃達《一樓集》卷十八，北京：北京出版社，1997年影印本，第748頁。
〔註326〕宋如林修；孫星衍、莫晉等纂《松江府志》卷五十八《古今人傳十》，清嘉慶二十二年刻本。

家，治行卓犖，爲時名臣，曰慕庭公諱集。有子一由舉人登部曹，
出守桂林，家居蒙世廟特恩，即家拜太僕少卿，曰吟樵公諱棠。有
子二，棲靜其冡嗣也，名卿雲，字慶初，一字棲靜，爲人仁恕質厚
而氣溫，好學能詩文，其事親以孝聞，能克其家、承其先、儀於其
族姓者也。蓋自順治至今近百二十年矣，其故家右族其後或至墜其
緒，而清河之遺澤獨綿且大。其出者，固重於朝廷；其處者，亦行
應乎禮義。若君尤爲難得者也。君少具至性，侍太僕服勞順適；逮
沒，執喪盡哀，既葬廬墓。事母鄭恭人問安視膳，朝夕罔敢懈。有
疾親調湯藥，夜不敢寐。家故有園池，春秋美日，則奉版輿以遊，
惟恐其親之不歡也。其力學而卒，未試於用者，以奉親之故，一日
不忍去左右故。嘗再試京兆，報罷即歸，雖有籍於吏部，而亦未嘗
赴也。其從父文敏公方在九列，內外姻黨多居華腴躋顯要，過家上
冡呵殿赫奕，而君處之泊然，不以榮達在意。居恒曰：第使吾奉母
以終天年，則吾願畢矣。夫孰知親存而子先隕，年甫艾而期已迫，
白華之志未竟而長抱膝下之慕以入地也。烏呼！其可哀也已君遇。
其弟西圃友愛，諸女兄弟之已嫁者皆爲移近，歲時往來，慰其親。
又嘗撫其孤甥，教之成立。又嘗收恤其中表之遺女，長而嫁之。其
受業師沒，爲刻其遺書，又營葬而贍其家。君既內行修而力於善，
雍正壬子松郡饑，君泛舟出糴減值以市，又爲糜以食。餓者繼又大
疫，君瘞殣以千數。乾隆乙亥丙子洊饑，君仍如前之爲。又嘗捨棺
槥施衣被治橋樑復育嬰堂，使殣者藏瘁者燠涉者渡而孩棄者以活，
凡此皆君之行己利物見稱於鄉人者也。則君之用雖不試於世而其善
猶得及於鄉，其孝既有聞於今，茲其必有傳於後可知也。君生於康
熙庚寅六月初八日，卒於乾隆庚辰三月初九日，年五十有一。以妻
縣學生循例注選府同知，改鹽運使司運同，誥授朝議大夫。母吳氏、
繼母吳氏俱贈恭人，生母鄭氏亦封恭人，妻王氏封恭人，子七人：
岳孫，諸生，前君卒；穀孫，國子生；隆孫，布政司理問；硯孫、
培孫殤；頤孫、芳孫。女二人，長適諸生王承曾，次幼未字。君之
諸孤於辛巳二月某甲子奉君之喪，葬於某縣某圖之新塋。既請今都
察院左都御史董公邦達志其隧道，以墓門之石未立也，復來請曰：
願有述。松與禾壤接，君之親若友余，舊或姻好也。往在秋官，文

敏實爲僚，歸田後，數往來雲間，故稔君行最詳，而孝尤著，洵不愧世家子也。繫以銘曰：烏呼！張君孝而純，既含猶視懷其親，才韞不暴，待後昆貞瑉，有淵名永存。〔註327〕

沈大成《學福齋詩集》卷十五載《張棲靜園亭看雨》詩云：「一雨洗春綠，諸峰失遠青。潮增池上水，煙濕竹間亭。蘭畹傳遺帙（自注：時以太僕吟樵先生詩屬爲作序），芸香守古徑。蕭閒塵不到，何異在巖扃。」〔註328〕吟樵先生即張棠，沈大成敘張棠詩集云：

雍正庚戌之冬，借山上人僑寓超果之西來房，余偕盧月川訪之。上人老矣，而斷斷論詩，聞者驚謂之岑大蟲，稍稍避去，而盛稱張太僕吟樵先生之詩。出其所刻完玉堂本，中有太僕《梅花和韻》八首，緣情體物，句雅字新，信乎其言也。歸而質諸吾師宮允黃公，亦以爲然。自是懷之於心，思欲得其全而觀之。未久，太僕旋歸道山，上人亦化去。而余役役奔走四方，此願未遂也。今年夏，養痾潭西，先生之伯子棲靜將校刻先生之詩，過而問序，此故後生末學宿昔之志也。既卒業，遂爲之書曰：先生之少也，生於鼎族，天稟雋朗，與表兄周寒溪太史、弟長史庶常螢窗雪硯，切磋爲詩文。辛酉省其親，少司馬始遊京師，丙子舉於鄉。同舉焦南浦徵君益相勉於學，其間隨計需次往來南北，所交皆名流魁士，詩酒朋燕，名益起。久之，以選人爲尚書郎，出守桂林。聰明強力，不廢吟詠，諸使方倚其才，而先生以太夫人年高乞養歸。雖居林泉，志不忘公家。曾一請助餉於邊，繼請分濬吳淞水利，天子嘉之，即家拜太僕少卿，自此遂不出，間或放舟吳越，爲山澤之遊。晚耽禪悅，與上人交最久，《完玉堂詩》即先生之所刻。而陸香林、繆雪莊諸老輩尤先生之素心，晨夕時相唱和者也。先生之詩，浸淫卷軸，留連山水，描摹景物，善寫情事。其自得之趣有出人意表者，非可以尋常蹊徑求也。蓋先生少資麗澤之益，中得江山之助，晚有悟於宗門背觸之旨，是宜上人與先師當日咸愛誦之，謂可以問世而傳後也。烏呼！自庚戌至今三十年，余始得盡觀先生之詩，而伯子又能收拾

〔註327〕沈大成《學福齋集》卷十五，《續修四庫全書》集部，第 1428 冊，第 182～183 頁。

〔註328〕沈大成《學福齋詩集》，《清代詩文集彙編》第 292 冊，影乾隆三十九年刻本，第 330 頁。

校讎，刻之以傳，使海內盡得見之，而余之無似亦獲掛名於卷中，
不可謂不幸。所惜者月川之墓草久宿，不得促膝挑燈共證兩老人欣
賞之非誑，斯爲可憾也已〔註329〕。

綜合上述史料以及松江《張氏族譜》、乾隆《婁縣志》、嘉慶《松江府志》、
王豫《江蘇詩徵》、時人著述等文獻記載可知：張氏先世本居浦東，張景星
曾祖張方時遷居三林塘，方仲子耀邦好游俠，不事生產，嘗北下遼海，南上
閩粵，遊蹤半天下。耀邦子尚文攜族遷居筠溪西，尚文爲太學生，數薦鄉飲
大賓，歿後入祀鄉賢祠。尚文子張淇，字爾瞻，號筠齋，康熙元年（1662）
始遷松江郡。淇子四：伯匯、仲集、叔維煦、季梁。淇以子集追授吏部左
侍郎。

張匯，字茹英，增生，官刑部郎中，妻王鴻緒之妹。匯有宿雲塢，原爲
明張履端別業，匯得之始易今名。乾隆六年（1741），匯子張照宿此園，一時
名流雅集無虛日。張照（1691～1745），字得天，號涇南，康熙四十八年（1709）
進士，改庶吉士。雍正十一年（1733）官刑部尚書，預修《大清會典》成，
晉一級。雍正十三年（1735），主撫定苗疆職，後遭革職拿問，尋赦之，命武
英殿修書處行走。乾隆七年（1742），官刑部尚書。乾隆九年（1744）十二月，
奔喪至徐州卒，贈太子太保，諡文敏，有《古香亭稿》、《得天居士集》等。
張照妻室有二：一爲錢塘高士奇孫女、一爲華亭沈荃孫女。照一女名無垢，
嫁常熟蔣廷錫孫、蔣溥子，另一女名不詳，適嘉興望族（遷居上海寶山）李
宗潮。照子名應田，官戶部員外郎，娶曲阜衍聖公孔廣棨之女，應田卒於滇
楚任所。張照書法名著當時，阮葵生《茶餘客話》載：「張涇南司寇墜馬傷右
臂幾折，時方奉敕書《落葉倡和詩》，遂用左手書，作小楷，凝厚蘊藉，無一
筆呆滯，眞造化手也。」〔註330〕照通釋典，沈德潛贊：「文敏性地高明，通釋
氏教。所作詩左磕右觸，皆禪語也。」〔註331〕照復嫻音律，擅作曲，有《月
令承應》、《法官雅奏》、《九九大慶》、《勸善金科》、《昇平寶筏》、《曲錄》等，
皆爲供奉內廷作。上海圖書館藏抄本《天瓶齋題跋》爲張照書畫題跋，卷端

〔註329〕沈大成《學福齋集》卷五《張太僕賦清草堂詩抄序》，《續修四庫全書》集部，
　　　　第1428冊，第59頁。按：繆雪莊，即繆謨，字丞文，號雲章，一作雲莊，
　　　　婁縣人，諸生，以張照薦入律呂館，工填詞，善畫山水，有《雪莊詞》。
〔註330〕阮葵生《茶餘客話》卷十七，北京：中華書局，1959年版，第509頁。
〔註331〕沈德潛《清詩別裁集》卷二十二，上海：上海古籍出版社，1984年版，第889
　　　　頁。

題「從侄興載坤厚氏謹錄」。興載，張玉壘子。

張集，字殿英，號夏園，康熙十五年（1676）進士，累官吏部左侍郎、兵部左侍郎，有《愛日堂集》。張集置義田千畝以贍族人，人謂有范氏之風。集伯子名棠，張棠（1662～1734），又名罔卿，字映辰，一字南暎，號吟樵，有《賦清草堂詩》，爲黃之雋、釋元璟、盧月川、沈大成所激賞，上海圖書館藏有張棠《賦清草堂詩抄》六卷，爲乾隆二十四年（1759）張卿雲刻本。卷首有乾隆二十四年（1759）沈大成序、康熙二十六年（1687）張棠《耘書樓詩稿》自序、康熙五十二年（1713）張棠《江上吟》自序。卷端題「雲間張棠吟樵」，卷末題「男卿雲、景星恭校」。棠子二：伯子卿雲，字慶初；仲子景星，字二銘。棠詩「五言削去凡近，力追古人。五律韶秀，七言希風隨州、劍南。」〔註332〕隨州，指的是中唐詩人劉長卿；劍南，指的是南宋詩人陸游。可知景星詩有家學。浙江圖書館藏劉維謙撰《詩經叶韻辨誤》八卷，內封題「乾隆戊午秋鐫、雙峰書屋藏板」，乾隆戊午，爲乾隆三年（1738）。書之版心下方題刻「雙峰書屋」，卷首有郭嗣齡序、乾隆三年（1738）黃之雋、顧成天序、張棠序及劉氏自序。諸序後錄「及門肄業姓氏」，卷端題「雲間劉維謙讓宗編次，門人張卿雲慶初、張景星恩仲同校」，末有門生張澤垾、王永祺、張卿雲、張景星諸人跋。

張維煦，字和叔，號珠岩，清康熙四十一年（1702）舉人，後兩選中書皆不就，以子夢徵敕封編修。黃達《遊塔射園》云：「封君（按：和叔）高年學道，儼然西竺古先生。風雨晨夕，鐘魚不輟於耳。」〔註333〕維煦子三：夢徵、夢喈、夢揚。夢徵「字鶴來，號東亭，康熙戊戌進士，官編修。揮灑篇翰，千言立就。歸田後吟詠自娛，人服其敏捷。」〔註334〕康熙戊戌，爲康熙五十七年（1718）。夢徵亦工書法，爲時人稱道。夢喈，字鳳於，號玉壘，以貢生候選同知，有《塔射園詩》，王昶《湖海詩傳》卷三十錄其詩五首。夢喈

〔註332〕王豫《江蘇詩徵》卷五十六轉引沈學子評語，清道光元年焦山海西庵詩徵閣刻本。

〔註333〕黃達《一樓集》卷十七，北京：北京出版社，1997年影印本，第734頁。按：張維煦之塔射園因園池水光與塔影相射而得名，園額金字爲維煦自題，中有「讓廉」、「墨亭」、山房廊榭、曲徑修篁、百年紫藤，爲當時郡城一大勝景，沈大成爲塔射園之常客，其《學福齋詩》多處詠及，如《集張超然塔射園詠池上新柳》、《張超然塔射園藤花歌》、《過塔射園張超然出酒，飲早梅下，周樂村金二如繼至，同賦》、《閏六月望前一日集飲超然塔射園拈得能字》。

〔註334〕王豫《江蘇詩徵》卷五十七，清道光元年焦山海西庵詩徵閣刻本。

妻汪氏，名佛珍，「能詩而有幹才，……兩子興載、興鏞皆能詩。」〔註335〕
興載，字坤厚，貢生，候補訓導，有《寶楔軒詩存》，王昶《湖海詩傳》卷四
十二錄興載詩四首。王昶《蒲褐山房詩話》稱「坤厚性情靜穆，而體氣清羸。
無心於科舉，雖例選廣文，非其素尚也。詩不多作，而中矩中規。無乖風雅，
能揲著，本於尊人玉壘，玉壘本之從叔幻花先生。……坤厚大抵本之易學啓
蒙，而古法具在，予故命孫紹書往受其業，庶以廣聖賢之數學也。」〔註336〕
興鏞，字金冶，嘉慶六年（1801）舉人，官知縣，有《紅椒山館詩》。乾隆五
十五年（1790），高宗東巡，興鏞獻賦。嘉慶十九年（1814），興鏞給王嘉曾
《聞音室詩集》作跋。興鏞為乾嘉名儒王昶弟子，王昶《張金冶〈紅椒山館
集〉序》云：「松江張氏以科第文學世其家，其間或以爵秩顯，或以清望重，
或以高節稱。而司寇文敏公又為法書所掩，不知詩文皆有過人者。由其不自
矜惜，散佚失傳，故世亦莫得而推挹之也。今張子金冶，文敏公之再從子，
風神散朗，人謂謝幼輿、許元度弗啻也。」〔註337〕謝幼輿、許元（諱玄）度，
即晉人謝鯤、許詢。王昶《湖海詩傳》卷四十二錄興鏞詩四首。王昶《張玉
壘七十壽序》又云：「玉壘，文敏公從弟，少英英玉立，工文章，詩尤雅澹，
出入於兩晉三唐，吾鄉能文之士莫不斂手推服。……際昇平之世，膺山林之
樂，兼以詩書之澤，而益以子姓之賢。」〔註338〕王昶《蒲褐山房詩話》稱：「玉
壘為文敏公從弟，家門鼎盛，絕無進取之志。……玉壘掩關高枕，種竹澆花，
讀書樂道之餘，工於筮法。」〔註339〕

　　張梁（1683～1756），字大木，一字奕山，號幻花居士，晚號青城。康熙
五十二年（1713）進士，充武英殿纂修官，後告歸，居珠街閣（今上海朱家
角），築別業，中有澹吟樓、學圃居、叢桂讀書堂、鶴徑、風漪草堂、嵐光塔
影書樓、枕流花陰館、藕香亭、一松齋、書巢等，著有《澹吟樓詩》、《幻花
庵詞》，清嘉慶《松江府志》卷五十八有傳。王昶《湖海詩傳》卷一錄其詩二
十二首，並有簡傳。沈大成撰《張幻花先生澹吟樓詩抄序》云：「幻花先生自
康熙癸巳成進士，入內庭校書，既竣告歸。以文史自娛，甲辰後，徙居澱湖

〔註335〕袁枚《隨園詩話》，北京：人民文學出版社，1982年，第128頁。
〔註336〕王昶《湖海詩傳》卷四十三，臺北：臺灣商務印書館，1968年版，第1269
　　　　頁。
〔註337〕王昶《春融堂集》卷三十九，《續修四庫全書》集部，第1438冊，第74頁。
〔註338〕王昶《春融堂集》卷四十二，《續修四庫全書》集部，第1438冊，第99頁。
〔註339〕王昶《湖海詩傳》卷三十，臺北：臺灣商務印書館，1968年版，第815頁。

之濱。藝花觀稼，希入城市。洗句之餘，間發奇弄，晚歲專修淨土。盡屏諸緣，自編其平生所爲詩曰《澹吟樓詩抄》，凡若干卷，有味乎靜者之言也。先生詩上擬柴桑，而出入於王孟四家。不規規字句之間，而一以閒遠自得爲宗。夫柴桑當滄海橫流之日，居貧守約。王孟諸賢遭逢出處，或不能自如。先生則生屬休明，席世美，早取科目，而能蕭然自遠，定跡幽棲，優遊以鄉先生，終壽逾古稀，尤爲不可及也。」〔註340〕康熙癸巳，爲康熙五十二年（1713）；甲辰，爲雍正二年（1724）。柴桑指東晉大詩人陶淵明；王孟指唐代詩人王維、孟浩然。沈大成又評其詞曰：「夫幻花老人之詩，其旨趣在王孟之間。而暇爲長短句，又能宗尙石帚、玉田，刊落凡俗，求之色香味之外，而獨領其妙。平生專修淨土，去來如意，凡有所作，皆從靜境中流出，故不假思，惟自然各臻於極也。」〔註341〕石帚、玉田，指南宋詞人姜夔、張炎。張梁詞名重一時，自云：「癸巳入都，識陳編修秋田、杜庶常紫綸、顧文學倚平諸君，詞壇名宿皆相見恨晚，有玉東詞社之訂。」〔註342〕

王昶《蒲褐山房詩話》載：張梁「工琴，遇好山水及花月佳時，一彈再鼓，鶴爲起舞，望之者以擬柴桑之處士、松陵之散人，時倕得天司寇方貴，或勸之出山，清要可立致，笑不答也。晚歲專修淨土，至八十三而終，其詩宗法王孟韋柳，間效山谷、誠齋，以見新異云。」〔註343〕梁子名夢鼇，字巨來，諸生，有《乃吾廬稿》，王昶《湖海詩傳》卷三十錄其詩二首；一女適海寧陳履長子於陛，一女名佛繡，字抱珠，適姚培和子惟邁，年三十三卒，有《職思居詩抄》二卷，上海圖書館藏乾隆三十二年（1767）刻本，卷首有王永祺《吳興張孺人傳》、乾隆三十二年（1767）姚惟邁序，卷端題「雲間張佛繡著」，該詩集爲佛繡歿後姚惟邁輯其舊作，惟邁序云：「余體素弱，時慮疾至。春怯花風，秋臥窗月。岑寂之中，互披卷相遣，不言而愁思共安，幸靜好之得偕也。……或喜余疾止，輒輟女紅，呼小姑拈題分韻，相與賦詩。每一篇成，便授余間屬和焉。……歲月既多，積稿成帙，已錄者曰《職思居草》。亡後累月，偶檢左右舊篋，見針黹與故紙猶叢雜宛然，其漫滅不全或蠹侵題字不可辨憶者姑置之，抄得二卷，爲重校一過。……生前重王孝簡先生品學，嘗質以詩。既亡，而先生爲之傳，且嗟賞其詩，謂不失茉莒雞鳴之遺，異於

〔註340〕沈大成《學福齋詩集》卷五，《清代詩文集彙編》本，第58頁。
〔註341〕張梁《幻花庵詞抄》卷首，乾隆二十四年刻本。
〔註342〕張梁《幻花庵詞抄》卷首《自序》，乾隆二十四年刻本。
〔註343〕王昶《湖海詩傳》卷一，臺北：臺灣商務印書館，1968年版，第8頁。

尋常矜詠絮才者。無何，先生亦歸道山，許益以序未果，爲尤可感也。新秋病起，適剞劂工竣，余因撫簡含悽，撮綴數語，不復求序於他友云。」〔註344〕據此可知張景星家族與姚培謙家族有姻親關係。

綜上所述，張景星家族歷唐宋明清科第不絕，清代仕宦最爲顯赫。張氏素以仁義禮信之風爲鄉人愛重，於學問一途亦有專治者，所與交遊、姻親皆時之名流巨族，構成了龐大的關係網絡，對家族功名的發展起到了積極作用。張氏以科第文學世其家，其間或以爵秩顯，或以清望重，或以高節稱，其守氣節、尙義善、弘詩文、修德業的家族品格對張景星讀書治學、修身處世有重要影響。景星雖出身顯族，自身的史料載述卻僅寥寥幾則，文獻本不足徵，爲存其人，備錄如次。王延年序姚培謙、張景星所編《明史攬要》云：「述齋、二銘皆精研古學，著書滿家，窺豹一斑，可知全體云。」〔註345〕黃之雋撰《飛鴻堂記》云：「二銘世宦年少，有用世才。」〔註346〕黃達撰《梅園記》載：「梅之枯寂冷淡，非其人性情相近，固未能好也，張君（按：景星）殆有擯斥凡豔而獨與梅契合者耶。余交西圃久，每當花時，招余坐花下，共浮大白，未嘗不愛其骨格超然獨立，於層冰積雪間孤秀特出。曾有句云：『一片冷香宜月夜，短節得得看花來』蓋實錄也。余故嘉西圃之善承藥岩老人意，而園之名不忘其本，於是乎記。」〔註347〕可知：景星家富藏書，覃精古學，篤好著述，摒棄俗務，超然獨立，於功名了無掛心。

張景星爲當世人激賞，飛鴻堂可謂媒介。飛鴻堂原爲姚宏啓所主，中間易主武林鹽商，最後爲張景星購得。景星性與梅近，姚培謙《飛鴻堂梅花爲張二二銘賦》二首其一云：「城南梅逕深，歲歲事幽尋。月寫虯龍影，風開天地心。一枝呈古意，二月發清吟。不及張公子，當窗橫玉琴。」其二云：「昔我藥岩老，栽花不計年。彩毫常集客，雲鶴竟隨仙。自去寒流咽，今來玉蕊妍。石橋西畔路，高會又尊前。」張景星以梅園爲隱所，理琴品梅，怡然自樂，深受姚培謙推賞。梅園詩酒文會，名流晏集，沈大成《王香雪移尊梅園觀荷，與范瀛山黃海查王香浦同賦》載其一次活動：「琅邪先生列仙儒，以文字飲爲歡娛。閏月消丙甫信宿，指麾銀鹿移行廚。恰乘潮落放艇去，名園窈

〔註344〕張佛繡《職思居詩抄》卷首姚惟邁序，乾隆三十二年刻本。
〔註345〕姚培謙、張景星《明史攬要》卷首，乾隆二十四年刻本，蘇州圖書館藏。
〔註346〕黃之雋《唐堂集》卷十三，《清代詩文集彙編》第 221 冊，影清乾隆十三年刻本，第 155 頁。
〔註347〕黃達《一樓集》，北京：北京出版社，1997 年影印本，第 731 頁。

窕城南隅。今年秋早氣卻晚，翠蓋尙擁千芙蕖。酣紅嬌捧美姝面，帝青文揭浮圖盂。重臺文錦交婀娜，太一仙子來虛無（自注：虞美人密缽臺蓮，皆園中荷種也）。主人風流張思曼（自注：謂園主人二銘），喜聞客至披衣趨。揖入即詠題壁句，坐久還翻堆床書。方池一頃淨若鏡，眼底瀲灧風西湖。三十六陂眇何許，蓴絲菱蔓眠鷗鷺。吾昔飛鴻曾遊聘（自注：園舊爲姚老斅先生飛鴻堂），重來波匿驚而籟。連局結牖耳目改，異境快拓營邱圖。其時岩桂已醃醹，涼風往往與之俱。片雲乍黑雨忽至，萬荷掀舞跳明珠。當軒施裀到觴飲，爵觚觶角散瓴壺，流蘇綷縩錯燈炬。麗痶深曲飄笙竽，轉喉車子年十四。澄波善睞冰雪膚，良友久別幸良會。有酒不飲何爲乎？藏鉤卷波喧百罰。積籌如蝟膽益粗，相期三五重聚此（自注：二銘約有月再集），月光瀰瀰飛蟾蜍。一杯終當屬李白（自注：是夕遲，李坤四不至），六萌可許近羅敷。吾老若愛花與月，不勞折簡還招呼。」〔註348〕王嘉曾《題二銘張丈景星侶梅圖》云：「西圃吾常憩，披圖發興新。作花欺蝶翅，偃幹想龍鱗。閱水流光逝，搏香小夢頻。何當一尊酒，仍與畫簪巡。」〔註349〕

沈大成與張景星爲知交，欣賞景星志廉行潔，與梅爲侶〔註350〕，沈氏《張西圃飛鴻堂梅花邇年益盛，今春枉駕屢邀，而余在湖上，歸始知之，因呈長歌》：「我性愛花猶愛梅，一看一飲三百杯。羅浮庾嶺獨登陟，元墓西溪頻往來。飛鴻堂前老梅樹，每歲春開花無數。主人與我忘形交，偶歸即約花間聚。屈鐵離奇宛若龍，槎枒天矯苔紋封。溶溶夜月冰花凍，怗怗春雲璃朵重。主賓既醉輒聯句，酒香花氣塡吟胸。此花種自順治之乙未，花壽今已百十四。聞說詩翁親爲栽，寧因健步遠移至（自注：梅爲姚老斅先生手植）。翁去仙山花尙存，鶴棲琴薦成埃塵。不知幾墮俗人手，始屬清河賢主人。主人雅興眼中少，往往弦觴直達曉。今年花盛倍往年，呼童預把三徑掃。此時孤棹滯湖壖，筍溪正被雨風嫋。梅花已落客方歸，說有紅藤兩扣扉。爲惜城南前約失，轉嗟湖上遠行非。城南湖上花常有，囑君採花多釀酒。明年不向孤山遊，亟

〔註348〕沈大成《學福齋詩集》卷十六，《續修四庫全書》集部，第1428冊，第334頁。

〔註349〕王嘉曾《聞香室詩集》卷三，《續修四庫全書》集部，第1447冊，第243頁。

〔註350〕沈大成愛梅，誇讚「梅，植物之至清者也。是故喻之以雪，辟之以月，得其形似矣，未得其神韻也。貌之以靜女，字之以隱人，得其標格矣，未得其幼眇也。故詠梅之詩曰多而工者絕少，自非掃除陳言、唾棄凡俗，幽蘭而漸以滌，不可以爲芳也。」（沈大成《學福齋集》卷十四《俞楚江看梅詩跋》，《續修四庫全書》集部，第1428冊，第169頁）

入名園酌大斗。」〔註351〕「清河賢主人」即指張景星，因張氏爲清河望族。沈大成《綠萼梅詩抄序》云：「吾鄉之中，則稱姚氏飛鴻、葉氏南村、超果、廣化、雨花諸僧舍。鹿鹿奔走，偶歸，及春必往觀焉。然數年以來，南村、超果先後槁，雨花近亦漸瘁，唯飛鴻、廣化之梅自歸於清河，則花日以繁茂，蓋有飛鴻之梅者爲西圃，有廣化之梅者爲於鄉，余於西圃舊。」〔註352〕

　　黃之雋與景星爲忘年交，過從頻繁，作有《刺梅園古松》（《唐堂集》卷三十七），數至飛鴻堂賞梅，其《唐堂集》載多首賞梅之作。如《飛鴻堂梅花歌》云：「夙聞飛鴻堂前梅一株，輪囷芳敷通郡無。幹蟠老虯雲水之鱗爪，花堆仙子冰雪之肌膚。惜我鄉棲繼宦轍，無緣得向樹下趨。鄧尉一遊已夢寐，羅浮萬里惟畫圖。今春花候天霽暖，客來報我花正滿。二月九日稍已遲，急走城南覓遊伴。一呼雲集興倍添，五文學與二孝廉。紫薇舍人不停腳（自注：胡泰舒他出），白雲曹郎空奮髯（自注：周藹松諾而不往）。此兩公者今不與，明日應悔風雨霑。吾儕老少頗備數，何必沂水蘭亭兼。入門雜沓繞樹底，紛紛索笑爭巡簷。此梅生在乙未歲之某月日，計壽今已七十七。老夫愛其老態橫，諸君愛其香氣溢。一種看花論不一，總之此梅故無匹。枝上漸稀地上多，珍重休教覿面失。嗚呼！飛鴻主人已三改，飛鴻梅花巋然在。白頭宮女說開元，鳥爪麻姑指桑海。樹老作花如少時，人老無復年少姿。人雖少年老亦易，花下不樂將何爲。君不見朝貴爭踏軟紅土，家園花開杳不知。」〔註353〕又《宴會飛鴻堂賞梅》云：「老梅玉立似神仙，新結留候世外緣。改闢園亭香作海，選邀賓客醉爲天。況增萼綠成雙樹，不到飛鴻計八年。莫悔西溪頻負約（自注：君家封司寇公屢招往西溪觀梅，今歲上元前又約顧侍講同行，俱以路遙未赴），城南盡泛看花船。」〔註354〕司寇公指張照，其雍正十一年（1733）官刑部尚書。又《飛鴻堂觀梅，過醉白池留飲，訂東軒之約》云：「乾隆十年二月七，晨起卜得郊游吉。春寒梅信勒未開，試探飛鴻趁暄日。策杖呼朋叩朱戶，縱橫大枝小枝出。噴紅吐綠發眾香，冰雪風霜空妒忌。環

〔註351〕沈大成《學福齋詩集》卷三十，《續修四庫全書》集部，第 1428 冊，第 399 ～340 頁。

〔註352〕沈大成《學福齋集》卷五，《續修四庫全書》集部，第 1428 冊，第 64 頁。

〔註353〕黃之雋《唐堂集》卷三十八，《清代詩文集彙編》第 221 冊，影乾隆十三年刻本，第 403 頁。

〔註354〕黃之雋《唐堂集》卷四十四，《清代詩文集彙編》第 221 冊，影乾隆十三年刻本，第 462～463 頁。

注目光射雙樹，此樹精神故無匹。若非鼓勇決計來，忍使韶華眼中失。塵譚茗飲坐移時，餘興還臨醉白池。池頭嘉旨忽羅列，梅蕊乍拆春風肌。勾留唯恐斜陽下，白髮酡顏傾十巵。座客自言釣詩處，東軒又與梅相期。排日出門隨地好，及時行樂已不早。索居嘗歎氣力衰，逢酒逢花不知老。」〔註355〕又《張二銘邀飲飛鴻堂，大木東亭不至，有懷後至》云：「梅花主人招有期，酒伴相知固不辭。半日老饕待已久，一門諸阮來何遲。開樽忽覺日易暝，列炬莫教春暗移。層陰壓簷電光瞥，啓蟄雷聲又催別。不愁昏黑不到家，只愁雨洗枝上花。」〔註356〕梅園堪稱文人沙龍，惜毀於太平天國戰火。

張景星兄棲靜生於康熙四十九年（1710）六月，乾隆五十三年（1788）景星曾參編《婁縣志》，《婁縣志》「參閱」欄署名有「候選部主事張景星」之目可證，其年壽七十又六，而從雍正元年（1723）至乾隆五十三年（1788）則長達六十六年，故可推測：張景星生於康熙四十九年六月後之康熙末年，卒於乾隆末，主要活動於乾隆朝（1736～1795）。清代出版業發達，刊刻文集較易，清人王止堂即云：「今日詩集之盛，至於屠販臧獲都有一帙，而名下固無論也。」（《〈吳肅公詩集自序〉評》）〔註357〕僅柯愈春《清人詩文集總目提要》和李靈年、楊忠《清人別集總目》著錄者即達兩萬家、文集四萬餘種，張景星身為世家子，卻未見文集流傳，誠憾事也。

第四節　王永祺家世生平

王永祺，字延之，號補堂，婁縣人。初居望河涇（今屬金山縣亭新鄉），後遷郡城北，姚培謙析其北坨之半為永祺草香居。父客死中州，永祺風雪中扶喪歸里，資斧窘乏。道出湯陰，故舊有貸以金者，堅辭不受。永祺年近六十遭母喪，哀慕如童稚。盡禮，斷酒肉三年，未嘗狥俗，以墨衰謁客。事祖母吳，以孝聞。以歲貢中乾隆二十四年（1759）順天舉人，因子寶序贈南靖知縣。永祺平生於書無所不觀，晚年乃一衷宋儒，輯《朱子年譜》、《三魚堂

〔註355〕黃之雋《唐堂集續》卷六，《清代詩文集彙編》第221冊，影乾隆十三年刻本，第605頁。

〔註356〕黃之雋《唐堂集續》卷六，《清代詩文集彙編》第221冊，影乾隆十三年刻本，第609頁。

〔註357〕吳肅公《街南文集》，《四庫禁燬書叢刊》集部，第148冊，北京：北京出版社，1999年版，第146頁。

勝言》（陸隴其著）行世。其詩文沉雄，不詭隨時尚，有《草香居詩文集》，今佚。永祺訓子弟寬而肅，常曰「表正則影自直，何庸督責爲」，子弟愛敬備至。年六十六卒，門人私諡孝簡先生。生平事蹟見載於乾隆五十三年（1788）刊《婁縣志》卷二十六《人物》、光緒五年（1879）刊《華亭縣志》卷十六《人物五・列傳》，二志所載則源於下面兩則傳記而有所減省。

黃達《草香先生傳》載：

> 草香者，吾友王君補堂讀書處，而因以自號者也。先生爲望湖盛氏贅婿，田夫牧豎雜然遊處，而四方問字之車日滿戶外。既而，姚君鑪香分北垞之半迎先生讀書於其中，是爲草香居焉。先生天資穎悟，書過目終身不忘。嘗遊於曹黃門家中允之門，學問益大進。家貧賣文以自給，撰述甚富。多爲人所竄名，隨手散去。然喜獎借後進，有請業者，雖隆冬盛暑，亹亹指授，勿少倦。故一時好學知名之士，惟恐不出其門下。嗟乎！以先生早歲噪名於時，宜穎脫而出，在承明著作之列。乃因躓場屋，晚年貢成均，始獲登賢書，遂以終老，可謂蹭蹬也已。向使嗇其遇者永其年，既已絕意仕進，退息於荒江破屋，與後生子弟策杖遨遊，詠歌太平，夫亦足以自娛矣。何忽臥病以長逝耶。丙戌春，鑪香訃聞。是冬，先生相繼而卒。嗟乎，老成凋謝，一歲之中，既哭鑪香，又哭先生，寢門之痛，何如也。先生諱永祺，字延之，又號補堂。先世家於蘇，後遷松江，爲婁縣人。子四：長鼎，金山衛廩貢；次寶序，庚辰舉人；次家楠、章元，邑諸生，皆克嗣其家學者。

> 黃子曰：余與先生先後遷居北郭，以文章相切劇，匪朝伊夕嗣。余秉鐸淮陰，風雨江干，淒然分手，然郵筒往來，常如覿面。孰謂竟成永別耶。迄今，讀先生贈行詩句，不覺淚涔涔下也。〔註358〕

王嘉曾《孝簡先生私諡議》載：

> 先生姓王氏，諱永祺。恒齋先生歿，既大殮之明日。吾黨欲私諡先生，屬嘉曾具草。嘉曾謹獻議曰：按士冠禮，古者生無爵死無諡。先生不登於朝，則易名之典未可議也。雖然禮家有言，諡者行之跡，有諱則有諡，魯莊之諡縣賁父也，曰士之有諡自此始也，

〔註358〕黃達《一樓集》卷十七，北京出版社影印清乾隆刻本，第739頁。

則士之有諡古也。又曰幼名冠字五十以伯仲死諡，則士之有私諡古也。

先生自少食貧，然事祖母吳太孺人、母黃太孺人能以孝養聞。載陽先生歿於河南族侄之官舍也，先生聞訃悲慟幾絕。時祖母吳太孺人年已七十餘矣，亦驚泣成病，漸不起。先生經營喪葬，慘悴極人所不堪。於是奉太孺人遷居於鄉，棄老屋數椽，給太孺人朝夕，遂重跰入豫。斯時也。柩已失其旗幟，彷徨涕洟，匍匐於青燐野水之間，行道之人皆弗忍也。後奉太孺人四十餘年，服勤至死，不飲酒不茹葷，斬衰三年，未嘗徇俗，以墨衰謁客。嗚呼！先生之修於家者可不謂孝歟？諡法能養能恭曰孝，先生蓋有焉。先生品至醇、學至博，然未嘗責人以所不足，嘗歎俗學之不足為教也。授子弟經史，必以全書期於貫穿而後止。經義自鄭服而下，迨宋元名儒巨公，微詞精詣靡不搜討洽聞。然素不喜炫奇矜博及乎訾議前哲聳人聽聞，以故人亦不能盡知。先生晚年尤尊服宋儒，臨終猶誡子弟以熟復小學一書。嗚呼！此豈淺學之人所能識哉！諡法平易不訾曰簡，先生蓋有焉。今先生歿矣，生而無位，死有其號，寧可不易其名而終將諱之歟。今私諡之曰孝簡先生，還質諸吾黨焉，謹議〔註359〕。

綜上二文可另知：永祺生於清康熙四十年（1701），卒於乾隆三十一年（1766）冬。先世家於蘇，後遷居至松江婁縣。祖母為吳氏，父稱載陽先生，母為黃氏。永祺，亦號草香，人稱恒齋先生。家貧，入贅望湖盛氏為婿。永祺工古詩，力矯時趨，喜獎掖後進，沈大成《喜晤王延之俞克友》云：「密友分張忽判年，相逢道故倍歡然。江湖憔悴嗟子拙，骨月騰飛讓世賢。書法舊推鍾丙舍，詩名重見謝臨川（自注：王工古詩，俞撫魏晉人書，皆力矯時趨者）。柴門月色仍如昨，搔首何堪醉問天。」〔註360〕王延之（永祺）《草香居詩文集》今已不傳，詩幸存一首，見載於《江蘇詩徵》卷五十二，題名《寄張含光》，張含光為張鋒。永祺與姚培謙同年歿，有子四人，齒序為：鼎、寶序、家楠、章元。

〔註359〕王嘉曾《聞音室遺文附刻》，《續修四庫全書》集部，第 1447 冊，第 264 頁。
〔註360〕沈大成《學福齋詩集》卷二，《清代詩文集彙編》第 292 冊，影乾隆三十九年刻本，第 268 頁。按：《續修四庫全書》集部，第 1428 冊，第 268 頁所載此詩無詩中小注。

　　王鼎，字祖錫，號香浦、條山、山甫，康熙六十年（1721）生，乾隆四十五年（1780）舉人，子三：念勤、念昭、朝泰。鼎工詩書，有《蘭綺室詩抄》十七卷，上海圖書館藏清嘉慶八年（1803）古訓堂刻本，卷首王鳴盛乾隆二十九年（1764）序、王昶嘉慶六年（1801）序、弟寶序之序。上海圖書館另藏有乾隆刻本《蘭綺堂詩抄》二卷，附刻張夢喈《塔射園詩抄》二卷。王昶《湖海詩傳》卷三十七選錄鼎詩四首。

　　王鼎之性情文章，王鳴盛《蘭綺堂詩抄序》云：

　　　　今條山氏才名早著，詩歌之妙獨步一時。尊甫草香先生泊哲弟秋農並舉賢書，爲藝林職志，而條山尚困諸生中。一門之內，父子兄弟自相師友；數門才者，殆將繼元禮而並稱焉，無疑也。條山舊所刻詩固已衣被遠近，不脛而走。茲將續刻新著，屬余題其端。余惟稱詩於今日，言人人殊。唐音宋調各有門庭，而不能相下。余意則欲通彼我之懷，息異同之論，而條山所見與余最合。蓋其天才奇逸，骨氣高邁，固已非流俗可及。又復沉浸卷軸，登臨山水，廣交遊、博聞見以佐之，固宜近詣之進而益上，同時流輩皆斂衽推服，無異詞也。余觀其造意布格，超超無著，味溢於酸鹹之外，韻流於絲肉之餘，而又何唐宋之斷斷者哉。夫以條山之才，固當翔步承明之庭，信其實而奮其華，顧乃齒逾強，仕踠晚未遇，何落落也，然條山亦初不以屑意。家在五茸城，背市面郊，草樹翁鬱，因名曰萬綠山莊，若悠然有以自得者。當世名公卿苟有意於人才必將望氣而得之，褰裳而就之，吾見作爲雅頌，播之樂府，此又條山意中事矣。〔註361〕

王昶序《蘭綺堂詩抄》云：

　　　　條山兄與余族望同出太原，而譜系殘缺，不復能推其行輩。顧條山長余三歲，稱以爲兄。弱冠時同爲諸生，應試場屋，嘗以時藝相角。及退而爲詩，互相吟賞，故余兩人相視猶親昆弟也。條山性情敦厚，少而沉靜簡默，承其尊人補堂先生之教，能詩又工於書。往時余座主夢少司農屬書《大谷山堂詩集》，人以爲林佶、王岐之比也。其詩流播遠近，東南人士題襟奉袂，願與訂交。而沈歸愚宗

────────────

〔註361〕王鼎《蘭綺堂詩抄》卷首，《清代詩文集彙編》第 490 冊影清嘉慶八年古訓堂刻本，第 1 頁。

伯、王禮堂光祿推獎尤深。至予通籍後二十餘年歸里門，復與條山
相見。時條山已中乙科，顧屢困於春闈，連蜷摧挫，宜若有不自得
者。而條山意思蕭散，言笑如平時，蓋其所養之深如此。其詩駘宕
夷猶，和平樂易，不以才氣自矜，不以辭華自眩。其光油然而遠，
其味悠然而長。正如大圭不琢，太羹不和，朱弦疏越，一唱三歎，
使人得其性情於語言之外，讀其詩如見其人。徘徊展閱，俯仰生
平，回憶詩文徵逐之時，一言一笑猶顯顯然如在目前，忽已四十餘
年矣。乃令子述亭昆季以《江干》等集合爲《蘭綺堂詩抄》，編排薈
萃，將付之梓人，以行於世，豈不爲條山深幸哉。嗟夫，我郡百餘
年來，卿士大夫工於翰墨者頗多，而詩文流傳日少，非其文之不
工，抑其後人失學不能珍藏刊佈之故。聞述亭昆季所爲，亦可稍知
愧屬矣。故予尤樂得而序之。嘉慶六年陽月，弟昶書，時年七十有
八。〔註362〕

王鼎論詩宗王士禛，作有《秋柳四首追和漁洋先生韻》，載諸《蘭綺堂詩抄》，
嘗與周京合編《唐律酌雅》，又助友人俞仍實輯注《唐詩神韻集》，今上海圖
書館、南京圖書館均藏有此注本。鼎與王鳴盛、王昶、沈德潛、袁枚、沈大
成、黃達、盧見曾、夢謝山、張玉疊、朱霞、曹廷棟等過從頻繁，王鼎嘗問
學於沈德潛、夢謝山，其詩深受王昶、沈德潛、王鳴盛等推獎。其《蘭綺堂
詩抄》載有《呈沈歸愚先生》、《九日陪歸愚師遊橫雲山》、《夢謝山先生垂示
古詩三章依韻呈達》、《渡河經彭城感懷司空夢謝山師有作》等。寶序云：「余
兄條山自少即能詩，及壯歲詩名益著。其在先達碩望中，如沈歸愚、夢謝
山、李鶴峰諸先生，前後具邀賞識，若吳中七子西莊、蘭泉諸先生則又夙昔
雁行友，聲華不甚相後者也。顧條山迄不遇久之，登庚子鄉薦，年已六十
矣。困於公車，俛仰奔走，所至蹤跡不少。余痛條山一生無所得，而爲名所
役以老，獨信其詩之必可傳。嘗勸手自訂定，而卒鹿鹿未暇也。茲侄輩既約
略次第，匯錄成編。懼日久散失，將謀付梓，持以問余，余不敢妄定吾兄之
詩，而亦苦於盲廢，乃聽就所曾折衷去取於西湖老友朱青湖者而存之。共十

〔註362〕王鼎《蘭綺堂詩抄》卷首，《清代詩文集彙編》第490冊影清嘉慶八年古訓堂
　　　　刻本，第2頁。按：王昶《春融堂集》卷三十九所載此序名《家條山蘭綺堂
　　　　詩集序》，有闕佚，如闕「朱弦疏越，一唱三歎」及「述亭昆季」等字，見《續
　　　　修四庫全書》集部，第1438冊，第76頁。

七卷，蓋不及十之四五焉，聊以見居遊始末云爾。弟寶序識。」〔註363〕庚子，
為乾隆四十五年（1780）。

　　王鼎喜交遊，沈大成《學福齋詩集》卷十三載《閏重九前一日，吳秋漁
招同陸文玉、王香浦遊橫雲山，分得暢字》云：「高空墮片雲，迤邐吐奇狀。
皇娲煉石英，眾皺互相向。其勢拒泖波，蒼然起巨防。娟娟海濱山，獨此疊
岩嶂。誰分蓬萊股，僵臥長谷上。天帝勒雲將，變化未可量。或云由士龍，
吾意殊未當。今歲逢閏九，秋老景更曠。良友宿治具，侵晨理吳榜。微風轉
輕帆，未午庰已傍。青鞋信步行，紅葉延首望。礧秫喧農舍，簫鼓簇遊舫。
山莊故自佳，雲塢亦可向（自注：橫雲山莊，王尚書園；宿雲塢，張司寇義
莊）。穿林攀禪枝，入室拜遺像（自注：山後棠陰禪院祀明谷城相公）。竹柏
森成圍，煙蘿嫋垂帳。澗壑湊寒流，溪谷納遠響。宛披董范圖，巧敵般爾匠。
去鄉形久疲，逢場神彌王。猶憶廿年前，曾陪綠玉杖（自注：庚戌秋，同香
浦尊人草香陪黃公允先師、今吾徐丈遊此）。論飲把深卮，拈韻發浩倡。流光
若飛電，二老奄元壤。慚余老漸衰，疊首年正壯。景物換今昔，悲喜入俯仰。
主人出塵姿，詩筆俱老橫。所至戀好山，往往立洋邙。頹景遽西馳，暮色連
漭漾。急呼進霜螯，沉醉倒菊釀。歸來已三更，鄰燈一星颺。科頭弄庭月，
挽客未肯放。望古稀阮後，作達實無兩。置之蓬閬間，庶幾情始暢。出門語
童奴，我亦笑我狂。」〔註364〕王尚書為王鴻緒，張司寇乃張照，黃公允為黃
之雋，徐今吾為徐是儌。庚戌為雍正八年（1730）。又《學福齋詩集》卷十四
載《穀雨前三日，集鶴湖草堂，與草香嶽祥竹村椒田兩主人分韻得應字》云：
「日日東風吹不息，亂紅香徑踏還增。年光易過三春到，狂態難除百罰應。
暢好山遊剛綠筍（自注：酒間言及二佘之遊），商量花事又朱藤。只愁早晚催
人去，雲水天涯跡似僧。」〔註365〕又卷十五載《符勝堂集飲，與王草香香浦
父子、白湖四可兄弟詠春雨，得多字》云：「東風載雨檻前過，料峭寒生可奈
何。一夜平添波面滑，幾番輕染柳梢多。孤蓬遠渚回徵夢，昏檠空窗起怨歌。
攬月深杯堪伴我，不教愁坐感蹉跎。」〔註366〕

　　黃達同王永祺父子皆知交，其《一樓集》有《冬夜同王補堂賦》、《秋夜

〔註363〕王鼎《蘭綺堂詩抄》卷首，《清代詩文集彙編》第490冊影清嘉慶八年古訓堂
　　　　刻本，第3頁。
〔註364〕沈大成《學福齋詩集》卷十三，清代詩文集彙編本，第319～320頁。
〔註365〕沈大成《學福齋詩集》卷十四，《清代詩文集彙編》第292冊，第322頁。
〔註366〕沈大成《學福齋詩集》卷十五，《清代詩文集彙編》第292冊，第329頁。

懷補堂》、《簡補堂孝廉》、《補堂問訊近況，詩以代簡》、《陰雨坐悶，檢閱舊稿，王條山、許子順至小飲》等。其《寄條山》詩稱讚王鼎「知爾近添詩料好，行囊新句倍精神。」〔註367〕《懷人絕句三十首》之《王條山鼎》云：「草香衣缽最知名，蘭綺堂詩更老成。記得望河秋看月，柳陰亂艇落潮聲。」〔註368〕《哭友絕句三十首》之《王補堂永祺》云：「我亦常停問字車，生生橋畔草香居。藏書滿屋人千古，燈火秋窗入夢初。」〔註369〕《與王補堂書》則云：「去歲，文駕過淮，適僕攝阜學篆，有失迎迓，罪甚！罪甚！近接手教並蒙批示近作，反覆盥誦，益深銘佩。惟是僕以五斗羈縻，當南北孔道，酬應旁午，不能終日鍵戶理其故業。兼之賦質駑下，非得如先生者常耳提而面命焉。若瞽之無相，倀倀乎墜於淵谷而不知矣。鄙人懷燕石以爲寶，識者笑之。五穀之美而糠麩雜糅，則人將投箸而起。……先生問學淵博，直造古人。而汲引後進，有新城王尙書、家宮詹之風，故一時翕然宗仰，僕固不肯交臂而失之矣。」〔註370〕新城王尙書指王士禛，家宮詹指黃叔琳。王永祺儘管科名不獲，學問人品卻爲時所重，所交皆名士。

　　王寶序，字全初，一字璿初，號秋農，永祺仲子，乾隆二十五年（1760）順天舉人，官南靖知縣，有《百草庭詩抄》六卷，上海圖書館藏嘉慶五年（1800）序刻本。寶序工書畫，《皇清書史》、《清代畫史增編》有簡傳。姚培謙《甲餘錄》乾隆二十五年（1760）載：「元日同人集松桂堂，餞送王子全初寶序北遊。全初爲延之次君、今涪快婿，余內戚中幼輩也。續學工文，余決其蚔鳴必驟至。秋，果以禮經中順天鄉闈第四名，竊自喜臆揣不謬。」今涪，即張弈樞。

〔註367〕黃達《一樓集》卷八，北京：北京出版社，1997年版，影印本第 647 頁。
〔註368〕黃達《一樓集》卷九，北京：北京出版社，1997年版，影印本第 658 頁。
〔註369〕黃達《一樓集》卷十，北京：北京出版社，1997年版，影印本第 664 頁。
〔註370〕黃達《一樓集》卷二十，北京：北京出版社，1997年版，影印本第 769 頁。

第二章　姚培謙的詩學思想

　　如前章所述，有關張景星、王永祺的史料極其匱乏，我們無從推斷其詩學思想如何，亦無法論定其對《宋詩別裁集》的編選宗旨能產生多大影響。但綜合姚培謙的生平交遊、文學著述、學術成就、社會聲望等方面的考述，我們可基本判定其乃《宋詩別裁集》最主要的編委。姚氏嗜好近體詩，嘗自刻《元詩自攜》二十一卷，所錄皆近體。而《宋詩別裁集》選錄近體詩則多達 510 首，占入選詩歌總數 647 首的 79%，體現的正是姚培謙的詩學趣尚。探討姚氏的詩學思想，實有助於我們對《宋詩別裁集》編選宗旨的解讀。姚氏的詩學思想則主要體現在弘揚詩教、提倡性情兩個方面，具有時代的共性。

第一節　弘揚詩教

　　詩教說濫觴於孔子。子曰：「入其國，其教可知也。其爲人也，溫柔敦厚，詩教也。……其爲人也，溫柔敦厚而不愚，則深於詩者也。」〔註1〕其所強調者，詩之教化功能。朱自清先生說：「儒家重德化，儒教盛行以後，這種教化作用極爲世人所推尊，『溫柔敦厚』便成了詩文評的主要標準。」〔註2〕漢代《毛詩序》云：「正得失，動天地，感鬼神，莫近於詩。先王以是經夫婦，成孝敬，厚人倫，美教化，移風俗。」〔註3〕清人朱庭珍說：「溫柔敦厚，詩教

〔註1〕鄭玄注，孔穎達正義《禮記正義》，《十三經注疏》本，北京：中華書局，1980
　　　　年版，下冊，第 1609 頁。
〔註2〕朱自清《詩言志辨》，桂林：廣西師範大學出版社，2004 年版，第 18 頁。
〔註3〕阮元校刻《十三經注疏》，北京：中華書局，1980 年版，上冊，第 270 頁。

之本也。有溫柔敦厚之性情，乃能有溫柔敦厚之詩。本原既立，其言始可以傳後世。輕薄之詞，豈能傳哉！」〔註4〕晚清何紹基亦云：「『溫柔敦厚，詩教也』，此語將《三百篇》根柢說明，將千古做詩人用心之法道盡。」〔註5〕弘揚詩教，可止僻防邪，移風易俗，統治者自然樂於提倡。

清興代明，政府稽古右文，文教大昌。然其政策之推行乃恩威並施，一方面擢拔鴻儒，推重理學；一方面又屢興文獄，威逼利誘，黨同伐異，因詩罹禍者所在多有，滿漢矛盾頗爲尖銳。彼時之遺民，或隱居避世，或抗爭辭薦，或嚴辨華夷，或圖復正朔，清初政局波譎雲詭。非對抗不合作，遂成爲一部分漢族文人的選擇，《清史稿・選舉志》云：「順康間，海內大師宿儒，以名節相高。或廷臣交章論薦，疆吏備禮敦促，堅臥不起。」〔註6〕康熙中葉以後，政局穩定，國力強盛，復明無望，反清情緒趨於淡薄，遺民陣營分化。王應奎《柳南隨筆》載：「繼復薦舉博學鴻儒，於是隱逸訾士亦爭趨轂轂，惟恐不與。四明姜西溟有詩云：『北闕已成輸粟尉，西山猶貢采薇人。』時以爲實錄。」〔註7〕揆之詩壇，順治初至康熙中的半個世紀裏，亡國悲鳴開始轉向盛世賡歌，抗激之辭逐漸易爲廟堂雅音。從康熙中，到乾隆初，作詩寄情神韻，標榜格調，成爲一種風氣。王士禛、沈德潛先後崛立，負朝野重望，雖一主優遊不迫，一主沉著痛快，皈依詩教、倡盛世宏音，其致則一。就選本編輯而言，清初有呂留良《宋詩抄》、邵罍《宋詩刪》、潘問奇《宋詩啜醨集》等帶有鮮明遺民色彩的選本。乾隆時期，則出現了力倡詩教的選本，《宋詩別裁集》、《宋詩略》（汪景龍、姚勳編）即其代表。陳子龍嘗云：「世之盛也，君子忠愛以事上，敦厚以取友，是以溫柔之音作。而長育之氣油然於中，文章足以動耳，音節足以竦神，王者乘之以致其治。」（《皇明詩選序》）〔註8〕《宋詩別裁集》成書於乾隆盛世，海內昇平，政教暢通，姚培謙等編者對詩教話題自然有所回應，此不僅爲詩學問題，也是政治覺悟問題。

姚培謙弘揚詩教的思想或隱或顯，卻不曾須臾離。如其評論文體，稱：

〔註4〕朱庭珍《筱園詩話》卷三，《清詩話續編》本，上海：上海古籍出版社，1983年版，下冊，第2391頁。

〔註5〕何紹基《東洲草堂文抄》卷五《題馮魯川小像冊論詩》，《續修四庫全書》集部，第1529冊，第179頁。

〔註6〕趙爾巽等《清史稿・選舉志》，上海：上海古籍出版社，1986年，第422頁。

〔註7〕王應奎《柳南隨筆 續筆》，北京：中華書局，1997年，第68頁。

〔註8〕陳子龍《陳子龍文集》，上海：華東師範大學出版社，1988年版，上冊，第359頁。

「《國風》好色而不淫，讀『南有喬木』一章，方悟風人之妙。」〔註9〕好色而不淫，溫柔敦厚也。又稱：「詩始於四言，優柔平和，涵蘊無盡。」〔註10〕辨析詩騷之別，則稱：「詩和平，騷豔逸。」〔註11〕皆就詩教立論。評論詩人詩作，亦以詩教爲準繩，如云：「李杜二公詩篇皆原本忠愛，若以溫柔敦厚論之，則李不及杜，即如明皇幸蜀一事，二公皆反覆致意，李之《遠別離》、杜之《哀江頭》，無可議矣。其有詞意皆同而神理迥別者，太白《上皇西巡南京歌》其七章曰：『誰道君王行路難，六龍西幸萬人歡。地轉錦江成渭水，天迴玉壘作長安。』子美則云：『錦江春色來天地，玉壘浮雲變古今。』同一錦江、玉壘也，而李之意揚而竭，杜之意渾而厚矣。要之，自其骨性中帶來，不可強也。」〔註12〕姚培謙肯定詩需原本忠愛，此即詩教爲本的觀念。依其所見，李白詩之佳處仍與詩教合，如云：「太白《古風》『羽檄如流星，虎符合專城。喧呼救邊急，群鳥皆夜鳴。白日曜紫微，三公運權衡。天地皆得一，澹然四海清。借問此何爲？答言楚徵兵。渡瀘及五月，將赴雲南征。怯卒非戰士，炎方難遠行。長號別嚴親，日月慘光晶。泣盡繼以血，心摧兩無聲。困獸當猛虎，窮魚餌奔鯨。千去不一回，投軀豈全生！如何舞干戚，一使有苗平。』此詩與杜《兵車行》極相似，『白日』四句責重廟謨，詞不迫切，此等處見太白眞本領。」〔註13〕責重廟謨，卻詞不迫切，此即詩之溫柔敦厚。又如「『別來幾春未遠家，玉窗五見櫻桃花。況有錦字書，開緘使人嗟。此腸斷，彼心絕。雲鬟綠鬢罷梳結，愁如回飆亂白雲。去年寄書報陽臺。今年寄書重相催，東風兮東風，爲我吹行雲使西來，待來竟不來，落花寂寂委青苔。』太白樂府《久別離》曲也，怨而不怒，其《離騷》美人之旨乎。余覽盧仝《有所思》一篇云『當時我醉美人家，美人顏色嬌如花。今日美人棄我去，翠樓珠箔天之涯。娟娟嫦娥月，三五二八盈又缺。翠眉雲鬟生別離，

〔註9〕 姚培謙《松桂讀書堂集》卷六《詩話》，《四庫全書存目叢書》集部，第277冊，第47頁。

〔註10〕 姚培謙《松桂讀書堂集》卷六《詩話》，《四庫全書存目叢書》集部，第277冊，第53頁。

〔註11〕 姚培謙《松桂讀書堂集》卷六《詩話》，《四庫全書存目叢書》集部，第277冊，第47頁。

〔註12〕 姚培謙《松桂讀書堂集》卷六《詩話》，《四庫全書存目叢書》集部，第277冊，第53頁。

〔註13〕 姚培謙《松桂讀書堂集》卷六《詩話》，《四庫全書存目叢書》集部，第277冊，第49頁。

不忍不見心斷絕。心斷絕，幾千里，夢中醉臥巫山雲，覺來淚滴湘江水。湘江兩岸花木深，美人不見愁人心。含愁更奏綠綺琴，調高弦絕無知音。美人兮美人，不知為暮雨兮為朝雲！相思一夜梅花發，忽到窗前疑是君。』亦復宛轉流利。但其意調全從太白詩脫出，而一則深而婉，一則淺而竭。不啻仙凡之別矣。」〔註 14〕李白詩高華古雅，意則雍容，怨而不怒，規規於詩教。沈德潛評價李白雲：「才大者聲色不動，指顧自如。太白五言妙於神行，昌黎不無蹶張矣。取其意規於正，雅道未漓。」〔註 15〕所謂「意規於正」即尊詩教之意。

姚培謙著《詩話》凡 46 則，縱論周秦至明之歷代詩人，其中論及最多者為杜甫，有 11 次；其次李白，有 8 次，可見宗尚所在。培謙詩「古寺危樓百尺強，煙林雲海望迷茫。姮娥咫尺如堪語，只少凌空白鳳凰」（《夜登廣福寺鐘樓口號》二首其一）〔註 16〕，脫胎白詩。培謙宗仰詩聖，自云：「安得盡袪塵俗累，騷壇尸祝杜陵翁」（《秋興用老杜韻》其七）〔註 17〕。姚培謙提倡溫柔敦厚，論詩以杜甫為範，稱其：「許身比稷契，甫也不云狂。詩人有實學，終古示周行。」〔註 18〕評價詩人也以詩教為則，如：「客曰：唐子畏詩云『閒來寫幅青山賣，不使人間作業錢』；又云『些須做得工夫處，莫損心頭一寸天』；又云『醉時試倩家人道，消盡粗疏氣未魯』；又云『盡嘗世味猶存舌，茶薺隨緣敢愛憎。看來似得道者』。對曰：『雖是牢騷不平，卻有回頭處』。」〔註 19〕評論唐寅詩「雖是牢騷不平，卻有回頭處」，即指子畏詩怨而不訐，能契溫柔敦厚之旨。

姚培謙主張詩教，推崇杜詩原本忠愛，則受前輩沈德潛的不少影響。沈德潛於盛世倡詩教，朝野歸之，所撰《杜甫小傳》云：「聖人言詩自興觀群怨，歸本於事父事君。少陵身際亂離，負薪拾橡，而忠愛之意，惓惓不忘，得聖人之旨矣。」〔註 20〕選杜甫七古時重申：「一飯未嘗忘君，其忠孝與夫子事父

〔註 14〕 姚培謙《松桂讀書堂集》卷六《詩話》，《四庫全書存目叢書》集部，第 277 冊，第 49 頁。按此中姚氏所引李白詩、盧仝詩多有疏誤，附錄《詩話》有校正。

〔註 15〕 沈德潛《說詩晬語》，北京：人民文學出版社，1998 年版，第 207 頁。

〔註 16〕 姚培謙《松桂讀書堂集》，《四庫全書存目叢書》集部，第 277 冊，第 128 頁。

〔註 17〕 姚培謙《松桂讀書堂集》，《四庫全書存目叢書》集部，第 277 冊，第 120 頁。

〔註 18〕 姚培謙《松桂讀書堂集》，《四庫全書存目叢書》集部，第 277 冊，第 91 頁。

〔註 19〕 姚培謙《松桂讀書堂集》，《四庫全書存目叢書》集部，第 277 冊，第 59 頁。

〔註 20〕 沈德潛《唐詩別裁集》卷二，上海：上海古籍出版社，1979 年版，第 55 頁。

事君之旨有合，不可以尋常詩人例之。」〔註21〕詩教而政教，培謙論詩受沈德潛詩論的影響，殆無疑議。乾隆十二年（1747），沈氏力薦姚氏於高宗，即意味著兩人的道德觀、學術觀、文學觀有一致處。沈、姚二人俱倡行詩教，體現的則是清中期的政治文化生態，乾隆帝就宣稱：「詩者何？忠孝而已耳。離忠孝而言詩，吾不知其爲詩也。」〔註22〕在他們看來，詩教昌，則詩運泰；政教興，則文運盛。弘揚詩教，能導發情性之中正平和，規範倫理道德，詩教應承擔這種社會責任。

　　乾隆朝，政教宏大，詩教昌明，沈德潛的詩教說、格調論大行其道，並因此而影響到選政，沈氏編選《唐詩別裁》、《明詩別裁》、《清詩別裁》，一以貫之的宗旨即弘揚詩教。「別裁」者，「別裁僞體親風雅」也。作爲《五朝詩別裁》之一的《宋詩別裁》對詩教自然也有回應，《續修四庫全書總目提要》（稿本）論及《宋詩別裁集》時就說：「其名家詩什選錄，或一首、或十數首不等，要均視其有合於《別裁》之例者而後錄。如蘇東坡詩，於其贈答、宴飲之作，或含沙帶礫而爲之者，則刪棄靡遺。務使有當於《別裁》之意、雅正之道，蘄合乎風人之旨，信乎可繼歸愚之遺者。」〔註23〕即指出是選有鼓吹風雅、振興詩教的意圖，以與沈德潛所編《唐詩別裁》、《明詩別裁》、《清詩別裁》諸書桴鼓相應。姚培謙自序《元詩自攜集》時亦坦承：「吳江沈氏選唐詩、明詩、國朝詩爲《別裁集》，一洗元明以來操選政之惡習，海內風行，尊爲善本。余少好宋元詩，既自輯元詩爲集，復與同邑張子景星、王子永祺更選宋詩爲《別裁集》，其例悉遵之沈氏。」〔註24〕

　　關於詩教的內涵與特徵，朱庭珍從品格、情感、含義三個方面加以歸納，其云：「詩品所以貴溫柔敦厚、深婉和平也，詩情所以重纏綿俳惻、醞釀含蓄也，詩義所以尚文外曲致、思表纖旨也。」〔註25〕闡述精到，爲人所稱道。《詩經》作爲中國古典詩歌的一大範式，四言爲主，言簡意永，姚培謙

〔註21〕沈德潛《唐詩別裁集》卷六，上海：上海古籍出版社，1979 年版，第 201 頁。
〔註22〕清高宗《沈德潛傳》，王鍾翰點校《清史列傳》，北京：中華書局，1987 年版，第 5 冊，第 1457 頁。
〔註23〕中國科學院圖書館整理《續修四庫全書總目提要》（稿本），齊魯書社，1996 年影印本，第 27 冊，第 437 頁。
〔註24〕中國科學院圖書館《續修四庫全書總目提要》（稿本）第 27 冊，齊魯書社，1996 年，第 437 頁《宋詩別裁集提要》引。
〔註25〕朱庭珍《筱園詩話》卷一，《清詩話續編》本，上海：上海古籍出版社，1983 年版，下冊，第 2340 頁。

對此深為契賞，如云：「三百篇皆四言，字不多而有含蘊。或疊至三四章，皆反覆詠歎，無取煩言也」〔註26〕、「每詠衛詩『投桃』之章，每章只換一字，而言愈簡意愈長，少一章不得，多一章不得」〔註27〕、「詩始於四言，優柔平和，涵蘊無盡」〔註28〕，推崇備至。方孝岳說：「自從孔子發出興觀群怨、溫柔敦厚那些詩論以後，後人總以這些話為出發點，就是拿『溫柔敦厚』的詩教來做標準。凡作品與『溫柔敦厚』的意思相違背的地方，往往加以糾彈。這種看法，是很嚴格的。」〔註29〕姚培謙即是如此。其主張「言在此而意卻在彼，最是詩家妙境。」〔註30〕契合朱庭珍所論詩義特徵。最能體現這一特點者，非杜詩莫屬，姚培謙云：「如老杜《夏日李公見訪》一章云『遠林暑氣薄，公子過我遊。貧居類村塢，僻近城南樓。旁舍頗淳樸，所須亦易求。隔屋喚西家，借問有酒否？牆頭過濁醪，展席俯長流。清風左右至，客意已驚秋。巢多眾鳥喧，葉密鳴蟬稠。苦遭此物聒，孰謂吾廬幽。水花晚色淨，庶足充淹留。預恐樽中盡，更起為君謀。』通篇順文讀去，不過寫新涼留客，借酒不足，更復謀添之耳。不知其寫暑氣薄，寫近村塢，寫長流，寫清風，寫水花，總不是寫眼前景物，只寫好客到來無酒，飲客又惟恐客去一段情事。夫貧居無可遊，而公子肯來，想因地僻暑薄故耶。顧既來矣，客見四壁蕭然，竟匆匆告別，如何則慰之曰『鄰居淳樸，西家之酒易借也。』酒既借矣，客知所借有限，略飲幾杯，又將告別，如何則又款之曰：『鳥鬥蟬鳴，水花到晚更佳』也，客既肯留矣，便好起身再去覓酒，若使早露窘色，客既又不安，那肯久住耶。公之以朋友為性命如此，讀者往往不覺。」〔註31〕

「詩家總愛西崑好」(《論詩三十首》)〔註32〕，姚培謙亦不例外，著有《李

〔註26〕姚培謙《松桂讀書堂集》卷六《詩話》，《四庫全書存目叢書》集部，第 277 冊，第 54 頁。

〔註27〕姚培謙《松桂讀書堂集》卷六《詩話》，《四庫全書存目叢書》集部，第 277 冊，第 48 頁。

〔註28〕姚培謙《松桂讀書堂集》卷六《詩話》，《四庫全書存目叢書》集部，第 277 冊，第 53 頁。

〔註29〕方孝岳《中國文學批評》，北京：三聯書店，2007 年版，第 62 頁。

〔註30〕姚培謙《松桂讀書堂集》卷六《詩話》，《四庫全書存目叢書》集部，第 277 冊，第 53 頁。

〔註31〕姚培謙《松桂讀書堂集》卷六《詩話》，《四庫全書存目叢書》集部，第 277 冊，第 53～54 頁。

〔註32〕郭紹虞《杜甫戲為六絕句集解　元好問論詩三十首小箋》，北京：人民文學出版社，1978 年版，第 67 頁。

義山七律會意》、《李義山詩箋注》等，其欣賞李商隱詩之隱約幽微，如云：「唐人詠馬嵬詩極多，或敘事，或議論，皆非無爲而作。獨玉溪生一篇則但就貴妃心中摹寫，譏其至死猶不悟也。據鴻都道士言海外仙山貴妃所託，然此恐非貴妃所樂，蓋其意在生生世世爲夫婦耳。中聯上句結上生下，下句極言當日蠱惑情事。直至宛轉就繩於尺組之下，應猶恨九重天子不能庇一婦人。女色之禍人如此，而上皇之不早覺悟，隱然恨在言外，此用意之最深者。或謂落句失本朝臣子之體，甚不知詩也。」〔註33〕所謂「隱然恨在言外，此用意之最深者」，即培謙所推崇的「言在此而意卻在彼」。又如評：「義山《錦瑟》詩本係悼亡之作，以錦瑟起興，非賦錦瑟也。通首著眼在『無端』二字，大意謂世間姻緣無非幻合，只如既有錦瑟便有五十弦。既有五十弦，便鼓出許多哀怨來。夫婦之道亦如是矣。至於事過景遷，蝴蝶夢覺，杜宇魂歸。無端而聚者，亦無端而散。此聯內已具結聯惘然之意。中聯卻是追憶從前緣起極得意時事，月滿珠圓，日融玉暖，本屬自無而有利根人，當此眩眼穠華，早知有水流花謝，何待今日而始惘然哉。義山多豔體詩，世幾以浪子目之，不知其人極深於禪。如此篇實從禪悟中得力，注家紛紛，總屬無謂。」〔註34〕《錦瑟》之美，亦言在此而意卻在彼。又如：「大抵古人語後人祖述不少。子建《當來日大難》篇結云：『今日同堂。出門異鄉。別易會難。各盡杯觴。』太白以一語括之云『欲行不行各盡觴』，彌覺雋妙。」〔註35〕李白此詩之所以勝曹植一籌，原因即在於其詩言簡味永，有韻外之致。又如「《木蘭詞》只『問女何所思，問女何所憶。女亦無所思，女亦無所憶』四語古樸，有風人之致，便非唐人所能爲。結處愈俚愈妙，眞足調笑千古，而渾然不露。」〔註36〕其古樸、渾然不露，即符合詩教要求。姚培謙論詩推崇「言在此而意卻在彼」的妙境，提倡含蓄蘊藉，連用典也要如此。如云：「昌黎詩『喚起窗全曙，催歸日未西』，山谷爲兒時，每哦此詩，不解其意。自出峽來，年五十八矣。時春晚方知『喚起』、『催歸』乃二鳥名，古人小詩用意精妙如此。余謂凡詩中

〔註33〕姚培謙《松桂讀書堂集》卷六《詩話》，《四庫全書存目叢書》集部，第 277 冊，第 54 頁。

〔註34〕姚培謙《松桂讀書堂集》卷六《詩話》，《四庫全書存目叢書》集部，第 277 冊，第 52 頁。

〔註35〕姚培謙《松桂讀書堂集》卷六《詩話》，《四庫全書存目叢書》集部，第 277 冊，第 48 頁。

〔註36〕姚培謙《松桂讀書堂集》卷六《詩話》，《四庫全書存目叢書》集部，第 277 冊，第 47～48 頁。

用典實作巧對，須藏意外意為佳，若唐人『芳春平仲綠，清夜子規啼』。盧延遜詩『樹上諮諏批頰鳥，窗間壁剝叩頭蟲』等，意味便淺，後人效顰易成惡道。」

　　姚培謙倡行詩教，論詩主溫柔敦厚，在《宋詩別裁集》選錄詩歌時有體現，如書中大量選入歌功頌德、粉飾太平的詩歌即是顯例。如所選李昉《禁林春直》、宋祁《寒食》、晏殊《寓意》、呂祖謙《賀車駕幸秘書省》等詩，方回《瀛奎律髓》中皆歸入「昇平類」。此外，丁謂《公舍春日》、夏竦《奉和御製上元觀燈》、宋祁《和晏相公九日郡宴》、歐陽修《內直對月寄子華舍人持國廷評》、呂定《扈駕》、《班師》等，亦屬昇平類詩歌。《宋詩別裁集》凡選錄詩歌六百餘首，昇平類即達 20 餘首，比例之高在清人宋詩選本中並不多見。《宋詩別裁》卷五所選李昉《禁林春直》云：「疏簾搖曳日輝輝，直閣深嚴半掩扉。一院有花春晝永，八方無事詔書稀。樓頭百轉鶯鶯語，梁上新來燕燕飛。豈合此身居此地，妨賢尸祿自知非。」翰苑春光，語鶯飛燕，八方無事，一派昇平，方回即評曰：「李昉此詩，合是宋朝善言太平第一人。」〔註37〕侯廷銓《宋詩選粹》選評此詩曰：「寫出太平景象」〔註38〕。袁枚則稱之為宋代「富貴詩有絕妙者」〔註39〕。《宋詩別裁集》列李昉此詩為七律首篇，肯定穩重典雅的臺閣體，用心可謂深矣。又如所選：蔡襄《上元進詩》「疊疊青峰寶炬森，端門方佇翠華臨。宸遊不為三元夜，樂事全歸萬眾心」、王珪《依韻恭和御製上元觀燈》「鎬宮春酒沾周宴，汾水秋風陋漢才。一曲昇平人共樂，君王又進紫霞杯」、楊萬里《冬至後賀皇太子及平陽郡王》「金鑰玉筍開北闕，銀鞍絲控謁東明。青宮朱邸環天極，五色祥雲覆帝城」、王禹偁《茶園十二韻》「未復金鑾召，年年奉至尊」、楊億《奉和御製契丹出境將議回鑾五言六韻詩》「偃革邊關靜，回鑾海縣康。欣陪從臣末，歸躍奉高驤」、《咸平六年二月十八日扈從宸游因成紀事二十二韻》「周鎬歡麛鹿，虞韶集鳳凰」、《受詔修書述懷感事三十韻》「太極垂裳日，中原偃革初」、宋祁《九日侍宴太清樓》「帝眷憑秋嫁，臣心仰夏渠。承平將樂事，併入史臣書」、歐陽修《明堂慶成》「奉親昭孝德，惟帝饗精誠。……從臣才力薄，無以頌休明」、《群玉殿賜宴》「至治臻無事，豐年樂有成。圖書開秘府，宴飲集群英。論道

〔註37〕方回《瀛奎律髓彙評》卷五，上海：上海古籍出版社，1986 年版，上冊，第210 頁。

〔註38〕侯廷銓《宋詩選粹》卷一，清道光五年瑞實堂刻本。

〔註39〕袁枚《隨園詩話》，人民文學出版社，1982 年，第 71 頁。

皇墳開，貽謀寶訓明。九重多暇豫，八體極研精。筆力千鈞勁，毫端萬象生。飛箋金灑落，拜賜玉鏘鳴。盛際崇儒學，愚臣濫寵榮。惟能同獸舞，聞樂識和聲」、《和劉原父從幸後苑觀稻呈經筵諸公》「曉謁龍墀罷，行瞻鳳蓋翩。粹容知喜色，嘉瑞奏豐年」、《翠旌詩》「盛禮郊儀肅，純音帝樂清。葳蕤飄翠羽，赫奕展華旌。……且異文竽飾，非同壽舞名。竹宮歌毖祀，雅曲播遺聲」、劉攽《和王正仲熙寧郊祀二十韻》「八方星拱極，四海日升暉。舊典增咸秩，彌文示表微」、王珪《大饗明堂慶成》「衣冠漢儀舊，金石舜韶新。……慚非老辭筆，徒學煥堯文」、蘇軾《郊祀慶成》「帝出乘昌運，天心予太平。文章三代繼，製作七年成。大祀乾坤合，剛辰日月明。泰壇朝掃地，魄寶夜垂精」、司馬光《閒居》、周必大《入直召對選德殿賜茶而退》、程俱《和翁秘監彥深喜二首》、楊萬里《赴文德殿聽麻仍拜表》等詩，頌盛世詠太平之意亦極其顯豁。

　　《宋詩別裁集》選錄的臺閣體詩歌以西崑體最有代表性，如所選楊億九首《梁舍人奉使巴中》、《成都》、《梨》、《寄靈仙觀舒職方學士》、《奉和御製契丹出境將議回鑾五言六韻詩》、《到郡滿歲自遣》、《次韻和盛博士寄贈虞部李郎中之什》、《咸平六年二月十八日扈從宸游因成紀事二十二韻》、《受詔修書述懷感事三十韻》；錢惟演二首《寄靈仙觀舒職方學士》、《別墅》；丁謂一首《公舍春日》；晏殊二首《示張寺丞王校勘》、《寓意》；張詠二首《舟中晚望桃源山》、《縣齋秋夕》等；或流連光景，或優遊歲月，或詠物抒懷，或同僚唱和，或館閣閒雅，或扈從紀事，皆富麗之文章、雍和之雅音，契合詩教規範。西崑詩人皆宗尚李商隱詩，《古今詩話》載：「楊大年、錢文僖、晏元獻、劉子儀，為詩皆宗義山，號西崑體。」〔註40〕姚培謙、王永祺亦于李商隱深有契賞，多選西崑詩此乃一因。西崑體盛行於宋真宗朝，宋之開國時已七十年，國家康富，蘇舜欽《石曼卿詩集序》云：「國家祥符中，民風豫而泰，操筆之士，率以藻麗為勝。」西崑詩即藻麗之典範，其文辭密麗，氣象安雅，五代蕪穢之習為之一掃，劉熙載《藝概》云：「西崑體格雖不高，五代以來，未有其安雅」。這種詩歌風貌契合乾隆盛世氣象。《宋詩別裁集》的編選當乾隆中葉，時距清開國已百年，前明遺老俱已離世，其後人生在清朝、長在清朝，無論出處，先輩的遺民情結夷夏之防在他們身上已經消解，此時編輯的

〔註40〕胡仔《苕溪漁隱叢話前集》卷二十二引，北京：人民文學出版社，1962年版，第145頁。

宋詩選本同清初相比，遺民詩入選較少，野逸色彩淡化，廟堂特徵鮮明，此即可理解《宋詩別裁集》爲何選錄不少平庸的諛頌之作，這其實是編者對乾隆政治的曲意迎合。

　　楊億、錢惟演等西崑詩人賴以名世者即其奉制、唱和、頌聖、詠物詩，《宋詩別裁集》如此選錄，乃選出西崑體的眞面目，無可非議。但歐陽修、蘇軾、楊萬里等人的詩歌成就絕不在此，選其頌聖詩太平詞恰恰表明了編選者的批評觀念，即主張溫柔敦厚，多歌頌，少諷刺，如蘇軾詩，重其贈答、宴飲、慶賀之作，而語涉諷諫者則刪棄之，務使合乎雅正之道，這與乾隆盛世背景一致。乾隆前中期，社會穩定，經濟繁榮，詩者詠帝力頌功德，多以言富貴、飾太平爲務，《宋詩別裁集》編選上即帶有這種盛世文化特點。所選錄的詩歌題材中，頌聖、閒適類詩歌近 130 首，占總數的五分之一，這顯然是對盛世文化的回應，其中頌聖類即有 40 餘首，分朝省、宴集、應制、慶賞等小類。體裁方面，五排最適宜歌詠功德，《宋詩別裁集》選錄此體多達 40 首，半爲頌聖之什，注重昇平氣象。閒適、紀遊、唱和、酬答、送別、登臨類詩歌居多，政治詩、時事詩、農事詩偏少，並刻意避免選錄有敏感話題的詩歌，這其實是乾隆朝文網高張環境下的一種自我保護。據筆者統計，《宋詩別裁集》所選詩歌中，以「春日」爲題者 14 首、「夏日」爲題者 6 首，其所傳達的是一種蓬勃向上的積極心態，而這種心態則來源於對政治的認同。一般而言，牢騷抑鬱者喜肅殺之秋日、冬日，相比之下，《宋詩別裁集》選錄以「秋日」、「冬日」爲題者各僅 2 首，數量的對比可看出編者的態度，多「美」少「刺」，向盛世文化靠攏。

　　據申屠青松統計，《宋詩別裁集》凡選錄初宋詩人 38 位，詩 162 首；盛宋詩人 21 位，詩 199 首；中宋詩人 38 位，詩 227 首；晚宋詩人 41 位，詩 59 首〔註 41〕，輕晚宋的傾嚮明顯，究其原因，晚宋詩壇主流一爲江湖詩人，寒士悲吟，尖酸刻薄，取徑蹇澀；一爲遺民詩人，鋒芒過露，激楚憤懣，有失平和，皆與盛世氣象不宜。初宋詩成就遠遜於盛宋，所錄卻多達 162 首，其原因則在於此期代表詩派白體、西崑體爲臺閣體，詩歌莊重典雅，吐屬大方，符合盛世氣象；初宋的晚唐體，小家薄相，不夠開闊，所錄也少，僅選 3 家 6 首詩。白體詩人則收錄 5 家 16 首，崑體詩人收錄 10 家 38 首。其中，宋祁 14

〔註 41〕申屠青松《〈宋詩百一抄〉的詩學思想和批評策略》，《華南農業大學學報》
　　　　2010 年第 1 期，第 101 頁。

首、王禹偁 11 首、楊億 9 首，所選數量都超過了江西派代表詩人陳師道的 8
首。盛宋、中宋詩選錄較多，是任何一部理性宋詩選本都會做出的選擇，因
爲宋詩的主流詩派、代表詩人、著名作品大都產生於此期，《宋詩別裁集》選
錄盛宋、中宋詩歌最多，體現的是一種成熟的宋詩史觀，與其他宋詩選本不
謀而合。宋初新變派的三位代表詩人，歐陽修入選詩歌最多，凡 37 首，其次
梅堯臣 9 首、蘇舜欽 5 首。同爲開啓宋風者，收錄反差卻如此之大，其中一
個重要原因是歐陽修善言富貴，如申屠青松所言：「從（歐陽修詩）內容上看，
近三分之一爲應制頌聖之作，風格多偏於高華典麗，此風格五排最爲擅長，
故編者於廬陵五排所選獨多。歐陽修是西崑詩風的掘墓人，但《宋詩百一鈔》
卻特意選了他不少典麗之作，如《三日赴宴口占》、《懷嵩樓新開南軒與郡僚
小飲》，賀裳《載酒園詩話》即謂之『極風流富貴之致』。蘇舜欽和梅聖俞詩
格雖高，但正如翁方綱所謂，一則平淡而『不免微帶酸苦意』，一則雄豪而多
『不免於屭氣傖氣』，與晚唐一樣，亦非盛世所宜，鄙棄也就是理所當然了。
循此思路，編者對晚宋的貶抑也就可以理解了，書中所錄晚宋詩人主要是四
靈和江湖詩派，他們的風格都是沿續晚唐一脈。」〔註 42〕姚培謙等人後來又
編選了《元詩別裁集》，其中，選錄詩歌最多者爲趙孟頫、元好問，即因二人
詩興象深邃，既無江湖詩人之陋，亦無江西詩派之失，符合詩教宗旨，和《宋
詩別裁集》編選宗旨一脈相承。

　　《宋詩別裁集》凡選錄宋人 137 家，詩 647 首，其中，北宋收錄 362 首，
南宋收錄 285 首，數量居前十位的詩人是：蘇軾 63 首、陸游 54 首、王安石
39 首、歐陽修 37 首、楊萬里 29 首、陳與義 28 首、朱熹 20 首、范成大 18 首、
黃庭堅 14 首、張耒 13 首，北宋、南宋各 5 人，兩宋詩選取的數量及一流作
家的確定都是妥當的，符合大眾對宋詩的認知與評估。選詩重視蘇軾、陸游，
是清代選家的共識，不論唐詩派還是宋詩派。如：王士禛《古詩選》選宋人 8
家，其中蘇軾 104 首，居首，陸游 78 首，第二；吳之振、呂留良編《宋詩抄》
選陸游 936 首，居第二位，蘇軾 462 首，居第 3 位，楊萬里所錄最多；周之
麟、柴升《宋四名家詩》選錄蘇軾、黃庭堅、范成大、陸游四家詩，其中陸
游 986 首，第一，蘇軾 722 首，第二；翁方綱《七言律詩鈔》選宋人 56 家，
詩 347 首，其中蘇軾 94 首，第一，陸游 89 首，第二；翁方綱《小石帆亭五

〔註42〕申屠青松《〈宋詩百一抄〉的詩學思想和批評策略》，《華南農業大學學報》
　　　　2010 年第 1 期，第 101～102 頁。

言詩續抄》選宋人 10 家，詩 137 首，蘇軾 73 首，居首，陸游 37 首，第二；姚鼐《五七言今體詩抄》選錄宋人 23 家，詩 185 首，陸游 87 首，居首，其次爲蘇軾 31 首；沈德潛《宋金三家詩選》選錄陸游 208 首居首、蘇軾 185 首第二；吳曹直、儲右文《宋詩選》選錄宋人 320 家，詩 3598 首，最多者陸游 407 首，其次蘇軾 358 首；馬維翰《宋詩選》選錄宋人 62 家，詩 492 首，其中蘇軾 39 首第一，陸游 25 首第三，黃庭堅 29 首第二；汪景龍、姚壎《宋詩略》選錄宋人 432 家，詩 1196 首，前三名爲蘇軾 35 首，王安石 24 首，陸游 23 首；許耀《宋詩三百首》選宋人 78 家 300 首詩，最多者蘇軾 61 首，其次陸游 59 首；侯廷銓《宋詩選粹》選錄宋人 341 家，詩 962 首，最多者蘇軾 29 首，其次陸游 22 首。

　　選重蘇陸的價值取向有著深刻的詩學背景。明人復古，尊唐而黜宋。明詩既乏性情，又無學力，遊談無根，黃茅白葦，招致清人的批評。清人主張學宋以矯正明人佞唐之偏頗，其學習的主要對象就是蘇陸，清初詩壇盟主錢謙益即力倡之，費錫璜云：「自明人摹擬唐調，三變而至常熟，乃極稱蘇、陸，以新天下耳目。」（《百尺梧桐閣遺稿序》）〔註43〕徐釚也說：「今日而詩之變已窮，世之欲通其變者，則又厭苦唐人之規幅，而爭以宋爲師，於是東坡、山谷、放翁諸集，家弦而戶誦之矣。」〔註44〕康熙二十七年（1688），孫鋐撰《皇清詩選·刻略》云：「數年以來，又家眉山而戶劍南矣。」〔註45〕邵長蘅云：「今海內談藝家盛宗宋詩，玉局、劍南幾於人攜一編。」（《漸細齋集序》）〔註46〕張世煒《宋十五家詩刪序》云：「今三十年來，天下之詩皆宋人之詩，天下之家誦戶習皆東坡、放翁之句也。」〔註47〕李振裕撰《新刊范石湖詩集序》云：「《渭南》、《劍南》遺稿家置一編，奉爲楷式。」〔註48〕清初浙東詩派中堅查慎行「以蘇、陸之調，著名當時」〔註49〕

〔註43〕汪懋麟《百尺梧桐閣遺稿》卷首，《四庫全書存目叢書》集部，第 241 冊，第 800 頁。

〔註44〕徐釚《南州草堂集》卷二十《山薑詩選序》，《續修四庫全書》第 1415 冊，第 368 頁。

〔註45〕永瑢等《四庫全書總目·皇清詩選提要》，北京：中華書局，1965 年，第 1771 頁。

〔註46〕邵長蘅《邵子湘全集》之青門簏稿》卷七，《四庫全書存目叢書》第 247 冊，第 532 頁。

〔註47〕張世煒《秀野山房二集》，道光二年（1822）重刊本。

〔註48〕李振裕《白石山房集》卷十四，清康熙香雪堂刊本。

朱庭珍稱：「查初白詩宗蘇、陸，以白描爲主，氣求條暢，詞貴清新，工於比喻，善於形容，意婉而能曲達，筆超而能空行，入深出淺，時見巧妙，卓然成一家言。」〔註50〕呂留良撰《宋詩抄・蘇軾小傳》中推崇「子瞻詩，氣象洪闊，鋪敍宛轉，子美之後，一人而已。」〔註51〕陳訏盛讚蘇軾「五七古才大思精，沉鬱頓挫，昌黎而後，一人而已。近體超妙精卓，盡態極妍。」（《蘇軾小傳》）〔註52〕徐乾學說：「宋詩渾涵汪茫，莫如蘇、陸。合杜與韓而暢其旨者，子瞻也；合杜與白而伸其詞者，務觀也。」〔註53〕顧立功說：「細閱陸詩，本諸少陵，而兼取樂天，得其神韻，不徒格調，所以可貴。其時范石湖、楊誠齋、尤遂初與放翁同稱大家，不獨楊、尤莫及，即石湖亦難抗行。」〔註54〕翁方綱稱「蘇爲宋一代詩人冠冕」〔註55〕，自署書齋曰「蘇齋」，撰《蘇詩補注》八卷，每逢蘇軾誕辰必祭拜之。清人宗尙蘇陸，乃風會所至。

　　任何一種詩學思潮的興起，皆有其醞釀的過程。個別領袖人物的倡行，能對思潮的發展起到引領作用。但思潮是有慣性的，它不會因爲某位領袖的改弦易轍或離世而戛然而止，仍將延續相當長的時間，清初對蘇陸的提倡即是如此。上述選家順應了當時的詩學思潮，其選本的流播又對蘇陸詩盛行起到了推動作用。清初陸游詩風靡，與其詩不窘狹、不纖弱，深厚悲壯，涵蓄有度有關，劉克莊就說：「近歲詩人雜博者堆隊伏，空疏者窘村斜，出奇者費搜索，縛律者少變化。惟放翁記問足以貫通，力量足以驅使，才思足以發越，氣魄足以陵暴，南渡而後，故當爲一大宗。」〔註56〕一言以蔽之，陸詩「雖窮極工巧，而仍歸雅正。」〔註57〕契合姚培謙弘揚詩教的宗旨，故《宋詩別

〔註49〕昭槤《嘯亭續錄》卷二，北京：中華書局，1980年版，第412頁。

〔註50〕朱庭珍《筱園詩話》卷二，《清詩話續編》本，上海：上海古籍出版社，1983年版，第2358頁。

〔註51〕吳之振等選《宋詩抄》，北京：中華書局，1986年版，第1冊，第628頁。

〔註52〕陳訏《宋十五家詩選》，《續修四庫全書》集部，第1621冊，第346頁。

〔註53〕顧立功《詩窺》之《陸游詩卷末跋》引，清刻本。

〔註54〕顧立功《詩窺》之《陸游詩卷末跋》，清刻本。

〔註55〕翁方綱《石洲詩話》卷三，《清詩話續編》本，上海：上海古籍出版社，1983年，第111頁。

〔註56〕劉克莊著，辛更儒箋校《劉克莊集箋校》，北京：中華書局，2011年，第14冊，第6742頁。

〔註57〕梁章鉅《退庵隨筆》，郭紹虞《清詩話續編》本，上海：上海古籍出版社，1983年，第1979頁。

裁集》選錄陸游詩也多。培謙終身服膺杜甫，而陸游寤寐不忘中原，志在恢
復，最得子美神髓，呂留良說：「宋詩大半從少陵分支，故山谷云『天下幾人
學杜甫，誰得其皮與其骨。』若放翁者，不寧皮骨，蓋得其心矣。所謂愛君
憂國之誠，見乎辭者，每飯不忘。故其詩浩瀚萃葎，自有神合。嗚呼！此其
所以為大宗也與。」〔註58〕清高宗選詩首重詩教，其選《唐宋詩醇》於宋只
取蘇軾、陸游二家，評蘇詩曰：「詩自杜韓以後，唐季五代纖佻薄弱，日即淪
胥。宋初楊億、劉筠、錢惟演之徒，崇尚崑體，只是溫李後塵。嗣是蘇舜欽
以豪放自異，梅堯臣以高淡為宗，雖志於古矣，而神明變化之功，少未有能
驂駕杜韓。卓然自成一家而雄視百代者，必也其蘇軾乎。軾之器識學問，見
於政事，發於文章。……洵乎獨立千古，非一代一人之詩也。」〔註59〕評陸
詩云：「三百篇之後，自楚騷漢魏六朝以至於唐，而詩之變盡矣。變有必極，
則所就亦以時異。故宋人繼唐之後，不規規模擬前人，要以自成一家而止。
然其體制雖殊，而波瀾未嘗二也。耳食之流，未窺古人門戶，於一代大家橫
生訾議；而不善學者，又徒襲其聲貌，亦兩失之矣。宋自南渡以後，必以陸
游為冠。」〔註60〕又評曰：「觀游之生平，有與杜甫類者：少歷兵間，晚棲農
畝，中間浮沉中外，在蜀之日頗多。其感激悲憤，忠君愛國之誠，一寓於詩。
酒酣耳熱，跌盪淋漓。至於漁舟樵徑，茶椀爐薰，或雨或晴，一草一木，莫
不著為詠歌以寄其意。此與甫之詩何以異哉？」〔註61〕《宋詩別裁集》選詩
重蘇陸，與官方意志保持了一致。沈德潛對陸游評價亦高，稱其「胸懷磊磊
明明，欲復國大仇，有觸即動，老死不忘，時無第二人也。上追少陵，志節
略同，勿第以詩人目之。」〔註62〕又「少陵一飯不忘君，放翁至死不忘復仇，
忠君愛國，唐、宋重此二人。」〔註63〕又「杜韓後勁眉山公，詩筆回斡分天
功，一爐熔冶金銀銅。異世誰人許接武？劍南老子堪追蹤。仙才學力各分擅，

〔註58〕吳之振等選《宋詩抄》，北京：中華書局，1986年版，第2冊，第1819頁。
〔註59〕清高宗御選《唐宋詩醇》卷三十二，臺北：臺灣中華書局，1971年，第888
　　　～889頁。
〔註60〕清高宗御選《唐宋詩醇》卷四十二，臺北：臺灣中華書局，1971年，第1274
　　　頁。
〔註61〕清高宗御選《唐宋詩醇》卷四十二，臺北：臺灣中華書局，1971年，第1275
　　　頁。
〔註62〕沈德潛《宋金三家詩選‧放翁詩選例言》，濟南：齊魯書社，1983年。
〔註63〕沈德潛《宋金三家詩選‧放翁詩選》卷下《示兒》評語，濟南：齊魯書社，
　　　1983年。

曲則異矣功歸同。宗唐祧宋非吾事，繼續東坡有放翁。」〔註64〕《宋詩別裁集》選重蘇陸，亦與沈德潛思想合，而沈德潛正是官方意志的踐行者，嚴迪昌說：「從一代詩史整體發展過程看，作為一種現象，沈德潛的詩歌生涯空前地帶有『仰體聖意』的御用性。」〔註65〕鄔國平等說：「沈德潛在繼承了葉燮詩論的基礎上，形成了他自己更適合於康、乾之世統治者口味的詩歌理論。」〔註66〕其格調論、詩教說「是康、乾『盛世』的產物，它為當時脫離現實的詩風，找到了比『神韻』更為有利於封建統治的理論。」〔註67〕既迎合了政風，也扭轉詩風，姚培謙等人即為其風氣所化。

　　姚培謙提倡詩教，重立德修身，對忠君愛國之士敬重有加，如稱文天祥為「宋室第一忠臣」〔註68〕，《宋詩別裁集》選其《過平原作》云：「平原太守顏真卿，長安天子不知名。一朝漁陽動鼙鼓，大江以北無堅城。公家兄弟奮戈起，一十七郡連夏盟。賊聞失色分兵還，不敢長驅入咸京。明皇父子將西狩，由是靈武起義兵。唐家再造李郭力，若論牽制公威靈。哀哉常山慘鉤舌，心歸朝廷氣不懾。崎嶇坎坷不得志，出入四朝老忠節。當年幸脫安祿山，白首竟陷李希烈。希烈安能遽殺公，宰相盧杞欺日月。亂臣賊子歸何處，茫茫煙草中原土。公死於今六百年，忠精赫赫雷當天。」文天祥詠史以明志，詩則悲壯激昂，讚頌了顏真卿、杲卿的貞烈精神和崇高品節，激勵自己精忠報國，生氣凜凜，讀之耿耿，《宋詩別裁集》選錄這首詩即倡導正能量。

　　清人重視詩教乃普遍現象，其中有撥亂反正的動機在。詩歌選本作為思想宣傳的載體，在弘揚詩教方面，本應發揮正面引導作用，但清初的選風並不健康，表現有二：一、選當代詩者以選本為結納之具，持擇不嚴。王士禛就指出：「撰本朝詩者數十家，大都以為結納之具。風騷一道，江河日下，皆若輩為之。」〔註69〕沈德潛亦有同感，其稱：「國朝選本詩，或尊重名位，或藉

〔註64〕沈德潛《歸愚詩鈔餘集》卷七《書〈劍南詩稿〉後》，《沈德潛詩文集》冊2，人民文學出版社，2011年，第552頁。

〔註65〕嚴迪昌《清詩史》，杭州：浙江古籍出版社，2002年版，第694頁。

〔註66〕鄔國平、王鎮遠《清代文學批評史》，上海：上海古籍出版社，1996年版，第433頁。

〔註67〕游國恩《中國文學史》，人民文學出版社，1964年，第292頁。

〔註68〕姚培謙《對問》，《松桂讀書堂集》，《四庫全書存目叢書》集部，第277冊，第60頁。

〔註69〕王士禛《古夫于亭雜錄》，北京：中華書局，1988年版，第95～96頁。

為交遊結納，不專論詩也。」〔註70〕二、選古人者，以己律人，以今繩古，標準不客觀公正，沈德潛說：「顧自有明以來，選古人詩者，意見各殊。嘉隆而後，主復古者拘於方隅，主標新者偭而先矩。入主出奴，二百年間，迄無定論。而時賢之競尚華辭者，復取前人所編，穠纖浮豔之習，揚其餘燼，以易斯人之耳目，此又與歧途之甚，而詩教之衰，未必不自編詩者遺之也。夫編詩者之責，能去鄭存雅。」〔註71〕沈德潛希望選本能負載起宣揚詩教的功能，以提振風雅，其身體力行，編輯《唐詩別裁》、《明詩別裁》、《清詩別裁》等選本，宣揚詩教不遺餘力，姚培謙等人則編《宋詩別裁》、《元詩別裁》響應沈氏號召。沈德潛認為：「詩教之尊，可以和性情，厚人倫，匡政治，感神明。」〔註72〕稱惟有「仰溯風雅，詩道始尊」〔註73〕。其選錄唐詩秉持「去淫濫以歸雅正」〔註74〕的宗旨，「間及夫婦男女之詞，要得好色不淫之旨，而淫哇私褻，概從闕如。」〔註75〕乾隆二十八年（1763）重訂《唐詩別裁集》仍恪守「扶掖雅正」〔註76〕的宗旨，如「任華、盧仝之粗野，和凝《香奩詩》之褻嫚，與夫一切生梗僻澀及貢媚獻諂之辭，概排斥焉。」〔註77〕乾隆二十五年（1760），編選《清詩別裁集》「唯祈合乎溫柔敦厚之旨」（《序》）〔註78〕。《凡例》又強調：「選中體制各殊，要惟恐失溫柔敦厚之旨。」〔註79〕其持擇之嚴，編選閨閣詩時有體現，如云：「閨閣詩，前人諸選中，多取風雲月露之詞，故青樓失行婦女，每津津道之，非所以垂教也。選本所錄，罔非賢媛，有貞靜博洽，可上追班大家、韋逞母之遺風者，宜發言為詩，均可維名教倫常之大。而風格之高，又其餘事也，以尊詩品，以端壼範。」〔註80〕姚培謙深受沈德潛

〔註70〕沈德潛《清詩別裁集‧凡例》，上海：上海古籍出版社，1984年版。
〔註71〕沈德潛《唐詩別裁集‧原序》，上海：上海古籍出版社，1979年版。
〔註72〕沈德潛《重訂〈唐詩別裁集〉序》，《唐詩別裁集》卷首，上海：上海古籍出版社，1979年版。
〔註73〕沈德潛《說詩晬語》卷上，北京：人民文學出版社，1998年版，第186頁。
〔註74〕沈德潛《唐詩別裁集‧原序》，上海：上海古籍出版社，1979年版。
〔註75〕沈德潛《唐詩別裁集‧凡例》，上海：上海古籍出版社，1979年版。
〔註76〕沈德潛《重訂〈唐詩別裁集〉序》，《唐詩別裁集》卷首，上海：上海古籍出版社，1979年版。
〔註77〕沈德潛《重訂〈唐詩別裁集〉序》，《唐詩別裁集》卷首，上海：上海古籍出版社，1979年版。
〔註78〕沈德潛《清詩別裁集》，上海：上海古籍出版社，1984年版。
〔註79〕沈德潛《清詩別裁集》，上海：上海古籍出版社，1984年版。
〔註80〕沈德潛《清詩別裁集‧凡例》，上海：上海古籍出版社，1984年版。

詩學觀的影響，《宋詩別裁》的編選悉遵沈氏《宋詩別裁》之例，編選宗旨則與沈氏合。乾隆三十五年（1770），汪景龍、姚壎輯成《宋詩略》，其選詩亦本「別裁僞體而親風雅」〔註81〕的宗旨，宣稱：「瀏覽本集，擇其尤者，自一二首至三四十首，多寡不同。其間濃淡清奇，格律亦異。總期合風雅本旨，非敢淆亂體例也，識者諒諸。詩學大端不外興觀群怨，集中去濫除纖，藉以扶掖雅正。人以詩存，不因人存詩。」〔註82〕選詩則「取宋人全集暨諸家選本，采其佳什，而俚俗、淺率者俱汰焉。」〔註83〕乾隆五十八年（1793），吳翌鳳編《宋金元詩選》則「格取高渾，辭必雅馴，味尙淵永，凡宋之破澀，金之牿伉，元之繁縟，洗滌殆盡。間有一二小詩，意趣淡遠，能參活句，不失風人之旨者，亦錄焉。」〔註84〕皆力倡詩教，與沈德潛選本思想一致。

　　姚培謙、張景星等編《宋詩別裁》宣揚詩教並不孤立，體現的是一種時代詩學潮流，而統治者的好尙則在其中起到推波助瀾的作用。康熙五十二年（1713），清聖祖《御選唐詩》時，即告諭：「是編所取，雖風格不一，而皆以『溫柔敦厚』爲宗。其憂思感憤、倩麗纖巧之作，雖工不錄。使覽者得宣志達情，以范於和平。蓋亦用古人『以正聲感人』之義。」〔註85〕清世宗則把詩教作爲制藝標準，雍正十年（1732）詔諭考官：「所拔之文，務令清眞雅正，理法兼備，雖尺幅不據一律，而枝蔓浮誇之言所當屛去。」〔註86〕清高宗延續了乃父做法，乾隆三年（1738），告諭：「考試各官，凡歲科兩試，以及鄉、會衡文，務取清眞雅正，法不詭於先型、辭不背於經義者，擬置前茅，以爲多士程序。」〔註87〕康熙、雍正、乾隆三朝，一以貫之的思想即強化詩教，梁章鉅即云：「國朝自康熙以逮今茲，中間制藝流派不無小異，而清眞雅正之軌則屢變而不離其宗。」〔註88〕鄔國平等人說：「清代前期形成並對後來

〔註81〕汪景龍《宋詩略·序》，乾隆三十五年竹雨山房刻本。
〔註82〕汪景龍《宋詩略·凡例》，乾隆三十五年竹雨山房刻本。
〔註83〕汪景龍《宋詩略·凡例》，乾隆三十五年竹雨山房刻本。
〔註84〕吳翌鳳《宋金元詩選》卷首，清乾隆五十八年斯雅堂刻本。
〔註85〕玄燁《御選唐詩·序》，《四庫全書》集部，第1446冊，上海：上海古籍出版社，1987年版，第1～2頁。
〔註86〕托津等《欽定大清會典事例》（嘉慶朝）卷二六六《禮部·貢舉·試藝體裁》，中國藏學出版社，2006年，第1649頁。
〔註87〕托津等《欽定大清會典事例》（嘉慶朝）卷二七九《禮部·貢舉·內簾閱卷》，中國藏學出版社，2006年，第2113頁。
〔註88〕梁章鉅《制藝叢話·例言》，上海：上海書店出版社，2001年版。

產生長遠影響的文學批評中的『清醇雅正』論在本質上體現了清統治者的文化政策。」〔註89〕就此而言,《宋詩別裁集》的出現,是詩歌選本廟堂化的結果,是乾隆盛世文化在選本領域的反映。

第二節　提倡性情

詩主性情,是中國古典詩論的核心話題。早在南北朝時期,劉勰著《文心雕龍・明詩》章即謂:「詩者持也,持人之情性。」〔註90〕陸機《文賦》中則明確表達「詩緣情」的觀念。此觀念經歷代文人遞相闡發,至明清蔚成風氣。明中葉以降,李贄標舉童心說、湯顯祖主張至情論、三袁宗尚元白、鍾譚學習王孟,言雖各異,然其詩論之核心要素皆歸諸性情。清初文壇領袖錢謙益詩學受湯顯祖、袁中道之影響,亦標榜:「詩者,情之發於聲音者也。」(《陸敕先詩稿序》)〔註91〕「有眞好色,有眞怨誹,而天下始有眞詩。一字染神,萬劫不朽。」(《季滄葦詩序》)〔註92〕大儒黃宗羲敘《寒村詩稿》云:「詩之爲道,從性情而出。」〔註93〕其《論文管見》謂:「文以理爲主,然而情不至,則亦理之郛廓耳。盧陵之志交友,無不嗚咽;子厚之言身世,莫不悽愴;郝陵川之處眞州,戴剡源之入故都,其言皆能惻惻動人。古今自有一種文章,不可磨滅,眞是『天若有情天亦老』者。」〔註94〕又《明文案序》云:「凡情之至者,其文未有不至者也,則天地間街談巷語,邪許呻吟,無一非文。」〔註95〕郭紹虞遂指出:「綜觀黃氏論詩各文,徹頭徹尾只是咬定一個情字。」〔註96〕公安派的修正者〔註97〕尤侗也鼓吹:「詩之至者,在乎道性情。性情所至,風格立焉,華采見焉,聲調出焉。無性情而矜風格,是鶩集翰苑也;無性情而炫華采,是雉竄文囿也;無性情而誇聲調,亦鴉噪詞壇而已」〔註98〕,

---

〔註89〕鄔國平、王鎮遠《清代文學批評史・緒論》,上海:上海古籍出版社,1996年版,第4頁。
〔註90〕劉勰《文心雕龍》,北京:人民文學出版社,1981年版,第48頁。
〔註91〕錢謙益《牧齋有學集》,上海:上海古籍出版社,1996年版,第824頁。
〔註92〕錢謙益《牧齋有學集》,上海:上海古籍出版社,1996年版,第759頁。
〔註93〕黃宗羲《黃梨洲文集》,北京:中華書局,2009年版,第351頁。
〔註94〕黃宗羲《黃梨洲文集》,北京:中華書局,2009年版,第481頁。
〔註95〕黃宗羲《黃梨洲文集》,北京:中華書局,2009年版,第388頁。
〔註96〕郭紹虞《中國文學批評史》,北京:商務印書館,2010年版,第613頁。
〔註97〕郭紹虞《中國文學批評史》,北京:商務印書館,2010年版,第622頁。
〔註98〕尤侗《西堂雜俎三集》卷三《曹德培詩序》,見《西堂文集》,《清代詩文集彙

「詩無古今，惟其眞爾。有眞性情，然後有眞格律；有眞格律，然後有眞風調。勿問其似何代之詩也，自成其本朝之詩而已；勿問其似何人之詩也，自成其本人之詩而已。」〔註 99〕清中葉桐城派詩論家方東樹《昭昧詹言》開宗明義即論定：「詩之爲學，性情而已。」〔註 100〕清人主張性情，袁枚乃犖犖大者，爲性靈派宗主，力持「詩者，人之性情」〔註 101〕的觀點。就連一向主張詩必關乎人倫日用、身爲袁枚論敵的沈德潛也以爲：「詩貴性情」〔註 102〕。不過，沈德潛所倡性情仍受儒家思想的制約，務歸於雅正，乃把攬放舟；袁枚所倡性情，則重思想自由、個性解放，可空諸依傍。總之，詩主性情，人人樂道，非獨得之秘。先秦以降，詩體屢變，主性情的特質不變。有眞性情，方有眞詩。不疾而呻，無哀而悲，矜氣矯厲，左支右吾，終虧本色。生氣索然，必遭唾棄。

姚培謙論詩提倡性情，其《對問》中即主張：「山川草木原只在人眼前，但須要將自己性靈去對付他。」〔註 103〕性靈即性情。有性情，則文章天成，即自然，姚氏主張自然，稱：「古人必無漫寫景物之詩，但寄託之旨須以自然爲宗耳。」〔註 104〕自然則無斧鑿痕，詩欲自然，則「詩不可以強作，強作必多鋪排，鋪排便是陳腐。」〔註 105〕陳腐則無趣，強作必有痕，皆與性情論相悖。如云：「陸士衡《吳趨行》『楚妃且勿歎，齊娥且莫謳。四座並清聽，聽我歌吳趨。吳趨自有始，請從閶門起。閶門何峨峨，飛閣跨通波。』康樂擬之，作《會吟行》云：『六引緩清唱，三調佇繁音。列筵皆靜寂，咸共聆會吟。會吟自有初，請從文命敷。』全襲其調。而謝之雕飾不及陸之自然遠矣。大抵有意效前人，必不能與前人並也。」謝不及陸，姚氏認爲原因即在於謝有雕琢痕，陸呈自然態，這種批評就是性情論的體現。又如：「太白詩風力似明

編》第 65 冊，第 236 頁。

〔註 99〕尤侗《西堂雜俎二集》卷三《吳虞升詩序》，見《西堂文集》，《清代詩文集彙編》第 65 冊，第 127 頁。

〔註 100〕方東樹《昭昧詹言》，北京：人民文學出版社，1984 年版，第 1 頁。

〔註 101〕袁枚《隨園詩話》，人民文學出版社，1982 年，第 196 頁。

〔註 102〕沈德潛《説詩晬語》，北京：人民文學出版社，1998 年版，第 188 頁。

〔註 103〕姚培謙《松桂讀書堂集》，《四庫全書存目叢書》集部，第 277 冊，第 58 頁。

〔註 104〕姚培謙《松桂讀書堂集》卷六《詩話》，《四庫全書存目叢書》集部，第 277 冊，第 50 頁。

〔註 105〕姚培謙《松桂讀書堂集》卷六《詩話》，《四庫全書存目叢書》集部，第 277 冊，第 52 頁。

遠，神韻似元暉，特其天資豪放，有揮斥八極之概，遂能超越前人。正如東坡之學劉夢得，才氣誠十倍於劉，然往往有微露藍本處，亦禪家所謂『熟處難忘』者歟。」〔註106〕「朱子稱太白詩『非無法，乃聖於法者』，此語真是詩文三昧。蓋所謂法者，文成而法自寓，非先有法而文從之也」〔註107〕、「嚴滄浪稱太白發端句，謂之『開門見山』，東坡謂『文字最難得起句』。意正如此。但文字猶可以理解，求詩則聲到界破，全在神運。」〔註108〕李白詩純以神運，不求工而自工，是自然的最高境界，最為姚培謙推崇。詩之所至，情無不至；情之所至，詩以之至。性情彌滿，萬象在旁，情以物遷，辭以情發，自然而然，毫無做作，此即好詩。

　　好詩無關豐儉，情至則詩至，蓬頭垢面亦不掩國色。主張性情，是也。然不以學問濟之，則易弱滑，這在尊實學、重考據的清代難有市場。如學者型文人朱彝尊推重學問，亦不廢性情，所謂「詩至竹垞，性情與學問合。」〔註109〕姚培謙對朱彝尊則頗有好感，其《詩話》、《對問》中屢屢論及之。清代格調派詩人顧詒祿也認為：「作詩之道，半由性靈，半關學力。性靈不具，則抗隊抑揚。音節不中，未許陞堂。學力不深，則正變源流。徑路不辨，終難入室。」〔註110〕擴而言之，清詩史上倡言性情又屹立不衰者，皆不廢學力，袁枚即如此。其謂：「詩難其真也，有性情而後真；否則敷衍成文矣。詩難其雅也，有學問而後雅，否則俚鄙率意矣。」〔註111〕即主張性情學問互濟，如此既可避免淺滑，又不流於板滯。然而後學樂其便宜，偏師性靈不重學養，故袁枚歿後，性靈派寢息，不見嗣響。從明代公安派到清代性靈派，論詩皆主師心。師心者重性情，主求真。從明代七子派到清代格調派，論詩皆主師古。師古者重格法，主求工。師心自高，則流於卑陋；師古不化，則流於膠滯。師心濟以學力，師古不廢圓通，方可美善。初學詩者，需從師古入

〔註106〕姚培謙《松桂讀書堂集》卷六《詩話》，《四庫全書存目叢書》集部，第 277 冊，第 48 頁。

〔註107〕姚培謙《松桂讀書堂集》卷六《詩話》，《四庫全書存目叢書》集部，第 277 冊，第 48 頁。

〔註108〕姚培謙《松桂讀書堂集》卷六《詩話》，《四庫全書存目叢書》集部，第 277 冊，第 49 頁。

〔註109〕梁章鉅《退庵隨筆》卷二一，《續修四庫全書》，第 1197 冊，上海古籍出版社，2002 年，第 443 頁。

〔註110〕顧詒祿《緩堂詩話》卷上，《清代詩文集彙編》本，第 289 冊，第 450 頁。

〔註111〕袁枚《隨園詩話》卷七，人民文學出版社，1982 年版，第 234 頁。

手，規格大備，方可師心，以有法入無法。清人取法前修而誤入歧途者，趨
向有二：株守古法者，能立門庭，卻不見圓通，苦乏性情興會，其弊爲優孟
衣冠，自縛縛人，方板傷格；天資穎卓者，師心自用，人情彌巧，隨事諷
詠，其弊在野戰無紀，修辭無誠，動輒取敗。論詩標舉性靈，兼重學力，則
踐行了中國古典詩學的重要理念「頤情志於典墳」（陸機《文賦》中語），也
契合清代宋詩派的核心主張：追求學人之詩與詩人之詩合。性情之眞，沃以
學問之博。學殖以深其根，性情以華其表，此清詩發展之正途，對唐宋詩之
爭的啓示即兼師重變。源於學養，發乎性情，冶學力性情於一爐，暢其情而
達其志，學力積以出之，性情鼓之舞之，引而申之，縱意之所如，變不失
正，這是姚培謙提倡性情給詩壇的啓示。姚培謙論詩主性情，對堆砌詞藻眩
人眼目則不滿，其《對問》云：「客曰『作綺語業應入拔舌地獄』。又曰『慧
業文人應生天上，何以一樣文章生天入地，懸絕若此』。對曰『無端妄語便是
地獄，名言喚醒便是天上』。」〔註112〕所謂「綺語」、「無端妄語」即無性情之
辭、遊談無根語，應該抵制。郭紹虞指出：「由於詩以代變，一代有一代之面
目，所以雖求合格而不宜模擬，雖不妨求之於古，而不宜爲古所役。由於詩
以人異，一家有一家之風格，所以又不宜隨人馬首，甘作牛後。不必拘於家
數，不必限以時代，更不必居於一隅一轍，要仍歸於流露一己之眞性情。」
〔註113〕中國詩史上，屈原的靈修高潔，陶淵明的任眞自適，李白的狂放飄
逸，杜甫的忠忱俳惻，陸游的惓惓愛國，皆本諸眞性情，天然卻雕飾，故日
月常照，光景常新。江西詩人以技巧爲詩，奧典炫博，可聳動一時，卻難以
長久撼動人心。

　　乾隆朝，編輯宋詩選本以性情爲宗旨者夥。乾隆六年（1741），曹庭棟編
《宋百家詩存》選錄張弋詩，取其「清深閒雅」〔註114〕；選錄施樞《芸隱詩》，
緣「其得於性情者深」〔註115〕。選錄利登《次琬妹月夕思親之什》詩，因其
「口頭語而意極悽婉」〔註116〕。曹庭棟自撰《永宇溪莊識略》卷六《識閱歷》
載：「乾隆十七年壬申，五十四歲，煥、焜兩侄有志韻語，示詩云：『情眞豈

〔註112〕姚培謙《松桂讀書堂集》，《四庫全書存目叢書》集部，第 277 冊，第 58
　　　　頁。

〔註113〕郭紹虞《中國文學批評史》，北京：商務印書館，2010 年版，第 617 頁。

〔註114〕曹庭棟《宋百家詩存》卷十四《張弋小傳》，乾隆六年曹氏二六書堂刻本。

〔註115〕曹庭棟《宋百家詩存》卷十六《施樞小傳》，乾隆六年曹氏二六書堂刻本。

〔註116〕曹庭棟《宋百家詩存》卷十六《利登小傳》，乾隆六年曹氏二六書堂刻本。

要分唐宋，語妙何曾費刻雕。』」〔註117〕曹氏課詩，以眞性情爲作詩之要義，乃其心聲。袁枚即稱：「余愛其（按：曹庭棟）晚年佳句，如『廢書只覺心無著，少飲縱教睡亦情』、『病教揖讓虛文減，老覺婆娑古意多。』『詩眞豈在分唐宋，語妙何曾露刻雕。』余稱其詩，專主性情。」〔註118〕乾隆三十五年（1770），袁枚好友嚴長明編《千首宋人絕句》，也受到性靈說的影響。畢沅云：「道甫（按：嚴長明）因綜所記憶，得其遙深清雋者七百餘篇，復爲旁加搜會，藏弃篋中，計今已八載矣。」〔註119〕「遙深清雋者」即於性靈爲近。袁枚標舉性靈，反對虛情，姚培謙對此有同感，其云：「詩主言情，文主言道，固也。其實情到極眞處，即是道六經言道無一語涉腐爛者。後人依樣葫蘆說來，遂成腐爛耳。要之，文自文，詩自詩，非可一律論也。」〔註120〕又云：「性情不足，而後求之思致。思致不足，而後求之事類，所以愈趨愈遠。作詩以氣貫爲主，氣貫則無論長篇短什，自然句句字字相照應，作字作畫皆然。否則右軍所謂『形如算子』、東坡所謂『節節而爲之，葉葉而累之』者也。」〔註121〕姚培謙力主性情，摒棄模擬，稱：「古人詩浩浩落落，字字從胸臆中流出，亦有與前人神似處，不是從前人脫胎。」〔註122〕又稱：「昌黎云『惟陳言之務去』，此語便是千古文人秘訣。即以詩論，若只是人人道過的言語，便不消道得。偶舉義山集中《杜工部蜀中離席》一首，其中聯云『坐中醉客兼醒客，江上晴雲雜雨雲』二語，若順文看去，不過就席中寫事寫景，有何奇特。不知奇處正在『兼醒客』、『雜雨雲』六字，蓋通篇是惜別留賓語。夫客醉則可以別，然兼醒客，則未可別也。雲晴則又可以別，然雜雨雲，則又未可別也。何等沉著痛快！然讀者初若不覺。又如昌黎《答張十一功曹》頷聯云『篔簹競長纖纖筍，躑躅閒開豔豔花』，驟看之，亦只是寫湘湖間景物。乃其奇處，全在『競長』、『閒開』四字。蓋此二句是反興。五六句

〔註117〕陳祖武選《乾嘉名儒年譜》，北京：北京圖書館出版社，2006年版，第4冊，第24頁。

〔註118〕袁枚《隨園詩話》卷二，北京：人民文學出版社，2006年版，第54頁。

〔註119〕畢沅《千首宋人絕句・序》，清乾隆三十五年（1770）畢沅刻本。

〔註120〕姚培謙《松桂讀書堂集》卷六《詩話》，《四庫全書存目叢書》集部，第277冊，第53頁。

〔註121〕姚培謙《松桂讀書堂集》卷六《詩話》，《四庫全書存目叢書》集部，第277冊，第53頁。

〔註122〕姚培謙《松桂讀書堂集》卷六《詩話》，《四庫全書存目叢書》集部，第277冊，第48頁。

夫簀簹猶競長纖纖之筍，今未報恩波知死所，是忙既無可忙，躑躅則閒閒豔豔之花。今且於炎癉送生涯是閒又閒不過也。眼前景致口頭語，豈容村夫子藉口。」〔註123〕解詩或顯牽強，以性情論詩卻顯豁無遺。

　　姚培謙論詩主性情，對以活法著稱、性情彌滿的誠齋體則愛重之，《宋詩別裁集》選錄楊萬里詩29首，居全書第五位，在南宋詩人中數量則僅次於陸游，即是體現。其實，楊萬里詩因其率意俚淺，從葉燮到沈德潛皆無好評，葉燮稱：「宋人富於詩者，莫過於楊萬里、周必大，此兩人所作，幾無一首一句可探。」〔註124〕沈德潛也說：「不朽之作，不必務多也。楊誠齋積至二萬餘，周益公如是之。以多爲貴，無如此二公者。然排沙簡金，幾於無金可簡，亦安用多爲哉。」〔註125〕師徒腔調一致。翁方綱甚至批評：「若誠齋以輕儇佻巧之音，作劍拔弩張之態，閱至十首以外，輒令人厭不欲觀，此眞詩家之魔障。」〔註126〕姚培謙對沈德潛儘管敬重，卻不盲從。平而論之，誠齋詩細大不捐，雅俗並陳。俚俗頹唐者，畢竟只是誠齋詩一小部分，清新流轉者爲多，不應執一廢百。袁枚則力排眾議，對楊萬里極爲推崇，其《隨園詩話》云：「誠齋，一代作手，談何容易！後人嫌太雕刻，往往輕之。不知其天才清妙，絕類太白，瑕瑜不掩，正是此公眞處。」〔註127〕公開申明：「余不喜黃山谷而喜楊誠齋」〔註128〕。嘉慶時，延君壽《老生常談》即反省：「少讀《說詩晬語》，謂楊誠齋詩如披沙揀金，幾於無金可揀，以是從不閱看。四十歲後方稍稍讀之，其機穎清妙，性靈微至，眞有過人處，未可一筆抹殺。」〔註129〕此乃平情之論。若《宋詩別裁》所選楊萬里之《蘇木灘》、《明發陳公逕過摩舍那灘石峰下》、《題望韶亭》、《芭蕉雨》、《題興寧縣東文嶺瀑泉在夜明場驛之東》、《明發新淦晴快風順約泊樟鎮》、《宿蘭溪水驛前》、《霰》、《懷古堂前小梅漸開》、《春晴懷故園海棠》、《寄題曾子與競秀亭》、《辛亥元日送張德茂自建康移帥江陵》、《雪後晚晴四山皆青惟東山全白賦最愛東山晴後雪絕句》、《遊定林寺

〔註123〕姚培謙《松桂讀書堂集》卷六《詩話》，《四庫全書存目叢書》集部，第 277 冊，第 51 頁。
〔註124〕葉燮《原詩》，北京：人民文學出版社，1998 年，第 68 頁。
〔註125〕沈德潛《說詩晬語》，北京：人民文學出版社，1998 年，第 235 頁。
〔註126〕翁方綱《石洲詩話》卷四，《清詩話續編》本，上海：上海古籍出版社，1983 年，第 1437 頁。
〔註127〕袁枚《隨園詩話》卷八，人民文學出版社，1982 年，第 272 頁。
〔註128〕袁枚《隨園詩話》卷八，人民文學出版社，1982 年，第 282 頁。
〔註129〕載郭紹虞《清詩話續編》，上海：上海古籍出版社，1983 年，第 1805 頁。

即荊公讀書處》等詩，皆其名篇，透脫無礙，情性活潑。錢鍾書曾對楊萬里、陸游做過比較，稱：「放翁誠齋，江河萬古。……人所曾言，我善言之，放翁之與古爲新也；人所未言，我能言之，誠齋之化生爲熟也。放翁善寫景，而誠齋擅寫生。放翁如畫圖之工筆；誠齋則如攝影之快鏡，兔起鶻落，鳶飛魚躍，稍縱即逝而及其未逝，轉瞬即改而當其未改，眼明手捷，蹤矢躡風，此誠齋之所獨也。」〔註130〕對楊萬里持肯定態度。胡適在《逼上梁山》中說：「由唐詩變到宋詩，無甚玄妙，只是作詩更近於作文，更近於說話。近世詩人喜歡做宋詩，其實他們不曾明白宋詩的長處在哪裏。宋朝的大詩人的絕大貢獻，只在打破了六朝以來聲律的束縛，努力造成一種近於說話的詩體。」〔註131〕這段說辭用來評價楊萬里詩之俚俗是合切的。

　　江西派詩爲宋詩之典型，其特點，簡言之即：以故爲新，化俗爲雅，點鐵成金，奪胎換骨。江西派最爲人詬病者，重法式而寡性情也。金代王若虛《滹南遺老集》即云：「山谷之詩有奇而無妙，有斬絕而無橫放，鋪張學問以爲富，點化陳腐以爲新，而渾然天成、如肺肝中流出者不足也。」清詩格調派對此不乏批評，沈德潛云：「西江派黃魯直太生，陳無己太直，皆學杜而未嚌其炙者。」〔註132〕田同之說：「唐人不言詩法，詩法多出宋。而宋人所謂法者，不過一字一句，對偶雕琢之工，而天眞興致，則未可與道。其高者失之捕風捉影，而卑者坐於黏皮帶骨，至於江西詩派極矣！」〔註133〕沈德潛高足顧詒祿云：「七律貴調高氣渾，學山谷者易流於強，流於澀，此捨康莊而尋蝸角也。」〔註134〕就連素與格調論相左的袁枚也宣稱：「余不喜黃山谷詩，……余嘗比山谷詩，如果中之百合，蔬中之刀豆也，畢竟味少。」〔註135〕所謂「味少」即乏眞性情。錢泳云：「沈宗伯與袁簡齋太史論詩，判若水火。宗伯專講格律，太史專講性靈。自宗伯三種別裁集出，詩人日漸日少；自太史《隨園詩話》出，詩人日漸日多。然格律太嚴固不可，性靈太露亦是病也。」〔註136〕

〔註130〕錢鍾書《談藝錄》，北京：三聯書店，2007年，第298頁。
〔註131〕胡適《胡適古典文學研究論集》，上海：上海古籍出版社，1988年，第204頁。
〔註132〕沈德潛《說詩晬語》卷下，北京：人民文學出版社，1998年，第235頁。
〔註133〕田同之《西圃詩說》，丁福保輯《清詩話》本，上海：上海古籍出版社，1999年，第762頁。
〔註134〕顧詒祿《緩堂詩話》卷上，《清代詩文集彙編》本，第289冊，第455頁。
〔註135〕袁枚《隨園詩話》卷八，北京：人民文學出版社，1960年，第271頁。
〔註136〕錢泳《履園詩話》，郭紹虞編選《清詩話續編》，上海：上海古籍出版社，

此亦平情之論。受格調派影響又力主性情的姚培謙，其編選《宋詩別裁集》，選錄黃庭堅詩 14 首〔註137〕、陳師道詩 8 首，入選數量與他們在宋詩史的地位不成正比，即不滿山谷詩、後山詩的體現。

蘇軾性情淋漓，淹博富贍，其詩傾倒無數後人，陳衍《知稼軒詩敘》云：「長公之詩，自南宋風行靡然，於金元明中熄，清而復熾。二百餘年中，大人先生殆無不濡染及之者。大略才富者喜其排奡，趣博者領其興會。即學焉不至，亦盤硬而不入於生澀，流宕而不落於淺俗。視從事香山、山谷、後山者，受病較尠，故爲之者眾。」〔註138〕蘇軾宛如廣大教化主，世人可從不同角度學習領受。《宋詩別裁集》選錄蘇詩 63 首，占總數 647 首的 10%，數量居全書之首，爲推崇蘇詩的有力說明。姚培謙爲詩喜效法東坡體，其《魚蠻子行》引云：「讀坡公《魚蠻子》詩，頗盡漁家情事。暇日，廣其意作《魚蠻子行》。」〔註139〕另有《鄧尉山觀梅用東坡松風亭韻》詩，自刻《東坡分體詩抄》，其《東坡詩集序》云：「余幼喜讀杜詩，涉獵未得其藩籬。既又豔坡詩而誦習之。」〔註140〕可見選重蘇詩之所由來。

蘇軾詩選錄最多者爲七言律詩，凡 20 首，其次，七言絕句 13 首，七言古詩 12 首，共錄七言詩 45 首，占總數 63 首的 71%，五言僅錄 18 首，可見編者於東坡七言詩深有契賞，這其實受到沈德潛詩論的影響。沈德潛稱蘇軾詩「長於七言，短於五言，工於比喻，拙於壯語。」〔註141〕霍松林箋注《說詩晬語》時曾提醒：「從此條至第十一條，論宋詩，與《宋詩別裁》參看」〔註142〕，已意識到其淵源關係。蘇軾廣爲傳頌的名篇，如《遊金山寺》、《高郵陳直躬處士畫雁》、《書鄢陵王主簿所畫折枝》、《寓居定惠院之東雜花滿山有海棠一株土人不知貴也》、《海市》、《石鼓歌》、《王維吳道子畫》、《書王定國所藏煙江疊嶂圖王晉卿畫》、《紅梅》、《新城道中》、《惠崇春江曉景》、《澄邁驛通潮

1983 年版，第 204 頁。

〔註137〕其中：五古 3 首、七古 4 首、五律 1 首、七律 4 首、五排 2 首，名篇僅《登快閣》、《書磨崖碑後》入選。

〔註138〕陳衍《石遺室文集》卷九，《陳石遺集》本，福州：福建人民出版社，2001 年版，第 522 頁。

〔註139〕姚培謙《松桂讀書堂集》，《四庫全書存目叢書》集部，第 277 冊，第 95 頁。

〔註140〕姚培謙《唐宋八家詩》，雍正六年遂安堂刻本。

〔註141〕沈德潛《說詩晬語》，北京：人民文學出版社，1998 年版，第 233 頁。

〔註142〕沈德潛《說詩晬語》，北京：人民文學出版社，1998 年版，第 261 頁。按霍松林所言指《說詩晬語》卷下第 1 則至第 11 則論宋詩部分。

閣》、《六月二十七日望湖樓醉書》、《海棠》、《書李世南所畫秋景》、《飲湖上初晴後雨》等皆有選入。從蘇軾詩入選題材看，有詠史、詠懷、詠物、紀遊、題畫、贈別等類，已可見蘇詩概貌；從風格上看，所選蘇詩多平易流暢，無拗澀艱深之作，也是蘇詩的代表風格，這些都是選盡其長的表現。不過，蘇軾的政治諷諭詩、牢騷感憤詩、與底層人民交往詩皆未入選，則與是書弘揚詩教的宗旨有關。姚培謙對蘇軾詩青眼有加，愛屋及烏，選錄蘇轍詩多達 4 首：七律 3 首、五絕 1 首，這對詩名不彰的蘇轍來說，亦屬愛重。相比之下，吳之振等編《宋詩抄》、曹廷棟編《宋百家詩存》皆不錄蘇轍詩，陳衍編《宋詩精華錄》僅錄蘇轍兩首七絕，錢鍾書《宋詩選注》一首未錄。

　　姚培謙等編《宋詩別裁集》受沈德潛思想影響其例頗多，又如謝翱詩專精古體，沈德潛稱：「宋末謝皋羽《晞髮集》，意生語造，古體欲獨闢町畦，方之元和時，在盧仝、劉叉之列。」〔註 143〕《宋詩別裁集》選錄謝翱詩 7 首，皆古體，選盡其長，與沈德潛同調。沈德潛稱「歐陽七言古，專學昌黎，然意言之外，猶存餘地。」〔註 144〕《宋詩別裁集》則於歐陽修古體專錄七言，凡 4 首，五古 1 首未錄。沈德潛稱讚「放翁七言律，對仗工整，使事熨帖，當時無與比埒。」〔註 145〕《宋詩別裁集》選陸游律詩 20 首，其中七言律 14 首、五言律 3 首、五言排律 3 首，亦和沈德潛觀念一致。沈德潛著《說詩晬語》中有十一則專論兩宋詩人，西崑詩人、梅堯臣、蘇舜欽、歐陽修、王安石、王令、蘇軾、黃庭堅、秦觀、張耒、晁補之、陳師道、李廌、陸游、楊萬里、尤袤、蕭德藻、范成大、朱熹、鄭清之、劉克莊、方岳、四靈、周必大、謝翱等皆被論及，涉及西崑體、蘇門、江西詩派、中興詩人、江湖詩派、四靈派、遺民詩人等群體，體現了沈氏的宋詩史觀。其中論及的理學家即朱熹，稱頌：「朱子五言，不必嶄絕淩厲，而意趣風骨自見，知為德人之音。」〔註 146〕《宋詩別裁集》理學家中選錄詩歌最多者即朱熹，凡 20 首，五言詩有 10 首，可視作對沈德潛詩論的回應。上述詩人中，除李廌、蕭德藻、鄭清之三人外，餘者皆有作品被《宋詩別裁》選入，而此三人的詩歌成就實無足論，可見姚培謙等編《宋詩別裁》大量採納了沈德潛的主張。

〔註 143〕沈德潛《說詩晬語》，北京：人民文學出版社，1998 年版，第 235 頁。
〔註 144〕沈德潛《說詩晬語》，北京：人民文學出版社，1998 年版，第 233 頁。
〔註 145〕沈德潛《說詩晬語》，北京：人民文學出版社，1998 年版，第 234 頁。
〔註 146〕沈德潛《說詩晬語》，北京：人民文學出版社，1998 年版，第 235 頁。

第三章 選錄標準

　　方孝岳說：「凡是選錄詩文的人，本不是隨便雜抄，都有各人去取的眼光和義例。關於這種眼光和義例，有些人自己說出來，有些人自己未曾說出。即使未曾說出的人，他也有一種『不著一字，盡得風流』的批評眼光，暗示於人。」〔註 1〕所謂「去取的眼光和義例」，即選錄標準。姚培謙、張景星等編選《宋詩別裁集》，未採用批註、傳評、摘句、詩話、引徵、凡例等傳統的批評手段，卷首僅有傅王露短序一則，它不具備體大慮周析理嚴密的優勢，而是以選詩確立經典，樹立權威，潛移默化地導引讀者，仍不失為「不著一字，盡得風流」的一部選本，有詩文評著作所無法企及的效果。《宋詩別裁集》選錄標準的確立，受到編者的詩學思想以及時代的詩學背景的共同影響，並在選錄詩歌時有具體呈現。

第一節　推重理學

　　理學，肇興於宋代，其以性命義理之學為核心，融儒、釋、道為一體，強調道德推闡，關注世道人心，重視個體對萬物之理的體認，以內修求外治於世，其本質與詩教宗旨存在某種程度的一致性，故宋以降尊奉理學者多主張詩教。清代右文崇儒，理學興盛，姚培謙、王永祺為時代風氣所化，宗奉程朱理學終身不渝，其編選《宋詩別裁集》時，則多選理學家詩歌。著者對《宋詩別裁集》所收錄的詩歌數量進行統計，發現理學家〔註 2〕詩歌入選較

〔註 1〕 方孝岳《中國文學批評》，北京：三聯書店，2007 年版，第 49 頁。
〔註 2〕 本文所言理學家，以金履祥《濂洛風雅》名錄及《宋史・列傳》第 186 至 189

多，具體選錄詩歌數量爲：石介1首〔註3〕、程顥2首、周敦頤1首、司馬光
9首、劉子翬6首、朱松5首、呂本中2首、呂祖謙2首、曾幾1首、朱熹
20首、張栻5首，凡選錄理學家11人，占入選詩人總數137家的8%；共選
錄理學家詩歌54首，占入選詩歌總數647首的8.4%。而且，在入選的兩宋詩
人中，理學大家朱熹的詩歌凡選入20首，數量高居全書第七，僅次於：蘇軾
63首、陸游54首、王安石39首、歐陽修37首、楊萬里29首、陳與義28首；
高於：范成大18首、黃庭堅14首、張耒13首、賀鑄12首、王禹偁11首、
秦觀10首、梅堯臣9首、陳師道8首等，足以證明編者推重理學家詩，尤其
是朱熹詩。朱熹詩歌收錄多，和前人有一致處。如南宋末年，理學家金履祥
編選宋代理學家詩歌選本《濂洛風雅》，該書共六卷，凡收錄詩人49位，詩
417首。因金氏受業於王柏、何基，傳朱熹之學，故此書收錄朱熹詩有54首，
位居第一。清代學者張伯行仿金履祥例，編有同名理學家詩選集，書共九卷，
收詩人17位，詩922首。其中朱熹詩歌多達403首，雄踞第一，其皆視朱熹
爲理學家中第一詩人，姚培謙等人編《宋詩別裁》則回應了這種看法。所不
同的是，上述二書皆爲純粹的理學家詩選。而《宋詩別裁集》則通選兩宋，
把理學家這個小群體與傳統意義上的眾多詩人擺在一起，共同競爭入選詩歌
的數量份額。從這個角度而言，是書選錄理學家詩比例之高更突顯其對理學
的重視。程顥、周敦頤、劉子翬、張栻等人所入選的詩歌數量儘管不多，少
則一、二首，多者亦僅五、六首，但他們創作的詩歌總量本就不多，如據《全
宋詩》載錄，周敦頤詩凡30餘首、程顥詩凡60餘首，故《宋詩別裁集》登
錄其詩之數量占其詩歌總數的比例其實很高。書中對諸理學名家不直呼其
名，而是尊稱「程伯子」、「周子」、「朱子」等，亦充分體現出姚培謙、王永
祺等人對程朱理學的推重。而且，姚培謙所著《讀經》、《讀史》（皆收入其《松
桂讀書堂集》）中，凡提及二程、朱熹、邵雍等人，亦皆尊稱「程子」、「朱子」、
「邵子」，不直呼其名，表明其對理學家的敬重，此與《宋詩別裁集》編選思
想一致。

《道學傳》爲據，劉子翬爲朱熹師，雖入《儒林》，但爲公認的理學家，故及
之。按：劉子翬（1101～1147）字彥沖，自號病翁，人稱屏山先生，建州崇安
（今屬福建）人。精於《周易》，著有《屏山集》，爲詩無酸腐味、語錄味。

〔註3〕見卷八七絕石介《泥溪驛中作　嘉陵江自大散關與予相別，二十餘程至泥
溪，偕予去，因有是作》，北京中華書局，1984年版《徂徠石先生文集》未錄
此詩。

　　就現存的文獻資料而言，我們尚無法判定張景星是否尊奉理學〔註4〕並進
而影響到詩歌之選錄。但據現存的姚培謙、王永祺的史料記載，我們則不難
推斷《宋詩別裁集》選重理學家詩之理由。

　　王永祺爲理學家信徒，尤其推崇朱熹。據乾隆刊《婁縣志》卷二十六《人
物》載：「（王永祺）平生於書無所不觀，晚乃一衷宋儒，輯《朱子年譜》、陸
清獻公《三魚堂賸言》行世。詩文沉雄，自喜不詭隨時尚，訓子弟寬而肅，
常曰『表正則影自直，何庸督責爲』。」〔註5〕永祺卒，門人私諡孝簡，王嘉
曾《孝簡先生私諡議》載：「先生自少食貧，然事祖母吳太孺人、母黃太孺人
能以孝養聞。載陽先生歿於河南族姪之官舍也，先生聞訃悲慟幾絕。時祖母
吳太孺人年已七十餘矣，亦驚泣成病，漸不起。先生經營喪葬，慘悴極人所
不堪。於是奉太孺人遷居於鄉，棄老屋數椽，給太孺人朝夕，遂重跰入豫。
斯時也，枢已失其旗幟，彷徨涕洟，匍匐於青燐野水之間，行道之人皆弗忍
也。後奉太孺人四十餘年，服勤至死，不飲酒不茹葷，斬衰三年，未嘗徇
俗，以墨衰謁客。嗚呼！先生之修於家者可不謂孝歟？諡法能養能恭曰孝，
先生蓋有焉。先生品至醇學至博，然未嘗責人以所不足，嘗歎俗學之不足爲
教也。授子弟經史必以全書，期於貫穿而後止。經義自鄭服而下迨宋元名儒
巨公，微詞精詣靡不搜討洽聞。然素不喜炫奇矜博及乎訾議前哲聳人聽聞，
以故人亦不能盡知。先生晚年尤尊服宋儒，臨終猶誡子弟以熟復小學一書。
嗚呼！此豈淺學之人所能識哉。」〔註6〕王永祺能孝養長輩達四十餘年，可謂
至誠至孝；能尊禮守節，始終不渝，可謂自重自律；能行以踐禮，不喜炫奇
矜博，可謂持之有故，皆爲理學濡染之故。陸清獻公，即清初理學儒臣陸隴
其（1630～1692），浙江平湖（今屬嘉興）人，康熙九年（1670）進士，康熙
三十一年（1692）卒。雍正四年（1726），詔准從祀孔廟。乾隆元年（1736），
追贈內閣學士兼禮部侍郎，特諡清獻，有《三魚堂文集》。陸氏爲學「專宗朱
子」〔註7〕，自稱：「吾輩今日學問，只是遵朱子。朱子之意，即聖人之意。」

〔註4〕　景星字二銘，長輩或有以張載「東銘」、「西銘」相期許之意。按：朱熹《近
　　　　思錄》卷二：「橫渠學堂雙牖，右書『訂頑』，左書『砭愚』。伊川曰：『是起
　　　　爭端』，改『訂頑』曰『西銘』，『砭愚』曰『東銘』。」後泛指道學先生的箴
　　　　言。
〔註5〕　謝庭薰修、陸錫熊纂《婁縣志》，乾隆五十三年刻本。
〔註6〕　王嘉曾《閟音室遺文附刻》，《續修四庫全書》集部，第1447冊，第264頁。
〔註7〕　趙爾巽等《清史稿》卷二百六十五，北京：中華書局，1977年版，第33冊，
　　　　第9936頁。

〔註 8〕王永祺編輯《朱子年譜》、陸氏《三魚堂勝言》行世，則源於對二人思想的贊同，欲發揚其精神。永祺工古詩，能力矯時趨〔註9〕，此與其尊奉理學亦有關係。王永祺以理學精神自律，立身行事不苟，編輯《宋詩別裁集》正值其晚年「一衷宋儒」時。

　　姚培謙推崇理學，重氣節操守，不容有絲毫瑕疵，即便敬重如王羲之、李白者，亦批評道：「古人力破俗，矯枉必過之。姿媚斥右軍，倔強有昌黎」（《觀二王帖四首》其三）〔註10〕、「李侯有佳句，空解媚永王」〔註11〕。媚則無骨，故骨格高潔者如梅則得培謙鍾愛，其《張分司容齋貽素心臘梅》詩云：「一枝香似返魂香，情重分司遠贈將。誰識冰心最清白，漫憐磐石貯深黃。容顏那肯同桃李，骨格偏能戰雪霜。對此驚心臘又到，陰宮何日見春陽。」〔註12〕姚氏以花自喻，不作桃李媚時俗，甘爲臘梅傲雪霜，自言「飽經霜雪未曾渝」、「低眉入俗總非能」（《歲暮雜感》）〔註13〕；又「骨似虞翻誠不媚，門如陶令鎭常關」（《秋興用老杜韻》其五）〔註14〕，皆見其操守之嚴苛。姚培謙「生平懷古心，閉戶猶慨忼」（《鍾山》）〔註15〕，呼籲：「儒者談禮義，尺寸不能踰」（《示同學》）〔註16〕。若無對理學的堅守與踐行，其難至此。故陸奎勳評曰：「今之人亦知經史之當務，而汩於習尙，徒事浮華，不復沿波討源，不足道也。又或稍稍問途，初無心得。前人議論浩如煙海，莫晰其是非，莫悟其得失，古人之用力於致知格物者似不如此。姚子於經綜覈參同，不守一說，亦不存一見。默契先聖賢之用心，而因以得乎人心之同然。至於史中事類之可爲法誡者表而出之，昔有之言偏駁不中大道者折衷而是正之，皆有關於世道，有益於經濟，以視徒事浮華與夫是非得失茫然莫辨而人云亦云者相去天淵矣。」〔註17〕

〔註 8〕陸隴其《松陽講義》卷一，《四庫全書》經部，第 209 冊，上海古籍出版社，1987 年版，第 842 頁。

〔註 9〕沈大成《學福齋詩集》卷二，《續修四庫全書》集部，第 1428 冊，第 268 頁。

〔註10〕姚培謙《松桂讀書堂集》，《四庫全書存目叢書》集部，第 277 冊，第 77 頁。

〔註11〕姚培謙《松桂讀書堂集》，《四庫全書存目叢書》集部，第 277 冊，第 91 頁。

〔註12〕姚培謙《松桂讀書堂集》，《四庫全書存目叢書》集部，第 277 冊，第 118 頁。

〔註13〕姚培謙《松桂讀書堂集》，《四庫全書存目叢書》集部，第 277 冊，第 115 頁。

〔註14〕姚培謙《松桂讀書堂集》，《四庫全書存目叢書》集部，第 277 冊，第 119 頁。

〔註15〕姚培謙《松桂讀書堂集》，《四庫全書存目叢書》集部，第 277 冊，第 78 頁。

〔註16〕姚培謙《松桂讀書堂集》，《四庫全書存目叢書》集部，第 277 冊，第 77 頁。

〔註17〕陸奎勳《松桂讀書堂集序》，《四庫全書存目叢書》集部，第 277 冊，第 1 頁。

　　朱熹之詩平淡不失醇厚，說理不乏靈動，陳衍評之曰：「晦翁登山臨水，處處有詩，蓋道學中之最活潑者。」〔註 18〕錢鍾書編著《宋詩選注》於朱熹詩一首未錄〔註 19〕，對其評價卻很公允：「假如一位道學家的詩集裏，『講義語錄』的比例還不大，肯容許些『閒言語』，他就算得道學家中間的大詩人，例如朱熹。」〔註 20〕姚培謙對朱熹頂禮膜拜，其北垞有景「天光雲影閣」，即取名自朱熹《觀書有感二首》其一：「半畝方塘一鑑開，天光雲影共徘徊。問渠那得清如許，爲有源頭活水來。」〔註 21〕並作《天光雲影閣》詩紀此事，詩云：「上矚蔚藍開，下鑒清漣止。遊雲蕩其間，窗牖絕塵滓。忽憶紫陽詩，源頭來活水。」〔註 22〕姚培謙《松桂讀書堂集》中凡提及朱熹，皆尊稱「朱子」。王永祺、姚培謙二人皆爲理學信徒，輯有《朱子年譜》，不遺餘力推揚理學，此乃《宋詩別裁集》選重朱熹等理學家詩的重要原因。二人推重理學，除自身原因外，交遊激蕩的作用亦不可忽視，如黃之雋、杜詔、黃叔琳、焦袁熹、陸奎勳、沈德潛等人皆理學修爲深湛，對朱熹又皆有褒美。《宋詩別裁集》多選理學家詩，推重理學，同時還受到了乾隆文治思想的影響。申屠青松就指出：「它（《宋詩別裁集》）以『原本忠愛，溫柔敦厚』爲選詩宗旨，在題材上強調宋詩的倫理價值和盛世氣息，在詩史敘述上具有揚『初』抑『晚』等傾向。這是清代宋詩選本廟堂化的產物，也是乾隆時期盛世文化的反映。」〔註 23〕在清代統治者重視儒家經典、主張宋儒義理的時代，姚培謙等人通過選詩表明自己的態度，即願意同官方思想以及主流話語保持一致，提倡溫柔敦厚的詩教和清眞雅正的詩風。朱熹詩古樸自然，喜即景言志、即事述懷，氣象雍容，中和沖淡，清人李重華推崇朱熹「雅正明潔，斷

〔註 18〕 陳衍《宋詩精華錄》卷三，上海古籍出版社，2008 年版，第 131 頁。

〔註 19〕 錢鍾書《談藝錄》第 23 則「朱子書與詩」中又說：「朱子在理學家中，自爲能詩。然才筆遠在其父韋齋之下；較之同輩，亦尚遜陳止齋之蒼健、葉水心之道雅。晚作尤粗率，早作雖修潔，而模擬之跡太著，如趙閒閒所謂『字樣子詩』而已。」（錢鍾書《談藝錄》北京：三聯書店，2007 年版，第 216 頁）認爲朱熹詩早期詩雖修潔，卻模擬之跡太重，優孟衣冠，缺乏眞味，晚年詩則流於粗率，這或許是他未錄朱熹詩的原因。

〔註 20〕 錢鍾書《宋詩選注·劉子翬小傳》，北京：人民文學出版社，1958 年版，第 170 頁。

〔註 21〕 朱熹《朱熹集》，成都：四川教育出版社，1996 年版，第 1 冊，第 90 頁。

〔註 22〕 姚培謙《松桂讀書堂集》，《四庫全書存目叢書》集部，第 277 冊，第 79 頁。

〔註 23〕 申屠青松《宋詩百一鈔》的詩學思想和批評策略，《華南農業大學學報》2010 年第 1 期，第 99 頁。

推南宋一大家」〔註24〕。錢穆於《朱子之文學》中評論：「北宋如邵康節，明代如陳白沙，皆好詩，然皆不脫理學氣。陽明亦能詩，而才情奔放，亦朱子所謂今人之詩也。惟朱子詩淵源《選》學，雅澹和平，從容中道，不失馳驅⋯⋯朱子倘不入《道學》、《儒林》，亦當在《文苑傳》中占一席地。」〔註25〕故朱熹詩之格調實契合乾隆盛世文化，姚培謙等人視其爲宋代理學家之冠冕、多選其詩即此著眼。

朱熹（1130～1200），字元晦，一字仲晦，號晦庵，徽州婺源人。早歲本詩人，其後方學道名家，爲宋代理學之集大成者，詩名爲之所掩。熹四十一歲時，胡銓嘗以詩人之目薦之，蒙孝宗詔見。朱熹發揚了濂洛之學，以道心爲文心，「以體用不分的觀點看待文，既以道爲文之本體，又在某種程度上肯定了文學的相對獨立，肯定了文學之美，可以陶冶性情，可以感發志意。」〔註26〕朱熹論詩尚自然，對江西派著意爲詩、炫奧博鬥奇巧的做法不以爲然，稱：「古人文章大率只是平說而意自長，後人文章務意多而酸澀。如《離騷》初無奇字，只恁說將去，自是好。後來如魯直恁地著力說，卻自是不好」〔註27〕；「黃魯直一向求巧，反累正氣。」〔註28〕作爲朱子信徒的姚培謙、王永祺，選錄黃庭堅及其他江西派詩人作品較少，此爲重要原因。朱熹主張做詩以性情爲本，要意寄深遠，有淳蓄之美，推崇陶淵明、韋應物、柳宗元沖淡高潔的詩風，認爲「作詩須從陶、柳門庭中來乃佳，不如是，無以發蕭散沖淡之趣，不免於局促塵埃，無由到古人佳處也」〔註29〕；讚美「淵明詩平淡，出於自然」〔註30〕，「韋蘇州詩高於王維、孟浩然諸人，以其無聲色臭味也」〔註31〕。

〔註24〕李重華《貞一齋詩說》，《清詩話》本，上海：上海古籍出版社，1999 年，第 927 頁。

〔註25〕錢穆《朱子新學案》，成都：巴蜀書社，1986 年版，第 1714 頁。

〔註26〕顧易生、蔣凡、劉明今著《宋金元文學批評史》，上海：上海古籍出版社，1996 年版，第 457 頁。

〔註27〕黎靖德編《朱子語類》卷一百三十九，上海古籍出版社，安徽教育出版社《朱子全書》第 18 冊，第 4290 頁。

〔註28〕黎靖德編《朱子語類》卷一百三十九，上海古籍出版社，安徽教育出版社《朱子全書》第 18 冊，第 4309 頁。

〔註29〕王懋竑《朱熹年譜》卷一，北京：中華書局，1998 年，第 8 頁。

〔註30〕黎靖德《朱子語類》卷一百四十，上海古籍出版社，安徽教育出版社《朱子全書》第 18 冊，2010 年，第 4322 頁。

〔註31〕黎靖德《朱子語類》卷一百四十，上海古籍出版社，安徽教育出版社《朱子全書》第 18 冊，2010 年，第 4325 頁。

朱熹的性情論、自然觀，與姚培謙的詩學主張一致。宕開而言，蘇軾論詩亦主平淡自然，與姚培謙詩學思想一致。當作家與選家之間一旦有了觀念的共識，選家選錄該作家作品的數量必多，蘇軾、朱熹均為顯例。

　　朱熹詩存世 1300 餘首，題材以行役、唱酬、閒適為主，詩旨溫厚涵蓄，符合《宋詩別裁集》的選錄宗旨，故這類詩選錄最多，如：《西僚　雲谷二十六詠之一》、《水口行舟二首》、《對雨》、《六月十五日詣水公庵雨作》、《秋日苦病齋居奉懷黃子厚劉平父及山間諸兄友》、《登定王臺》、《奉陪判院丈充父平父兄宿迴嚮用知郡丈壁間舊題之韻》、《石馬斜川之集分韻賦詩得燈字》、《臥龍庵武侯祠——奉同尤延之廬山雜詠十四篇之六》、《陶公醉石歸去來館——廬山雜詠之十一》、《康王穀水簾——廬山雜詠之十三》、《奉陪彥集充父同遊瑞岩謹次莆田使君留題之韻》、《伏讀二劉公瑞岩留題感事興懷至於隕涕追次元韻偶成二篇　錄一》、《春谷　次韻秀野閒居十五詠之六》、《秀野劉丈寄示南昌諸詩和此兩篇　錄一》、《題鄭德輝悠然堂》、《九日登天湖以菊花須插滿頭歸分韻賦詩得歸字》、《前村梅　次韻秀野閒居十五詠之末篇》等，皆以灑落之胸懷發恬淡之情事。理學者，以修身為要；修身之道，則鑒諸平常日用。《宋詩別裁》所選錄的朱熹山水詩、詠物詩、酬唱詩，為其日常情懷的真實呈現，讀者可從中體道悟真。如所選七絕《水口行舟二首》其一「昨夜扁舟雨一蓑，滿江風浪夜如何？今朝試卷孤蓬看，依舊青山綠水多。」據《續資治通鑒》卷一百五十四載：南宋慶元元年（1195），韓侂冑擅權，斥「道學」為「偽學」，右丞相趙汝愚遭罷職。慶元二年（1196），朱熹被罷職。韓黨羽沈繼祖等誣告朱熹等人六宗罪，請加少正卯之誅。慶元三年（1197），趙汝愚、朱熹等五十九人被列入「偽學黨」，遭通緝。就在政局動盪、學禁嚴峻的慶元三年（1197）初，朱熹與門生黃幹、林用中等人從閩北乘船南下古田，這首詩就是抵達水口的感時之作。此詩以輕暢的語言營造了真切的意境，以巧妙的意象具化了深奧的哲理，清新明麗，活潑跳脫，乃朱熹之代表作。所選五律《登定王臺》，方回《瀛奎律髓》卷一登覽類亦收錄，方回評曰：「朱文公詩迫近後山，此詩尾句雖後山亦只如此。乾道二年丁亥，文公訪南軒於長沙所賦。用事命意定格下字悉如律令，雜老杜後山集中可也。」

　　理學家的朱熹有端居嚴肅、輕束緩行的詩篇，詩人的朱熹則有放情山水、寄意風月的篇章，《福建通志》朱熹傳載：「自號紫陽，簞瓢屢空。然天機活潑，常寄情山水文字。南康之廬山，潭州之衡嶽，建州之武夷、雲谷，

福州之石鼓、烏石，莫不流連題詠。相傳每經行處，聞有佳邱壑，雖迂途數
十里，必往遊。攜尊酒時飲一杯，竟日不倦，非徒效泥塑人以爲居敬者也。」
〔註32〕這完全是一副詩人做派，放逸灑脫，無理學家正襟危坐之枯寂，而饒
有情味，方回《送羅壽可詩序》云：「道學宗師於書無所不通，於文無所不
能，詩其餘事，而高古清勁，盡掃諸子，又有一朱文公。」故不難理解，《宋
詩別裁集》何以對朱熹詩情有獨鍾。南宋，與朱熹理學同源而異派者有陸九
淵心學、呂祖謙婺學。呂氏折衷朱、陸，實近於朱。陸氏主張以心爲理，倡
言心外無物，對江西詩派頗多肯定，與朱熹迥異。尊奉朱熹學說的姚培謙
等人編《宋詩別裁集》時，未選錄陸九淵詩一首，而選錄呂祖謙詩兩首，此
即是編者詩學態度的體現。姚培謙等人推重理學，不僅體現在選錄宋詩時，
後來編選《元詩別裁集》時，對理學家詩同樣有偏愛，是書入選：許謙 3
首、許衡 1 首、吳澄 1 首、虞集 10 首、劉秉忠 2 首、郝經 3 首、劉因 3 首、
程鉅夫 1 首、許謙 3 首、熊禾 1 首、陳普 1 首、汪克寬 1 首，凡入選理學家
12 人，占詩人總數 152 人的 7.9%；凡入選詩歌 30 首，占詩歌總數 619 首的
4.8%，除趙復外〔註33〕，元代重要的理學家都有作品入選，說明其編選思想
的一貫性。

　　客觀而論，選理學家詩歌過多終是一弊。畢竟其整體藝術水準不高，頭
巾味重，缺乏詩之涵永靈動，故屢遭人詬病。宋時已有批評的聲音，如劉克
莊跋《恕齋詩存稿》云：「嘲弄風月，污人行止，此論之行已久。近世貴理學
而賤詩，間有篇詠，率是語錄講義之押韻者耳。」〔註34〕清代詩論家朱庭珍
也說：「自宋以來，如邵堯夫、二程子、陳白沙、莊定山諸公，則以講學爲詩，
直是押韻語錄。」〔註35〕袁枚素來討厭道貌岸然，如云：「至乃『月窟』、『天
根』等語，便令人聞而生厭矣。」〔註36〕所云「月窟」、「天根」之語，出自
邵雍《擊壤集》卷十六《觀物吟》、卷十七《月窟吟》。就連對理學家頗有好

〔註32〕沈瑜慶、陳衍《福建通志》卷三十四，民國二十七年（1938）刻本。
〔註33〕趙復兩大高足許衡、劉因皆入選，黃宗羲《魯齋學案》說：「自江漢先生以南
　　　　冠之囚，吾道入北，而姚樞、竇默、許衡、劉因之徒，得聞程朱之學以廣其
　　　　傳，由是北方之學鬱起。」
〔註34〕劉克莊著，辛更儒箋校《劉克莊集箋校》，第 10 冊，北京：中華書局，2011
　　　　年，第 4596 頁。
〔註35〕朱庭珍《筱園詩話》卷四，《清詩話續編》本，上海：上海古籍出版社，1983
　　　　年版，下冊，第 2407 頁。
〔註36〕袁枚《隨園詩話》卷三，人民文學出版社，1982 年版，第 94～95 頁。

感的沈德潛編輯《清詩別裁集》時也說：「詩不能離理，然貴有理趣，不貴下理語。……邵康節詩，指頭說盡，有何興會？至明儒『太極圈兒大，先生帽子高』，眞使人笑來也。選中近此類者，俱從芟薙。」〔註37〕姚培謙等編《宋詩別裁集》時，儘管選理學家詩較多，邵雍詩卻無一首選入，或受到沈氏一定影響。

其實，邵雍並非如此不堪，倒爲理學家中極其出色的詩人。邵雍（1011～1077），字堯夫，諡康節，人稱康節先生。其先范陽（今河北涿縣）人，幼隨父遷共城（今河南輝縣），後居洛陽，顏其居曰安樂窩，自號安樂先生。少有志，讀書蘇門山百源，人稱百源先生。仁宗嘉祐及神宗熙寧中，屢蒙授官，皆不赴。創先天學，有《觀物篇》、《先天圖》、《伊川擊壤集》、《皇極經世》等。其詩溫潤，有情趣，如《安樂窩》云：「半記不記夢覺後，似愁無愁情倦時。擁衾側臥未欲起，簾外落花繚亂飛。」邵伯溫《邵氏聞見錄》載：「司馬溫公愛此詩，請書紙簾上。」陳衍謂之「殆有劉晏食餺飥，美不可言之意。」〔註38〕嚴羽《滄浪詩話》專列「康節體」，說明其詩已成家。明人陳獻章稱：「程明道、邵康節詩，眞天生溫厚和樂，一種好性情也。」〔註39〕唐順之《與王遵岩參政》云：「近來有一僻見，以爲三代以下之文，未有如南豐；三代以下之詩，未有如康節者。然文莫如南豐，則兄知之矣。詩莫如康節，則雖兄亦且大笑，此非迂頭巾論道之說。蓋以爲詩思精妙，語奇格高，誠未見有如康節者。」〔註40〕遵岩，王愼中（1509～1559）其號。南宋金履祥編《濂洛風雅》選錄邵雍詩 21 首，居第六位；清張伯行編《濂洛風雅》收錄邵雍詩 109首，居第三，對邵雍詩皆有肯定。《宋詩別裁集》於理學家中實當爲邵雍留一席。錢鍾書說：「若夫理趣，則理寓物中，物包理內，物秉理成，理因物顯。」

〔註37〕沈德潛《清詩別裁集・凡例》，上海：上海古籍出版社，1984 年版，第 2 頁。案：沈德潛《說詩晬語》卷下云：「杜詩：『江山如有待，花柳自無私。』『水深魚極樂，林茂鳥知歸。』『水流心不競，雲在意俱遲。』俱入理趣。邵子則云：『一陽初動處，萬物未生時。』以理語成詩矣。」（沈德潛《說詩晬語》，北京：人民文學出版社，1998 年版，第 252 頁）對邵雍則有肯定之辭。據此可見，古代詩論家、文論家的觀點並非一成不變，我們要結合特定的時地去討論，有關理學的表述亦然。

〔註38〕陳衍《宋詩精華錄》，上海古籍出版社，2008 年版，第 37 頁。

〔註39〕陳獻章《陳獻章集》卷一《批答張廷實詩箋》，北京：中華書局，1987 年版，第 74 頁。

〔註40〕唐順之《荊川先生文集》卷七，《四部叢刊初編》本，臺北：臺灣商務印書館，1965 年，第 129 頁。

〔註41〕好的理學詩能在活潑的詩境中蘊涵理趣，說理如水中著鹽，不使人覺，純雅溫厚。有鑑於此，姚培謙等人編輯《宋詩別裁集》時則避免選錄理學家迂腐教條之詩，而選入一些風格鮮明、辭韻流暢的作品，如朱熹《水口行舟》、《奉陪彥集充父同遊瑞岩謹次莆田使君留題之韻》、《前村梅》（次韻《秀野閒居十五詠》末篇），張栻《初夏偶書》，程顥《陳公廙園休禊事席上賦》，劉子翬《涼月》、《早行》等。

　　宋代理學興盛，這股思潮不僅影響到理學家的詩歌創作，也影響到非理學家的文學活動，故避開理學來談宋代文學是不現實的，也是不科學的。祝尚書說：「欲認識和研究宋代特別是南宋文學，離開了對理學與文學關係的考察，是不可能的。」〔註42〕理學家詩歌中儘管也出現了一些藝術成就不高的教化作品，但文學史、詩歌史的敘述卻不能因此而忽視這個群體的存在，《宋詩別裁集》其實做了很好的榜樣。

第二節　兼採唐宋

　　唐宋詩之爭，南宋初見端倪，明清則蔚成風氣。明人宗唐，宋詩備受冷落，紛紛咴咴，尊此抑彼，時人對宋詩及宋詩學缺乏應有的認知，淺層的，如宋詩的主要流派、代表詩人、重要作品等；深層的，如宋詩的特色風貌、源流演變、師承主張、藝術風格等，鮮見關注深究。其原因即在於宋詩弱勢，已被世人邊緣化，就連對宋詩尚有好感的盧世㴂（1588～1653）亦感歎：「余生三十年，未知宇宙有山谷也。」（《鈔書雜序‧山谷集》）〔註43〕以黃庭堅聲名之顯，晚明尚罕為人知，普通詩人之命運可想而知。葉燮著《原詩‧內篇》載：「自『不讀唐以後書』之論出，於是稱詩者必曰唐詩；苟稱其人之詩為宋詩，無異於唾罵。」〔註44〕可見世態炎涼及人情嚮背。清人不滿明人所為，紛紛倡言宋詩以救弊，宋詩一時大行其道，如四庫館臣所總結：「蓋明詩摹擬之弊，極於太倉、歷城；纖佻之弊，極於公安、竟陵。物窮則變，故國初多以宋詩為宗。」（《唐宋詩醇提要》）〔註45〕這股宋詩風經錢謙益、黃宗羲、呂

〔註41〕錢鍾書《談藝錄》，北京：三聯書店，2007 年版，第 571 頁。
〔註42〕祝尚書《論「擊壤派」》，《文學遺產》2001 年第 2 期，第 30 頁。
〔註43〕盧世㴂《尊水園集略》卷七，《續修四庫全書》集部，第 1392 冊，上海古籍出版社，2002 年版，第 455 頁。
〔註44〕葉燮《原詩》，北京：人民文學出版社，1998 年版，第 5 頁。
〔註45〕永瑢等《欽定四庫全書總目》（整理本），北京：中華書局，1997 年版，下冊，

留良、吳之振、查慎行、陳訐等人的提倡與推動，於康熙中葉臻至高潮，時人競趨宋派，家眉山而戶劍南。然盛極則衰，康熙末年，學宋派亦流弊滋蔓，或溺於名理，而失之腐；或刻意清眞，而失之枯；或逞其學識，而失之生澀；或專取逸趣，而失之淺近。以險怪奧僻相尙，浸淫流極，滔滔不返，尊唐黜宋又有重起之勢。此時若不力挽頹勢，爲宋詩運動固本，前賢心血則付東流。故康熙末以迄乾隆中葉，理性詩選家不約而同地以兼採唐宋策略編輯選本，爲宋詩張目，姚培謙、張景星等編《宋詩別裁集》就是在這種背景下產生的。兼採唐宋爲乾隆詩壇的主流思潮，當時的文壇鉅子，如袁枚、紀昀、姚鼐等人皆主張之，可知姚培謙等人兼採唐宋，亦風會使然。

　　乾隆二十六年（1761），姚培謙、張景星、王永祺所編《宋詩別裁集》問世，對乾隆詩壇風潮給予正面回應。傅王露序中評曰：「抄名百一，蓋謂嘗鼎一臠，窺豹一斑，亦可見宋詩宗派云爾。以予觀之，則一代源流，正變已具，其諸美善之會歸，鑒裁之至當者歟。夫論詩必宗唐，是也，然雲霞傅天，異彩同爛；花萼發樹，殊色互妍。……是書取捨，要爲實獲我心。杜兩宋末流之弊，踵三唐最勝之業，其在茲乎。」〔註46〕《宋詩別裁集》述宗派、考源流、鑒美善，兼詩史、詩派、詩評之職。析派辨體推宗、考鑒源流正變，申明編者是在充分主張唐詩前提下提倡宋詩的，肯定唐詩爲正宋詩爲變，但尊正而不黜變。爲匡時人學宋之弊，姚培謙等人提倡：「波瀾雖富，句律不可疏；鍛鍊雖精，情性不可遠。比興深婉，何貴乎走石揚沙；宮商協暢，何貴乎腐木濕鼓。斯則上下三百餘年，詩家金科玉尺，端有在焉。」〔註47〕此說源自宋人劉克莊，其云：「元祐後，詩人迭起，一種則波瀾富而句律疏，一種則鍛鍊精而情性遠，要之不出蘇、黃二體而已。」〔註48〕波瀾富而句律疏，針對的是東坡體；鍛鍊精而情性遠，批評的則是山谷體。姚培謙等人編選宋詩，顯然採納了劉克莊的意見，以中和救偏失。姚培謙等人所主張的宋詩，已吸納唐詩的美學因子，與江西派之典型宋詩有別，體現出融通唐宋的傾向。傅王露序《宋詩別裁集》時即代姚培謙等人發聲，稱：「夫論詩必宗唐，是也，然雲霞傅天，異彩同爛；花萼發樹，殊色互妍。江醴陵云：『楚謠漢風，既非一骨；魏製晉造，固亦二體。』言古今辭章之變化也。變化者，前人後人所

　　第2659頁。
〔註46〕傅王露《宋詩別裁集‧序》，上海：上海古籍出版社，1978年版。
〔註47〕傅王露《宋詩別裁集‧序》，上海：上海古籍出版社，1978年版。
〔註48〕劉克莊《後村詩話‧前集》卷二，北京：中華書局，1983年版，第26頁。

以日出不窮，以罄天地之藏而泄靈府之秘。否則銖銖稱之，寸寸度之，循聲躡影，偽種流傳，而不能相逐於變化無窮之域，惡足闖唐賢閫奧哉？」清初尤侗也曾說：「江淹之序雜詩曰：『楚謠漢風，既非一骨；魏製晉造，固亦二體。』夫楚漢魏晉時地不同若此，而淹乃合而儗之，其名雜也當矣。詩既有之，文亦宜然。」〔註49〕所謂「雜」即兼採博綜之義。《宋詩別裁集》選詩即能兼採唐宋，兼綜而條貫。不拘一格，揚長避短。

　　後人未有不學古人而能為詩者，然「善學者，得魚忘筌；不善學者，刻舟求劍。」〔註50〕探討《宋詩別裁集》兼採唐宋的選錄標準，我們需要首先瞭解宋人的師學源流及其詩風轉型的問題，相關論述則代不乏人。代表性的如嚴羽《詩辨》云：「國初之詩尚沿襲唐人：王黃州學白樂天，楊文公、劉中山學李商隱，盛文肅學韋蘇州，歐陽公學韓退之古詩，梅聖俞學唐人平淡處。至東坡、山谷始自出己意以為詩，唐人之風變矣。山谷用工尤為深刻，其後法席盛行，海內稱為江西宗派。近世趙紫芝、翁靈舒輩，獨喜賈島、姚合之詩，稍稍復就清苦之風；江湖詩人多效其體，一時自謂之唐宗。」〔註51〕劉克莊《江西詩派小序》云：「國朝詩人，如潘閬、魏野，規規晚唐格調，寸步不敢走作。楊、劉則又專為崑體，故優人有撏扯義山之誚。蘇、梅二子，稍變以平淡豪俊，而和之者尚寡。至六一、坡公，巍然為大家數，學者宗焉。然二公亦各極其天才筆力之所至而已，非必鍛鍊勤苦而成也。豫章稍後出，薈萃百家句律之長，究極歷代體制之變，搜獵奇書，穿穴異聞，作為古律，自成一家。雖隻字半句不輕出，遂為本朝詩家宗祖。」〔註52〕方回《送羅壽可詩序》云：「宋剗五代舊習，詩有『白體』、『崑體』、『晚唐體』。『白體』，如李文正昉，徐常侍昆鉉、鍇，王元之禹偁，王漢謀；『崑體』則有楊億、劉筠《西崑集》傳世，二宋郊、祁，張乖崖詠，錢僖公惟演，丁崖州謂皆是；『晚唐體』則九僧劍南希晝、金華保暹、南越文兆、天台行肇、沃州簡長、青城惟鳳、淮南惠崇、江東宇昭、峨嵋懷古，最逼真。寇萊公準、魯三交、林和靖逋、魏仲先父子野、閈、潘逍遙閬、趙清獻抃之徒，凡數十家，

〔註49〕尤侗《西堂雜俎二集》自序，見《西堂文集》，《清代詩文集彙編》第65冊，第100頁。

〔註50〕袁枚《隨園詩話》，北京：人民文學出版社，1982年，第49頁。

〔註51〕嚴羽著；郭紹虞校釋《滄浪詩話校釋》，北京：人民文學出版社，1961年版，第26～27頁。

〔註52〕丁福保輯《歷代詩話續編》，北京：中華書局，1983年版，上冊，第478頁。

深涵茂育，氣極勢盛。歐陽公修出焉，一變為李太白、韓昌黎之詩，蘇子美舜欽二難相為頡頏，梅聖俞堯臣則『唐體』之出類者也。晚唐於是退舍。蘇長公軾踵歐陽公而起；王半山安石備眾體，精絕句，五言或三謝；獨黃雙井庭堅專尚少陵，秦觀、晁補之莫窺其藩，張文潛耒自然有唐風，別成一宗。」〔註53〕葉燮稱：「宋初，詩襲唐人之舊，如徐鉉、王禹偁輩，純是唐音。蘇舜欽、梅堯臣出，始一大變；歐陽修亟稱二人不置。自後諸大家迭興，所造各有至極」〔註54〕、「開宋詩一代之面目者，始於梅堯臣、蘇舜欽二人。……自梅蘇變盡『崑體』，獨創生新，必辭盡於言，言盡於意，發揮鋪寫，曲折層累以赴之，竭盡乃止。才人伎倆，騰踔六合之內，縱其所如，無不可者；然含蓄渟泓之意，亦少衰矣。歐陽修極服膺二子之詩，然歐詩頗異於是。以二子視歐陽，其有狂與狷之分乎。」〔註55〕汪琬云：「宋詩未有不出於唐者也，楊、劉則學溫、李也，歐陽永叔則學太白也，蘇、黃則學子美也，子由、文潛則學樂天也。」〔註56〕沈德潛稱：「宋初臺閣唱和，多宗義山，名『西崑體』。梅聖俞、蘇子美起而矯之，盡翻窠臼，蹈厲發揚，才力體制，非不高於前人，而淵涵渟滀之趣，無復存矣。歐陽七言古，專學昌黎，然意言之外，猶存餘地。」〔註57〕田雯云：「今之談風雅者，率分唐、宋而二之。不知唐之杜、韓，海內俎豆之矣。宋之梅、歐、王、蘇、黃、陸諸家，亦無不登少陵之堂，入昌黎之室。」〔註58〕今人錢鍾書說：「曰唐曰宋，特舉大概而言，為稱謂之便。非曰唐詩必出唐人，宋詩必出宋人也。故唐之少陵、昌黎、香山、東野，實唐人之開宋調者；宋之柯山、白石、九僧、四靈，則宋人之有唐音者。」〔註59〕

綜上所述，宋人中如宋初「白體」詩人、「崑體」詩人、「晚唐體」詩人、張耒、姜夔、永嘉四靈等，力學唐人，詩有唐風。其餘諸家，唐耶宋耶只能取其大概，不可拘泥，如繆鉞所云：「雖唐詩之中，亦有下開宋派者；宋詩之

〔註53〕陶秋英《宋金元文論選》，北京：人民文學出版社，1999 年版，第 499 頁。

〔註54〕葉燮《原詩·內篇上》，北京：人民文學出版社，1979 年版，第 5 頁。

〔註55〕葉燮《原詩·外篇下》，北京：人民文學出版社，1979 年版，第 67 頁。

〔註56〕汪琬《皇清詩選·序》，孫鋐編《皇清詩選》，《四庫全書存目叢書》集部，第398 冊，第 2 頁。

〔註57〕沈德潛《說詩晬語》，北京：人民文學出版社，1998 年版，第 233 頁。

〔註58〕田雯《古歡堂集雜著》卷一，《清詩話續編》本，上海：上海古籍出版社，1983年版，上冊，第 695 頁。

〔註59〕錢鍾書《談藝錄》，北京：三聯書店，2007 年版，第 3 頁。

中，亦有酷肖唐人者。」〔註60〕宋詩面目啓自梅堯臣，龔嘯贊其「去浮靡之
習於崑體極弊之際，存古淡之道於諸大家未起之先。」〔註61〕梅堯臣開風氣
之先，司馬光、歐陽修、王安石、蘇軾皆推重之，《宋詩別裁集》選錄梅堯臣
詩 9 首，與其詩壇地位相匹配。歐陽修攜政壇高位爲文壇領袖，倡導北宋詩
文革新運動，王安石、蘇洵、蘇軾、蘇轍皆曾蒙其獎掖提拔。歐陽修、王安
石、蘇軾、黃庭堅、陸游、楊萬里諸人早年皆學習唐人，後來均自成一家，
爲宋詩代表作家。歐陽修古體學韓愈，劉克莊謂：「歐公詩如昌黎」〔註62〕，
劉熙載云：「歐陽永叔出於昌黎」〔註63〕，又能力破餘地，歐詩曉暢敷愉，
與韓詩涇渭分明。胡仔稱：「歐公作詩，蓋欲自出胸臆，不肯蹈襲前人。」
〔註64〕陳訏贊曰：「唐五代末流文章專以聲病對偶爲工，剽剝故事，雕刻破
碎，甚者若俳優之詞。公起而振之，力迫昌黎，然獨自成家，不仍聱牙佶屈
之習。古詩高秀，近體妍雅，眞善學昌黎者，起衰復古有功於斯道甚巨。」
〔註65〕王安石「少以意氣自許，故詩語惟其所向，不復更爲涵蓄。……後爲
群牧判官，從宋次道盡假唐人詩集，博觀而約取。晚年始盡深婉不迫之趣。」
〔註66〕陳訏云：「半山學少陵，其瘦硬處別自擅長。」〔註67〕王安石爲唐風轉
向宋調的關鍵人物，至蘇軾、黃庭堅方完成二者之過渡。嚴羽云：「至東坡、
山谷始自出己意以爲詩，唐人之風變矣。」〔註68〕胡應麟亦評：「至介甫創撰
新奇，唐人格調，始一大變。蘇黃繼起，古法蕩然。」〔註69〕蘇詩爲「韓愈

〔註60〕繆鉞《詩詞散論・論宋詩》，上海：上海古籍出版社，1982 年版，第 36～37
頁。
〔註61〕吳之振等《宋詩抄・宛陵詩抄序》引，中華書局，1986 年版，第 207 頁。
〔註62〕劉克莊《後村詩話・前集》卷二，北京：中華書局，1983 年版，第 22 頁。
〔註63〕劉熙載著；王氣中箋注《藝概箋注》卷二《詩概》貴陽：貴州人民出版社，
1986 年版，第 207 頁。
〔註64〕胡仔《苕溪漁隱叢話後集》卷二十三，北京：人民文學出版社，1962 年版，
第 168 頁。
〔註65〕陳訏《宋十五家詩選・歐陽修小傳》，《續修四庫全書》集部，第 1621 冊，第
291 頁。
〔註66〕葉夢得《石林詩話》卷中，《宋詩話全編》本，南京：江蘇古籍出版社，1998
年版，第 3 冊，第 2698 頁。
〔註67〕陳訏《宋十五家詩選・王安石小傳》，《續修四庫全書》集部，第 1621 冊，第
328 頁。
〔註68〕郭紹虞《滄浪詩話校釋》，北京：人民文學出版社，1961 年版，第 26 頁。
〔註69〕胡應麟《詩藪・外編》卷五，上海：上海古籍出版社，1979 年版，第 211
頁。

後之一大變」〔註70〕。黃庭堅詩從杜韓脫化，創新鬪奇，與蘇軾俎豆一堂，並稱二美。王士禛說：「山谷雖脫胎於杜，顧其天資之高，筆力之雄，自闢庭戶。」〔註71〕蘇詩以自然見長，黃詩以刻意取勝，有天籟人工之別，元祐後雖詩人迭起，「要之不出蘇、黃二體」〔註72〕。陸游詩出江西派曾幾、呂居仁，「然游詩清新刻露，而出以圓潤，實能自闢一宗，不襲黃、陳之舊格。」〔註73〕楊萬里「詩學江西諸君，繼學陳後山，又學王半山，晚又學唐人，後俱辭謝不學，自成一體。」〔註74〕上述諸詩人皆最終脫去唐人面目而自成一家，有荊公體、東坡體、山谷體、放翁體、誠齋體之目。對此，朱庭珍贊曰：「宋人承唐人之後，而能不襲唐賢衣冠面目，別闢門戶，獨樹壁壘，其才力學術，自非後世所及。如蘇、黃二公，可謂一朝大家，前無古人，後無來者也。半山、歐公、放翁，亦皆一代作手，自有面目，不傍前賢籬下，雖遜東坡、山谷兩家一格，亦卓然在名大家之列。」〔註75〕故諸家不可以學唐限之。本文所言，指那些在詩歌風貌上體現出鮮明唐音特徵者，對於這些宋調之「別彈」，姚培謙等編《宋詩別裁集》時並未捨棄，而是寬容採納。據是書選目統計，如「宋初三體」詩人〔註76〕，「白體」：收錄王禹偁詩11首、李昉1首、徐鉉2首，三位代表詩人皆有作品入選；「晚唐體」：收錄林逋4首、寇準1首、魏野1首、趙抃1首，除九僧外，其他代表詩人皆有作品入選；「西崑體」：收錄楊億9首、錢惟演2首、宋祁14首、張詠2首、丁謂1首、晏殊2首；「永嘉四靈」：收錄趙師秀3首、翁卷1首、徐照1首、徐璣3首，四人皆有作品入選；選錄張耒詩13首、姜夔詩1首。宋人中唐風特徵顯明者

〔註70〕葉燮《原詩・內篇上》，北京：人民文學出版社，1979年版，第9頁。

〔註71〕王士禛《帶經堂詩話》卷四，人民文學出版社，2006年版，第96頁。

〔註72〕劉克莊《後村詩話・前集》卷二，北京：中華書局，1983年版，第26頁。

〔註73〕永瑢等《欽定四庫全書總目》（整理本），北京：中華書局，1997年版，下冊，第2143頁。

〔註74〕汪景龍、姚壎《宋詩略》卷十二《楊萬里小傳》，乾隆三十五年竹雨山房刻本。

〔註75〕朱庭珍《筱園詩話》卷二，《清詩話續編》本，上海：上海古籍出版社，1983年版，下冊，第2370頁。

〔註76〕「宋初三體」詩人所選皆為近體詩，完全吻合姚培謙的詩學嗜好。具體選錄情況：徐鉉七律2首，李昉七律1首，王禹偁五律2首、七律6首、五排1首、七絕2首，魏野七絕1首，寇準五律1首，林逋七律3首、七絕1首，楊億七律4首、五排5首，錢惟演七律1首、五排1首，丁謂七律1首，張詠五律1首、七律1首，晏殊七律2首，宋祁五律5首、七律5首、五排3首、七絕1首。

共入選 19 人，占全書詩人總數 137 人的 14%；共入選詩作 73 首，占總數 647 首的 11%。詩人、詩作入選數量的比例均很恰當，編者兼採唐宋的選錄標準於此可見。南宋江湖詩人中除「永嘉四靈」外，學習晚唐者不在少數，或特色不彰、或影響至微，此處不予臚列。

宋人中，張耒學唐而顯，又能鎔鑄唐宋，自成一家。考察《宋詩別裁集》對其詩歌的選錄情況，則有助於具體而微地理解是書兼採唐宋的選錄標準。張耒（1054～1114），字文潛，號柯山，學者稱宛丘先生，楚州淮陰人（今屬江蘇），「蘇門四學士」之一。《宋史》本傳載：「時二蘇及黃庭堅、晁補之輩相繼歿，耒獨存，士人就學者眾。……作詩晚歲益務平淡，效白居易體，而樂府效張籍。」〔註77〕明人胡應麟稱：「張文潛在蘇、黃、陳間，頗自閒澹平整，時近唐人。」〔註78〕張耒在蘇軾、黃庭堅、陳師道等離世後，肩負起蘇門傳承重任，其《夜坐》詩云：「梧桐直不甘衰弱，數葉迎風尚有聲」，乃自喻之辭，傳達了堅定的信念。清人姚勳稱張耒詩「蘊藉閒遠，別有神韻，樂府、古詩用意古雅。」〔註79〕錢鍾書說：「蘇門諸子中，張文潛七律最格寬語秀，有唐人風。《柯山集》中《遣興次韻和晁應之》先後八首尤苦學少陵。」〔註80〕張耒《再過宋都》詩「白頭青鬢隔存歿，落日斷霞無古今。」《王直方詩話》評曰：「氣格似不減老杜」。南宋大詩人陸游、楊萬里、范成大皆從張耒詩學理論及詩歌創作中受到過啓發。蘇軾說：「秦得吾工，張得吾易。」〔註81〕秦乃秦觀，張即張耒，「易」即「自然」之謂。楊萬里《讀張文潛詩二首》其一坦言：「晚愛肥山詩自然，何曾繡繪更雕鐫。春花秋月冬冰雪，不聽陳言只聽天。」〔註82〕張耒體胖，戲稱肥山。楊萬里對張耒不事雕琢、自然透脫的詩風極爲欣賞。

張耒「少時喜爲文詞，與人遊，又喜論文字。」〔註83〕其《投知己書》

〔註77〕 脱脱等《宋史》卷四四四，北京：中華書局，1977 年版，第 37 冊，第 13114 頁。

〔註78〕 胡應麟《詩藪·外編》卷五，上海：上海古籍出版社，1979 年版，第 212 頁。

〔註79〕 汪景龍、姚勳《宋詩略》卷九，乾隆三十五年竹雨山房刻本。

〔註80〕 錢鍾書《談藝錄》，北京：三聯書店，2007 年版，第 456 頁。

〔註81〕 見王應麟《困學紀聞》卷十七載：「秦少游、張文潛學於東坡，東坡以爲『秦得吾工、張得吾易』。」

〔註82〕 楊萬里《誠齋詩集》卷四十一，《四部備要》本，臺北：中華書局，1965 年，第 2 頁。

〔註83〕 李逸安等點校《張耒集》卷五十五《答李推官書》，北京：中華書局，1990

云：「某自卯角而讀書，十有三歲而好爲文。方是時，雖不能盡通古人之意，然自三代以來，聖賢騷人之述作，與夫秦漢而降，文章詞辯，詩賦謠頌，下至雕蟲繡繪，小章碎句，雖不合於大道，靡不畢觀，時時有所感發，已能見之於文字。所習益久，所親益眾，所嗜益深。故自十有三歲而至今三十有二年，身之所歷，耳目之所聞見，著於當世而可知，與夫考於前古而有得者，無一不發之於文字。」〔註84〕《臨文》詩云：「一病廢百嗜，好文心未忘。……少狂不自料，遇事形文章。……無營以卒歲，刻意翰墨場。」〔註85〕皆其轉益多師、勤於著述之夫子自道。張耒詩自然，論詩標舉性情，與姚培謙詩學主張一致，其序《賀方回樂府》云：「文章之於人，有滿心而發，肆口而成，不待思慮而工，不待雕琢而麗者，皆天理之自然，而性情之至道也。世之言雄暴虓武者，莫如劉季、項籍，此兩人者，豈有兒女之情哉？至其過故鄉而感慨，別美人而涕泣，情發於言，流爲歌詞，含思淒惋，聞者動心焉。此兩人者，豈其費心而得之哉？直寄其意耳！」〔註86〕「詩到元和體變新」〔註87〕，張耒詩學元和體，培謙亦然，其《讀皮陸張處士詩憶亡友張玉田二首》坦言：「新詩總愛元和豔」〔註88〕，作有《放言效元白體》組詩三首。《宋詩別裁集》爲何多選張耒詩遂可理解，對其詩之取捨也從一個側面佐證了姚培謙實乃此書的核心編者。姚培謙論詩主張兼綜多師，陳岹稱其：「篤守家學，以經史爲根柢。舉業餘暇，揚風扢雅，詩名久著四方。……夫如是，可與誦詩，可與論史，不待目窺全豹，而杜詩、韓筆不即此見一斑哉！」〔註89〕陸奎勳敘姚培謙《自知集》即云：「讀其所著《自知集》若干卷，大抵五七言古體以李杜爲宗，而參以眉山氣韻；其近體則清辭麗句、玉貫珠聯，兼有玉溪、八叉之能事。……平山喜讀選詩，於唐、宋、元、明諸集無不擷

年版，第 828 頁。

〔註84〕李逸安等點校《張耒集》卷五十五，北京：中華書局，1990 年版，第 830 頁。

〔註85〕李逸安等點校《張耒集》卷八，北京：中華書局，1990 年版，第 106 頁。

〔註86〕李逸安等點校《張耒集》，北京：中華書局，1990 年版，第 755 頁。

〔註87〕顧學頡校點《白居易集》卷二十三《餘思未盡加爲六韻重寄微之》，中華書局，1979 年版，第 503 頁。

〔註88〕姚培謙《松桂讀書堂集》卷七，《四庫全書存目叢書》集部，第 277 冊，第 120 頁。

〔註89〕陳岹《覽古詩·序》，《松桂讀書堂集》，《四庫全書存目叢書》集部，第 277 冊，第 63 頁。

其菁英、劘其壁壘。」〔註90〕王嘉曾評價姚培謙則謂：「一以博聞多識爲宗，其殆力矯末學之弊哉。」〔註91〕姚氏詩學觀對《宋詩別裁集》兼採唐宋的選錄標準影響最大。

張耒詩力學今人，又不薄古人，自云：「但把秦漢以前文字熟讀，自然滔滔地流也。」〔註92〕其推崇謝靈運、陶淵明，自謂「論詩得靈運」〔註93〕，立志「遠學陶潛過此生」〔註94〕。謝之清新、陶之沖淡、鮑之俊逸，爲其傾心的美學範式，其詩歌題目標明傚仿之意者即有：《效二謝體》一首、《白紵詞二首效鮑照》。不過，張耒爲詩取法最多的是唐人，著者據中華書局版《張耒集》統計，僅詩題標明傚仿唐人者即多達 30 首，暗襲唐人者更多，詩目詳下表：

作　　家	作品數量	作　品　名　稱
李白	2	《讀太白感興擬作二首》
白居易	9	《效白體二首》、《效白體贈楊補之》、《效白體贈晁無咎三首》、《白樂天有渭上雨中獨樂十餘首仿淵明予寓居宛丘居多暇日時屢秋雨仿白之作得三章》
王建	5	《宮詞效王建五首》
劉禹錫	3	《用劉夢得三題》
張籍	2	《福昌秋日效張文昌二首》
韋應物	2	《小雨效韋體》、《睡起效韋蘇州》
孟郊	2	《古意效東野二首》
柳宗元	1	《飲酒擬柳子厚》
賈島	1	《夜讀賈長江詩效其體》
吳融	1	《效吳融詠情》

〔註90〕姚培謙《松桂讀書堂集》，《四庫全書存目叢書》集部，第 277 冊，第 61 頁。
〔註91〕王嘉曾《聞音室遺文附刻》之《姚平山先生傳》，續修四庫全書集部第 1447 冊，第 265 頁。
〔註92〕呂本中《童蒙詩訓》，《宋詩話輯佚》本，北京：中華書局，1980 年，第 605 頁引。
〔註93〕李逸安等點校《張耒集》卷十八《同七兄及嵩上人自墳莊還寺》，北京：中華書局，1990 年版，第 300 頁。
〔註94〕李逸安等點校《張耒集》卷二十一《暮春》，北京：中華書局，1990 年版，第 372 頁。

李商隱	1	《效李商隱》
皮日休、陸龜蒙	1	《伏暑日唯食粥一甌盡屏人事頗逍遙效皮陸體》

上表中，除李白、李商隱、吳融、皮陸外，餘者皆爲中唐詩人。南宋曾季狸《艇齋詩話》載：「《才調集》唐人詩，有『樓晚風高角，江春浪起船』兩句甚佳，張文潛喜誦。」〔註95〕所云「樓（一作「城」）晚風高角，江春浪起船」，爲李頻《辭夏口崔尙書》詩中語。頻（818～876），字德新，唐宣宗大中八年（854）進士，其詩清新警拔，張耒詩風與其相近，《全唐詩》錄其詩 208 首。中唐詩人中，張耒傚仿最多者爲白居易，其次張籍、王建（「張王樂府」）。周紫芝《竹坡詩話》說：「本朝樂府，當以張文潛爲第一。文潛樂府，刻意文昌，往往過之。」〔註96〕文昌，張籍其字。張耒深受中唐新樂府運動之影響，主張文爲時而著、歌爲事而作，要求以詩反映民瘼，即白居易所倡導的「惟歌生民病」（《寄唐生》）、「但傷民病痛」（《傷唐衢》）。潘德輿稱張耒詩「皆中唐以上風格，不墮晚唐門徑。」〔註97〕所謂「中唐以上風格」即指詩歌的現實性。張耒「哀哉天地間，生民常苦辛」〔註98〕、「欲將洛陽裘，盡蓋江湖村」〔註99〕的情懷，與杜甫、白居易一致，錢鍾書即稱張耒「在『蘇門』裏，他的作品最富於關懷人民的內容，風格也最不做作妝飾，很平易舒坦。」〔註100〕

張耒生爲宋人，又活躍於宋詩最鼎盛的熙豐、元祐時期。其詩受蘇軾、黃庭堅、陳師道等人之影響，而有宋詩特徵，故爲融通唐音宋調之典型。《宋詩別裁集》共選錄張耒詩 13 首，其中五古 2 首：《離黃州》（扁舟發孤城）、《出長夏門》（出郭心已清）；七古 4 首：《離泗州有作》（舸峨大艑來何州）、《牧牛兒》（應城道中）、《孫彥古畫風雨山水歌》（山深岩高石壁青）、《蕭朝散惠石本韓幹馬圖馬亡後足》（世人怪韓生）；五律 1 首：《建平途次》（野橋田徑滑）；七律 5 首：《登海州城樓》（城外滄溟日夜流），《夏日三首》（長夏村墟風日清）、（黃簾翠幕斷飛蠅）、（棗徑瓜畦經雨涼），《和周廉彥》（天光不動晚

〔註95〕丁福保輯《歷代詩話續編》本，北京：中華書局，1983 年版，第 305 頁引。
〔註96〕何文煥輯《歷代詩話》本，北京：中華書局，1981 年版，第 354 頁引。
〔註97〕潘德輿《養一齋詩話》卷五，郭紹虞《清詩話續編》本，上海古籍出版社，1983 年，第 2085 頁。
〔註98〕李逸安等點校《張耒集》，中華書局，1990 年版，第 161 頁《糶官粟有感》。
〔註99〕李逸安等點校《張耒集》卷十《次韻蘇翰林送黃師是赴兩浙》，中華書局，1990 年版，第 152 頁。
〔註100〕錢鍾書《宋詩選注・張耒小傳》，人民文學出版社，1958 年版，第 91 頁。

雲垂);七絕 1 首:《絕句》(亭亭畫舸繫春潭)。諸詩皆張耒之代表作,為眾多選本所甄錄,詩評家們亦津津樂道,就選詩眼光而言,《宋詩別裁集》值得肯定。如《夏日三首》、《和周廉彥》,方回《瀛奎律髓》有收錄。錢鍾書《宋詩選注》收錄有《和周廉彥》。如果拋開著作權爭議,《宋詩別裁集》所錄張耒《絕句》(亭亭畫舸繫春潭),錢鍾書同樣收進《宋詩選注》,繫於鄭文寶名下,題做《柳枝詞》。

從學唐角度看,《宋詩別裁集》所選張耒詩頗有代表性,如《孫彥古畫風雨山水歌》,潘德輿稱:「真得老杜神理」〔註101〕;《牧牛兒》詩「摹寫情態,質而愈文,雖使文昌、仲初(按:張籍、王建)為之,寧復過此。」〔註102〕《夏日》(棗徑瓜畦經雨涼)之「幽花避日房房斂,翠樹含風葉葉涼」,胡應麟之「可參唐集者」〔註103〕。《絕句》「亭亭畫舸繫春潭,只待行人酒半酣。不管煙波與風雨,載將離恨過江南。」則模倣韋莊《古離別》「晴煙漠漠柳毿毿,不拿離情酒半酣。更把玉鞭雲外指,斷腸春色在江南。」王士禛《池北偶談》選錄宋七絕之似唐者數十首,其中即有此詩。陳衍評之曰:「首句一頓,下三句連作一氣說,體格獨別。唐人中惟太白『越王句踐破吳歸』一首,前三句一氣連說,末句一掃而空之。此詩異曲同工,善於變化。」〔註104〕《離黃州》詩摹老杜,為張耒佳作,《容齋隨筆》卷十五《張文潛哦蘇杜詩》載:「張文潛暮年在宛丘,何大圭方弱冠,往謁之,凡三日,見其吟哦此詩(按:指杜甫《玉華宮》詩)不絕口,大圭請其故,曰:『此章乃《風》、《雅》鼓吹,未易為子言。』大圭曰:『先生所賦,何必減此?』曰:『平生極力模寫,僅有一篇稍似之,然未可同日語。』遂誦其《離黃州》詩,偶同此韻,曰:『扁舟發孤城,揮手謝送者。山回地勢卷,天豁江面瀉。中流望赤壁,石腳插水下。昏昏煙霧嶺,歷歷漁樵舍。居夷實三載,鄰里通借假。別之豈無情,老淚為一灑。篙工起鳴鼓,輕櫓健於馬。聊為過江宿,寂寂樊山夜。』此其音響節奏,固似之矣,讀之可默喻也。」〔註105〕《和周廉彥》頷聯「新月已生

〔註101〕潘德輿《養一齋詩話》卷五,《清詩話續編》本,上海:上海古籍出版社,1983年版,下冊,第2085頁。

〔註102〕潘德輿《養一齋詩話》卷五,《清詩話續編》本,上海:上海古籍出版社,1983年版,第2085頁。

〔註103〕胡應麟《詩藪·外編》卷五,上海:上海古籍出版社,1979年版,第212頁。

〔註104〕陳衍《宋詩精華錄》卷一,上海:上海古籍出版社,2008年版,第3頁。

〔註105〕洪邁《容齋隨筆》,上海:上海古籍出版社,1978年版,第189頁。

飛鳥外，落霞更在夕陽西」，則濫觴郎士元「河陽飛鳥外，雪嶺大荒西。」方回稱此聯「不見著力，自然渾成。」〔註106〕廉彥，周鍔其字，浙江鄞縣人（今屬寧波）。可見《宋詩別裁集》所選張耒諸詩皆爲典型學唐詩，對一些唐風特徵不明顯者，姚培謙等人編《宋詩別裁集》時，也特意選其部分學唐之作。如謝翱《效孟郊體》、《烏棲曲擬張司業》，歐陽修《鶡鴳詞效王建作》等，努力踐行兼採唐宋的選錄標準。

〔註106〕 李慶甲《瀛奎律髓匯評》卷十五，上海：上海古籍出版社，1986 年版，上冊，第 559 頁。案：錢鍾書說：「這一聯可以跟梅堯臣《中秋新霽，壕水初滿，自城東偶泛舟回》的『夕陽鳥外落，新月樹端生』比較。宋人說張耒模倣唐人郎士元《送楊中丞和番》的『河陽飛鳥外，雪嶺大荒西』（《苕溪漁隱叢話》後集卷三十三引《復齋漫錄》；這一條也見於吳曾《能改齋漫錄》卷八），這話不甚確切。郎士元的一聯跟無可《送僧歸中條》的『卷經歸鳥外，轉雪過山椒』一樣，都是想像地方的遙遠，不是描寫眼前的景物；梅、張的寫法正像岑參《宿東溪王屋李隱者》：『天壇飛鳥邊』，杜甫《船下夔州別王十二判官》：『柔櫓輕鷗外』，姚鵠《送友人出塞》：『入河殘日雕西盡』，以至文徵明《題子畏所畫黃茆小景》：『遙天一線鷗飛剩』等，把一件小事物作爲一件大事物的坐標，一反通常以大者爲主而小者爲賓的說法。」（錢鍾書《宋詩選注》，人民文學出版社，1958 年版，第 95 頁）

第四章 版本考

《宋詩別裁集》傳播廣泛，版本廣繁，學界對此迄今尚無全面考述，茲將存世者臚列如次，冀予相關研究有小補：

1、《宋詩別裁集》，八卷，張景星、姚培謙、王永祺選，清乾隆二十六年（1761）誦芬樓刻本。版式：半葉八行，行十六字、小字雙行同，白口、單魚尾、四周單邊，首傅王露序、次目錄，次正文，文中有墨圈，蘇州圖書館寓目。中華書局香港分局 1977 年 10 月據此乾隆二十六年（1761）誦芬樓刊本縮印，凡 137 頁，20 公分，著者見諸臺灣「國家」圖書館。

2、《宋詩別裁集》，八卷，一函四冊，張景星、姚培謙、王永祺選，清乾隆文光堂刻本，竹紙，開本 13.2×9cm，半框 9.2×7.2cm，半葉八行，行十六字，小字雙行字數同，四周單邊，單魚尾，鈐有頤志齋祝松齡藏印多方，巾箱本，文中有朱筆圈點。書名葉刻：「宋詩別裁集　文光堂藏板」，首傅王露序，有「抱殘守缺齋藏書」印章，次目錄，次正文，著者見諸私人藏書。

3、《重訂宋詩別裁集》，八卷，目錄一卷，四冊，張景星、姚培謙、王永祺選，書名葉刻：「雲間張景星評選　重訂宋詩別裁集」，清小酉山房刊巾箱本。開本 9×7.5cm，半葉八行，行十五字，小字雙行同，白口，四周單邊，單魚尾，有墨圈，卷八韓駒七言絕《代葛亞卿作》中「潮中有妾相思淚」之「潮」字墨黑，疑避諱，寧波市圖書館著者寓目。著者另於臺灣大學圖書館所見乾隆二十六年（1761）小酉山房刊巾箱本，其版式則異：書凡四冊，與《元詩別裁集》四冊合裝一函。每冊兩卷，內封葉印「宋詩別裁集　小酉山房藏版　昭和 9.10.3」，有「臺北帝國大學圖書印」、「臺北帝國大學圖書」朱印，應爲臺灣日治時代藏書，開本 9.2×7.6cm，半葉八行，行十六字，小字雙

行注，字數同，四周單邊，白口，黑單魚尾，書中有紅筆句讀。首傅王露序，次目錄，次正文，版心上端皆題書名「宋詩」，下方則依序印有：序、目錄、卷第、體裁、葉數。諸卷首皆印「雲間姚培謙述齋、張景星二銘、王永祺補堂點閱」字。

4、《重訂宋詩別裁集》，凡八卷，析二冊，張景星、姚培謙、王永祺編選，清末務本堂刊巾箱本。版式：半葉八行，行十五字，白口，單魚尾，四周單邊，版心刻書名、卷第、體裁，書名葉刻「雲間張景星評選　重訂宋詩別裁集　務本堂藏板」。首傅王露序，次目錄，次正文。此書上冊為《宋詩別裁集》，但僅錄原書之卷一至卷四，編排順序為：卷一五古，卷二及卷三七古，卷四五律；下冊為《元詩別裁集》，版式同前，未錄原序及目錄，僅收原書之卷五至卷八，編排順序為：卷五及卷六七律，卷七五排，卷八五絕、七絕；附錄有《元詩別裁集補遺》，按五古、七古、五律、七律、七絕編排，共計補入：五古 28 首，七古 15 首，五律 8 首，七律 37 首，七絕 6 首。著者於浙江圖書館孤山古籍部寓目。

5、《宋詩別裁》，八卷，四冊，姚培謙、張景星、王永祺編選，清道光十三年（1833）文萃堂刻巾箱本。版式：半葉七行，行十五字、白口、單魚尾、左右雙邊，書名葉刻「道光癸巳年鐫　宋詩別裁　文萃堂藏板」字，道光癸巳，即道光十三年（1833）。首傅王露序，次目錄，次正文，文中有圈點，版心鐫「宋詩別裁」四字及卷第、體裁，南京圖書館著者寓目。

6、《宋詩別裁集》，八卷，二冊，姚培謙、張景星、王永祺編選，清三讓堂刻巾箱本。版式：半葉八行，行十六字，白口、單魚尾、四周單邊，首傅王露序，次目錄，次正文，文中有圈點，版心鐫「宋詩」二字以及卷第、體裁，南京圖書館著者寓目。揚州大學瘦西湖分館文史研究室亦藏三讓堂刻本《宋詩別裁》。

7、《批評宋詩抄》，八卷，四冊，日本青木嵩山堂藏浪華書屋刻巾箱本，刊刻年代不詳。版式：半葉七行，行十五字，白口，單魚尾，四周雙邊，版心刻書名、卷第、體裁，書名葉刻：「清張雲間編輯　日本後藤元太郎纂評　批評宋詩抄　全部四冊　浪華書房　青木嵩山堂藏」。卷首有秀野人序，其云：「宋詩之唱，前有丈山、霞谷，後有北山、六如，昭代文運，當時為盛。今刻《百一抄》而繼四家者，其誰人歟，其誰人歟？乙丑十月，秀野人」；次傅王露原序，次目錄，次正文，書末有秋爽道人《宋詩百一抄跋》，跋曰：「為

詩者多，而能詩世鮮及也，由不諜唐宋正變也。夫唐詩三變而宋，又屢變而至元明及清，何曾不守正與變也。然近有言詩者，知唐之正而不知其變；言宋之變，而不知其正，宜哉！爲詩世多，而能詩者鮮也。頃之數與都畫府，相謀梓《宋詩百一抄》，以行於世焉。請跋於余，余受而覽之，全宋名流概括無遺，所謂『鼎一臠豹一斑』，亦足以見一代之文獻與正變矣。余謂『宋詩上承於唐，而下傳於元明及清，今學詩者之於宋，並正變而得其中者矣』，試把此抄熟讀，則明余跋矣。是余所以不棄而捄訂也。慶應二年丙寅春，撰於不倦齋南屛下，秋爽道人拜書。」慶應爲日本孝明天皇年號，慶應二年爲公元1866年，歲在丙寅，書中有墨圈、眉批，或論遣詞用字，或析詩歌風格特色，或述詩歌創作背景、詩人淵源等，並多次徵引「松陰」、「山陽」評語，有批有評，堪當《批評宋詩抄》之名，浙江圖書館孤山古籍部寓目。又揚州大學瘦西湖分館文史研究室藏《宋詩抄》，題清張雲間編，爲明治壬午孟春（日本明治十五年，即清光緒八年，即公元1882年）浪華書房刻本。

　　8、《宋詩別裁》，八卷，一冊，姚培謙、張景星、王永祺編選，上海商務印書館民國十九年（1930）四月初版，王雲五主編《萬有文庫》第一集《國學基本叢書》本，繁體豎排，有句點，首傅王露序，次目錄，次正文，書18公分，凡121頁，浙江圖書館孤山古籍部寓目。臺灣商務印書館民國四十五年（1956）四月據上海商務印書館1930年初版影印，名《宋詩別裁》，爲《國學基本叢書》之《詩詞叢編》本，版式、編排同上海商務印書館初版，19公分，凡121頁。民國五十四年（1965）五月，臺灣商務印書館再版，爲《萬有文庫薈要》本，18公分，121頁，編排同初版，著者於臺灣東吳大學中正圖書館見到二書，另於臺北「國家」圖書館見所藏上海商務印書館民國二十八年（1939）12月版《萬有文庫簡編》本，凡121頁，17公分，版式、編排同民國十九年（1930）4月初版，此書與《唐詩別裁》、《元詩別裁》、《明詩別裁》、《清詩別裁》合印，裝爲一函。又臺灣商務印書館民國六十七年（1978）據民國十九年（1930）本再版，爲《人人文庫》本，凡121頁，19公分。

　　9、《宋詩別裁》，姚培謙、張景星、王永祺編選，臺北自由談雜誌社民國五十二年（1963）印行。封面藍底，左側紅色篆字題《宋詩別裁》書名，右側錄眉山蘇軾《遊三遊洞》詩，字爲白色，封底白色，上有「自由談」三字及雜誌社圖案，內封底題：「宋詩別裁（全一冊），爲『自由談』第十五卷正月特大號附刊，免費贈送直接定戶」。書凡129頁，19公分，標點本。此書編

排與其他版本基本一致，有傅王露序、次目錄、次正文，區別在於傅序前有臺灣學者陳定山撰於民國五十二年（1963）的《〈宋詩別裁〉的評介》（見書末附錄），對此版的編撰緣起、《宋詩別裁》的選學思想及其優劣有所揭櫫，其主要篇幅則梳理了宋詩發展史。不過，編輯不夠審慎，陳定山序文有斷句、衍文之疏誤，臺灣東吳大學圖書館寓目。

10、《宋詩別裁集》，二冊，民國上海掃葉山房石印本。內封正面印「沈歸愚先生評選　宋詩別裁集　掃葉山房石印　張定署」，背面印掃葉山房出版書籍名錄，詳書名、冊數、價格，廣告之用。此書首傅王露序，次目錄，次正文，白口，單魚尾，四周雙邊，版心上端依次印「宋詩別裁集序」、「宋詩別裁集目錄」、「宋詩別裁集卷一至八」、「體裁」，下端皆印作「掃葉山房石印」，書中有白色圈點，或為句讀，或為閱讀著重處，各卷首印「雲間姚培謙述齋　張景星二銘　王永祺補堂點閱」字，此書與《唐詩別裁集》、《元詩別裁集》（亦署沈歸愚評選）、《明詩別裁集》、《清詩別裁集》等合刻，遂以《唐詩別裁》評選者沈德潛為叢書評選者。此書偶見眉批，如卷一五古錄陸游《雁翅夾口小酌》，有眉批曰：「醲，仄」；卷二七古錄蘇軾《送戴蒙赴成都玉局觀將老焉》，眉批曰：「樘音欹」，內封面有「國立臺灣大學藏書」、「國立臺灣大學圖書」二朱印，臺灣大學圖書館寓目。

11、《宋詩別裁集》，姚培謙、張景星、王永祺編選，臺北廣文書局民國五十九年（1970）印本，精裝全一冊，紅色封面，上印「宋詩別裁集　廣文書局印行」，書凡 166 頁，19 公分。內封面題「清姚培謙等評選　宋詩別裁集　廣文書局印行」，此書以民國上海掃葉山房石印本為底本，影印再版，版式及編排順序全同上海掃葉山房本，除目錄頁（全文頁 5）版心下方有「掃葉山房石印」字外，其餘原版心「掃葉山房石印」字皆覆，臺灣大學圖書館寓目。

12、《宋詩別裁集》，九卷，四冊，姚培謙、張景星、王永祺編選，日本東京金鱗堂明治十三年（1880）刻巾箱本，著者於臺灣大學圖書館見其微片，原本藏美國加州大學圖書館，書名葉及各卷首皆有此館藏書印。內封面印「清張景星編選　宋詩別裁集　東京書肆　金鱗堂藏」，白口，單魚尾，左右雙邊，首傅王露序，次目錄，次正文，此書析原書卷八為兩卷，故全書為九卷，目錄亦不同其他版本各卷皆列詩人姓名及詩歌數量，此書除保留卷第後的體裁外，則刪去詩人細目，僅出統計數字，目錄如次：「卷之一　五言古　共五十七首；卷之二卷之三　七言古共七十九首；卷之四五言律共百十

五首；卷之五卷之六七言律共二百一首；卷之七五言排律共四十首；卷之
八五言絕句共五十四首；卷之九七言絕句共九十七首；集採共計一百三十七
家　詩選統載六百四十三首」，各卷首印「雲間姚培謙述齋　張景星二銘　王
永祺補堂編選」字，封底印「明治十三年三月十八日御屆　出版人：愛知縣
士族　伊東武彥　東京芝區櫻田本鄉町三番地　發兌：金港堂　東京日本橋
區本町三丁日」。書中有少量眉批、夾批，如卷三張耒《離泗州有作》，眉批
作：「牆同塔」；張耒《牧牛兒》，眉批曰：「一解三句，二解六句，三解四解
二句，五解四句」。

　　此書版本見諸著錄者另有：《宋詩別裁》，八卷，清張景星、姚培謙、王
永祺選，乾隆二十六年（1761）雪祿軒刻本。版式：半葉七行，行十五字，
白口、單魚尾、左右雙邊，北京大學圖書館藏；《宋詩別裁》，八卷，清姚培
謙等輯，乾隆二十六年（1761）令德堂刻本，山西省圖書館藏；《宋詩別裁》，
八卷，張景星等選，清乾隆二十八年（1763）刻本，國家圖書館藏。又《續
修四庫全書總目提要》（稿本）著錄：《宋詩別裁》，明治三年（1870）江戶書
肆玉岩堂刻本，九卷，是書以體為次，計卷一錄五言古詩五十有七首，卷二
之三錄七言古詩七十有九首，卷四錄五言律詩一百十有五首，卷五之六錄七
言律詩二百有一首，卷七錄五言排律四十首，卷八錄五言絕句五十有四首，
卷九錄七言絕句詩九十有七首，都錄詩六百四十有三首，詩家凡一百三十有
七人，人各以時為次。卷首傅王露序，附錄傳記參考材料〔註1〕。又據《日本
所藏中文古籍數據庫》統計，日本有四十家單位收藏此書，與上述有別者，
八卷本如：日本東北大學圖書館藏乾隆三十六年（1771）序刊本，四冊；牧
野文庫藏乾隆二十九年（1764）小西山房序刊本，四冊；九卷本如：東北大
學圖書館藏明治十三年（1880）東京金港堂木版《宋詩別裁集》，四冊；一橋
大學圖書館藏江戶玉岩堂和泉屋金右衛門刊本《宋詩別裁集》，四冊；東京大
學圖書館藏寬政六年（1794）青藜閣須原屋伊八刊本，明治十三年（1880）
金鱗堂刻本四冊等。而今天讀者使用最多的為北京中華書局 1975 年影印本、
上海古籍出版社 1978 年校點本、浙江古籍出版社 1998 年影印本。乾隆二十
六年（1761），《宋詩別裁集》問世，至今已有二百五十餘年的歷史。其刊刻
次數之繁、傳播地域之廣，是其影響力的有力證明。

〔註 1〕中國科學院圖書館整理《續修四庫全書總目提要》（稿本），齊魯書社，1996
　　　年，第 27 冊，第 437～438 頁。

第五章　選源考

　　姚培謙、張景星、王永祺所編《宋詩別裁集》，與康熙初年呂留良、吳之振、吳自牧所編《宋詩抄》及乾隆初曹庭棟所編《宋百家詩存》鼎足而立，稱清代三大宋詩名選。其既富文獻價值，亦饒詩學價值。考察《宋詩別裁》的書稿來源，則頗有意義。明人尊唐黜宋，宋人集存十一於千百，散佚嚴重。《宋詩抄》網羅放逸，輯存了豐富的宋代著名作家詩集。曹氏編《宋百家詩存》時，則補錄《宋詩抄》未收之中小詩人作品，所用底本多爲隱僻難睹之稿本、抄本，並悉照全集錄入。二書輯錄二百家宋人詩歌作品（《宋詩抄》列目百家，實收八十四家，另十六家有目無詩），成爲後出清人宋詩選本的常見選源。乾隆朝，汪景龍編《宋詩略》時，即讚歎：「石門吳孟舉之《宋詩鈔》、嘉善曹六圃之《宋詩存》大有功於宋人之集。」〔註 1〕晚清鄭孝胥亦云：「吳之振之《宋詩抄》、曹庭棟之《宋百家詩存》爲兩宋詩人菁華之所在，治宋詩者孰能捨此。……使世之言詩者得以家置一編，與唐詩並爲案頭必須之冊，其利便於學者，不亦切乎！」（《宋詩抄跋》）〔註 2〕此外，厲鶚所編《宋詩紀事》刊於乾隆十一年（1746），網羅宋人三千八百餘家，洋洋百卷，亦稱文獻淵藪。這幾部選本，編者皆爲江南人士，編刻活動亦皆在江南展開，成書後流播全國，影響廣泛。

　　綜合《宋詩別裁集》編者之交遊、藏書、治學以及當時宋詩風氣等諸多因素考察，是書在編選過程中對《宋詩抄》、《宋百家詩存》、《宋詩紀事》、《唐

〔註 1〕汪景龍、姚壎輯《宋詩略》卷首《序》，清乾隆三十五年（1770）姚氏竹雨山
　　　　房刻本。
〔註 2〕吳之振、呂留良《宋詩抄》，上海：商務印書館，1914 年版。

宋八家詩抄》諸總集取資頗多。這種選源關係，通過考察《宋詩別裁集》在選錄範圍、編排順序、作品刪改等方面與四者的同異即可看出。本文以諸總集問世時間先後爲序考述，詩歌重見於《宋詩抄》、《宋百家詩存》、《宋詩紀事》者，不重複統計。所據底本爲：《宋詩別裁集》，清乾隆二十六年（1761）誦芬樓刻本、上海古籍出版社 1978 年點校本；《宋詩鈔初集》，清康熙十年（1671）吳氏鑒古堂刻本；《宋百家詩存》，清乾隆六年（1741）曹氏二六書堂刻本；《宋詩紀事》，清乾隆十一年（1746）厲氏樊榭山房刻本；《唐宋八家詩》，清雍正六年（1728）遂安堂刻本。

一、《宋詩抄》

1、選詩範圍

《宋詩別裁集》所錄 137 位詩人，見於《宋詩抄》者 65 家。其中，韓維、孔平仲、晁沖之、葉夢得、張九成、謝翱、梅堯臣、孔武仲、晁補之、朱槔、陳造、張詠、王禹偁、韓琦、蘇舜欽、余靖、唐庚、孫覿、王庭珪、趙師秀、翁卷、徐照、徐璣、方岳、林景熙、徐鉉、林逋、趙抃、鄭俠、沈遘、王令、張元幹、陳造、樓鑰、石介、米芾、鄒浩、程俱、周必大、戴復古等 40 人之全部 103 首詩，均見於《宋詩抄》，無一逸出。而且，除梅堯臣、孔武仲、晁補之、蘇舜欽、韓駒、林逋等人所選詩歌內容，二書稍有異文外，其餘詩人所錄詩歌的標題、內容完全一致。此外：《宋詩別裁集》選錄劉子翬詩凡 6 首，其中 5 首詩見於《宋詩抄·屏山集抄》，僅卷一《聞箏作》逸出；選韓駒詩 4 首，其中 3 首見於《宋詩抄》，僅卷三《題畫太一眞人》逸出；朱熹詩，《宋詩別裁集》凡選錄 20 首，僅卷六《前村梅》（次韻秀野開居十五詠末篇「玉立寒煙寂寞濱」）1 首逸出《宋詩抄》；朱松詩，共選錄 5 首，見於《宋詩抄》者 4 首，僅七古《答林康民見和梅花詩》逸出。

2、改動情況

刪改一致，是判定選源的一項重要標準。《宋詩別裁集》與《宋詩抄》改動一致處頗多，這不是巧合，而是《宋詩別裁集》以《宋詩抄》爲選源的忠實抄錄。如：卷一葉夢得《懷西山》「所欲面勢好……未畏成顚隮。……末路乃噬臍」，欲、隮、乃，據《石林居士建康集》卷一〔註3〕，原作：「欣、躋、

〔註 3〕葉夢得《石林居士建康集》，《叢書集成續編》第 126 冊，臺北：新文豐出版

多」,《宋詩別裁集》與《宋詩抄》改動一致。卷一葉夢得《送沈傳曜》,據《石林居士建康集》卷二〔註4〕,「東望烏氏」句下有小注「光宗諱同」,《宋詩別裁集》、《宋詩抄》皆刪除之。卷三劉子翬《兼道攜古墨來墨面龍紋墨背識云保太九年奉敕造長春殿供御龍印香煤旁又識云墨務官臣庭珪監官臣夷中臣子和臣卞等進蓋江南李氏物也感之為作此詩》,「保太九年」,據《劉子翬集》卷十二,為「保大九年」,《宋詩別裁集》、《宋詩抄》均作:「保太」。卷四王庭珪《辰州上元》「留滯遠湘浦」中第三字,《宋詩別裁集》、《宋詩抄》皆作「遠」,據《瀘溪集》卷十,應為「沅」,二書改動一致。卷五王禹偁《日長簡仲咸》中「風騷北院花千片」,「風騷」,《宋詩別裁集》、《宋詩抄》皆作「風騷」,據宋刊本《小畜集》卷九本作:「風飄」〔註5〕,《宋詩別裁集》、《宋詩抄》改動一致。卷五孔平仲《造王館公第馬上作》,「館」,據《朝散集》卷五,原作「舒」,《宋詩別裁集》、《宋詩抄》皆作「館」。卷七王禹偁《茶園十二韻》,據宋刊本《小畜集》卷十一,本有題注:「揚州作」〔註6〕,《宋詩別裁集》、《宋詩抄》皆刪除此注。詩中「土軟迸新根」,「新」,據宋刊本《小畜集》卷十一,本作:「深」〔註7〕,《宋詩別裁集》、《宋詩抄》均改作「新」。

3、編排順序

　　《宋詩別裁集》卷四梅堯臣《依韻和子聰見寄》、《夢後寄歐陽永叔》、《餘姚陳寺丞》、《夏日晚霽與崔子登周襄故城》、《金山寺》;卷四徐璣《黃碧》、《憑高》、《春日遊張提舉園地》;卷四王安石《半山春晚即事》、《即事》、《欲歸》、《宿雨》、《江亭晚眺》;卷四趙師秀《桐柏觀》、《巖居僧》、《大慈道》;卷五林逋《西湖春日》、《山園小梅》、《梅花》;卷六王庭珪《春日山行》、《題郭秀才釣亭》、《送胡邦衡之新州貶所》;卷八王安石《初夏即事》、《自定林過西庵》、《北山》、《出郭》、《悟真院》、《書湖陰先生壁》、《金陵即事》、《和張仲通憶

　　　　公司1969年,影印清宣統三年夏月葉氏觀古堂刻本,第571頁。

〔註4〕葉夢得《石林居士建康集》,《叢書集成續編》第126冊,臺北:新文豐出版
　　　　公司1969年,影印清宣統三年夏月葉氏觀古堂刻本,第576頁。

〔註5〕王禹偁《小畜集》,四部叢刊初編本,上海商務印書館縮印常熟瞿氏藏宋刊配
　　　　舊抄本,第61頁。

〔註6〕王禹偁《小畜集》,四部叢刊初編本,上海商務印書館縮印常熟瞿氏藏宋刊配
　　　　舊抄本,第76頁。

〔註7〕王禹偁《小畜集》,四部叢刊初編本,上海商務印書館縮印常熟瞿氏藏宋刊配
　　　　舊抄本,第76頁。

鍾陵》、《鍾山即事》、《遊鍾山》；卷八陳與義《出山》（見《宋詩抄》同題二首其二「山空樵斧響」）、《入山》（見《宋詩抄》同題二首其二「都迷去時路」）、《清明》（見《宋詩抄》同題二首其二「卷地風拋市井聲」）、《春日》（見《宋詩抄》同題二首其一「朝來庭樹有鳴禽」）等，其編排先後順序同《宋詩抄》皆完全一致。

4、詩學思想

永嘉四靈師法晚唐，與江西詩派異趣。《宋詩別裁集》卷四專錄五言律詩，其中選錄四靈詩凡 8 首：趙師秀 3 首、翁卷 1 首、徐照 1 首、徐璣 3 首。從四靈在宋詩史的地位以及其詩歌總量來說，這個選量其實不少，更重要的是能選盡其長。五律爲四靈所擅，趙師秀坦言：「一篇幸止有四十字，更增一字，吾未如之何矣。」精苦如斯，其他三人莫不如此，呂留良撰《宋詩抄·清苑齋詩抄序》即指出：「四靈尤尚五言律體」。可見姚培謙等人編選《宋詩別裁集》，領會並貫徹了吳之振、呂留良的選本思想，選四靈五律以明其所長。又如宋初隱逸詩人林逋，孤高恬淡，詩風澄澈清逸，擅長近體，尤工七律，以詠梅及詠西湖諸作爲代表。《宋詩別裁集》共選錄和靖先生詩 4 首，皆近體詩：七律 3 首，七絕 1 首，全部見於《宋詩抄》，卷五所選《西湖春日》、《山園小梅》、《梅花》皆其代表作，足見編者識見高明。

二、《宋百家詩存》

1、選詩範圍

《宋詩別裁集》凡選錄宋代詩人 137 位，其中，45 位詩人的 115 首詩歌見於《宋百家詩存》。除卷二郭祥正《金山行》詩逸出《宋百家詩存·青山集》外，其餘 44 人的全部詩歌作品皆見於《宋百家詩存》。而且，劉弇、李昭玘、李彌遜、周紫芝、敖陶孫、文彥博、劉過、周孚、呂本中、曹勳、嚴粲、姚鏞、張道洽、周弼、陳鑑之、穆修、彭汝礪、王琮、華岳、岳珂、劉仙倫、杜範、陳起、柴望、葛天民、葉茵、利登、朱繼芳、俞桂、羅公升、魏野、汪莘、黃大受等 33 人的全部 58 首詩歌，從詩歌題目到內容與《宋百家詩存》所載無任何不同。

2、編排順序

《宋詩別裁集》與《宋百家詩存》重見的 45 位詩人皆爲中小作家，其作

品數量本身就不多，分配到《宋詩別裁集》各卷的詩歌數量則有限，同卷內選錄同一作家 3 首以上者極少，全書僅有九處，卻有六處的編排順序同《宋百家詩存》完全一致，如：卷四劉敞《秋晴西樓》、《觀魚臺》、《梅花》、《春陰》、《月夜》、《蟬》、《臨雨亭》、《獨行》；宋祁《再遊海雲寺作》、《臘後晚望》、《城隅晚意》、《中秋新霽壕水初滿自城東隅泛舟回謝公命賦》；司馬光《送峽州陳廉秘丞》、《送鄭推官戩赴邠州二首》、《郭氏園送張仲通出刺棣州》；卷五賀鑄《九日登戲馬臺》、《懷寄寇元弼》、《江上有懷李易初》；宋祁《寒食》、《落花》、《擬杜子美峽中意》、《集西園》；卷八郭祥正《西村》、《客兒亭》、《翠樾堂》、《訪隱者》等，這絕非一再巧合，乃抄刻時的直接承襲。

3、刪改情況

《宋詩別裁集》與《宋百家詩存》詩歌刪改一致處所在多有，如：卷一賀鑄《答杜仲觀登叢臺見寄》「低徊避蚯蝮」，「蚯蝮」，據《慶湖遺老集》卷二，原爲「蚯蟮」，《宋詩別裁集》與《宋百家詩存》均作「蚯蝮」，竄改一致，應爲《宋詩別裁集》襲《宋百家詩存》之誤而不正；卷四劉敞《檀州》，據《公是集》卷十九，《檀州》後原有題注：「正月二日」，《宋詩別裁集》、《宋百家詩存》俱刪落。卷五賀鑄《江上有懷李易初》，「江上」，據日本影宋淳熙抄本《慶湖遺老集》卷六，原爲「汴上」，《宋詩別裁集》、《宋百家詩存》均作「江上」，改動一致；又卷五賀鑄《九日登戲馬臺》中「斬蛇人去事空傳」，「斬蛇人」，據日本影宋淳熙抄本《慶湖遺老集》卷六，原爲「射蛇公」，《宋詩別裁集》與《宋百家詩存》均錄作「斬蛇人」，改動一致。卷七宋祁《九日侍宴太清樓》中「神池元不浪」句，「元」，據《景文集》卷十九，爲「原」，《宋詩別裁集》與《宋百家詩存》皆改作「元」。卷八郭祥正《訪隱者》末句「殘花滿地無行跡」，「無行跡」，據郭祥正《青山集》卷二十八，爲「無人跡」，《宋詩別裁集》與《宋百家詩存》均作「無行跡」。又卷八張孝祥《野牧園》二首見《宋百家詩存》卷二十《于湖集》同題二首，據宋本《于湖居士文集》卷十二，「園」應作「圖」〔註8〕，《宋詩別裁集》與《宋百家詩存》皆爲「園」。卷八武衍《宮詞》見《宋百家詩存》卷三十一《適安藏拙餘稿》，其中「梨花風動玉蘭香」句，「玉蘭」，據《適安藏拙稿》頁一，作「玉闌」，《宋百家詩存》與《宋詩別裁集》均作「玉蘭」。卷八周文璞《賞春》見《宋百家詩存》

〔註 8〕張孝祥《于湖居士文集》，《四部叢刊初編》本，上海商務印書館縮印慈谿李氏藏宋本，第 81 頁。

卷二十九《方泉集》，其中「斜簪縹帶御園花」，「縹帶」，據《方泉詩集》卷二爲「縹蒂」，《宋詩別裁》與《宋百家詩存》皆作「縹帶」。

4、編者交遊

《宋百家詩存》編者曹庭棟與《宋詩別裁集》編者張景星、姚培謙皆有交往。曹氏《產鶴亭詩》載《憶鶴二首答梅園主人》，所謂「梅園主人」即張景星。其一云：「如聞宵唳隔遙川，那復飛來向我前。目斷林家亭下路，時縈清夢在梅邊。」〔註 9〕又《梅園主人遣使送鶴》云：「分來籠裏香山鶴，渾作陶家弔客看。深感故人高誼在，轉憐清淚助淒酸。」〔註 10〕曹氏自撰年譜《永宇溪莊識略》卷六載：「乾隆二十一年丙子，五十八歲。正月，《孝經通釋》著訖，命梓。是春，聞雲間張二銘欲以鶴贈。去冬歲歉，正當人憂艱食之時，賦詩云『曾不飽人翻飽鶴，哪能枵腹看翶翔。』又云『歲凶習儉嗟何及，身賤憂時笑枉然。』」〔註 11〕又「乾隆二十二年丁丑，五十九歲。三月，經理我母葬事，奉靈柩合葬於父墓。居憂杜門，長夏參《河洛考著法》，著《易準》始。張二銘遣使籠鶴至，答以詩云『分來籠裏香山鶴，渾作陶家弔客看。深感故人高誼在，轉憐清淚助淒酸。』」〔註 12〕所言乾隆二十一年（1756）景星贈鶴事，曹庭棟有《聞張二銘惠鶴》詩：「初聞惠鶴喜如狂，卻爲躊躇是鶴糧。曾不飽人翻飽鶴，可能枵腹看翶翔。」〔註 13〕可見曹、張二人交情深厚。曹氏與姚培謙之交往，見《姚培謙之交遊》。《宋百家詩存》初刻於乾隆六年（1741），成之在先，且影響廣大。以曹、張、姚之交往論，《宋詩別裁集》的選源，部分取自《宋百家詩存》，亦情理中事。

三、《宋詩紀事》

1、選詩範圍

對檢《宋詩紀事》，除卻與《宋百家詩存》重見者，《宋詩別裁集》所選詩見於《宋詩紀事》者凡 47 首，其中，王琪、倪濤、寇準、周敦頤、李昉、

〔註 9〕 曹庭棟《產鶴亭詩四稿》，《四庫全書存目叢書》集部，第 282 冊，第 206 頁。
〔註 10〕 曹庭棟《產鶴亭詩五稿》，《四庫全書存目叢書》集部，第 282 冊，第 217 頁。
〔註 11〕 陳祖武編《乾嘉名儒年譜》，北京：北京圖書館出版社，2006 年版，第 4 冊，第 26 頁。
〔註 12〕 陳祖武選《乾嘉名儒年譜》，北京：北京圖書館出版社，2006 年版，第 4 冊，第 27 頁。
〔註 13〕 曹庭棟《產鶴亭詩四稿》，《四庫全書存目叢書》集部，第 282 冊，第 207 頁。

丁謂、晏殊、夏竦、謝逸、石延年、家鉉翁、劉放、謝枋得等 13 人，《宋詩別裁集》人各僅錄 1 首，詩則全部見於《宋詩紀事》，無一逸出。而且，寇準、李昉、丁謂、石延年、家鉉翁、劉放、謝枋得等 7 人，《宋詩別裁集》所選詩歌的題目、內容，同《宋詩紀事》完全一致。《宋詩紀事》刊於乾隆十一年（1746），爾後風行南北，播於眾口，《宋詩別裁集》刻於乾隆二十六年（1761），去世較近，《宋詩別裁集》編選時當參閱了《宋詩紀事》。

2、補《宋詩抄》、《宋百家詩存》所逸

　　《宋詩別裁集》所選詩人作品，存在幾位作家僅 1 首詩歌逸出《宋詩抄》、《宋百家詩存》的現象，而這些「逸詩」則見於《宋詩紀事》。如郭祥正《金山行》，爲《宋詩別裁集》逸出《宋百家詩存》者，此詩見於《宋詩紀事》卷二十七；劉子翬《聞箏作》，爲逸出《宋詩抄》者，此詩見於《宋詩紀事》卷四十六，題作《聞箏》；韓駒《題畫太一眞人》，爲逸出《宋詩抄》者，此詩見於《宋詩紀事》卷三十三，題作：《題李伯時畫太乙眞人圖》，據《陵陽集》卷一，題目原爲：《題王內翰家李伯時畫太一姑射圖》，諸書皆有改動。

四、《唐宋八家詩抄》

　　姚培謙平居喜搜輯、校勘古籍，時有「書淫」〔註14〕之謂，沈大成《閏重陽前五日姚悔凡招同王草香方茗山李坤符小集因登讀史樓悔凡以藏書見贈重感其意兼有所懷作》稱姚氏讀史樓：「樓中富奇書善本」〔註15〕；又《和悔凡小圃雜詠》其二稱姚氏「捲簾校異書」〔註16〕。王嘉曾亦稱讚姚氏「家故多藏書，湘簾棐几，校理不倦。一字之疑，群書比櫛，必疏通證明而後止，於排類比纂尤爲專門。」〔註17〕培謙亦自稱：「甲乙藏書滿，丹黃用力專。時時勞校勘，一一付雕鐫。瑤圃菁英列，珠林寶怪駢」（《述懷一百韻》）〔註18〕，

〔註14〕姚培謙《春窗雜詠》其十四，《松桂讀書堂集》卷七，《四庫全書存目叢書》集部，第 277 冊，第 132 頁。

〔註15〕沈大成《學福齋詩集》卷十三，《續修四庫全書》集部，第 1428 冊，第 319 頁。

〔註16〕沈大成《學福齋詩集》卷十三，《續修四庫全書》集部，第 1428 冊，第 322 頁。

〔註17〕王嘉曾《聞音室遺文附刻》之《姚平山先生傳》，《續修四庫全書》集部，第 1447 冊，第 265 頁。

〔註18〕姚培謙《松桂讀書堂集》，《四庫全書存目叢書》集部，第 277 冊，第 109 頁。

「日日鑽研故紙堆」（《獄中雜詩十二首》其四）〔註19〕。姚氏對《宋詩別裁集》的成書貢獻最大，其中之一即藏書之便。

康熙六十年（1721），姚培謙開始編選《唐宋八家詩》，邊選邊刻，雍正五年（1727）竣工，事見《周甲錄》康熙六十年（1721）載：「選《唐宋八家詩》以次付梓，至雍正五年秋告竣。東坡詩先成，西亭先生勸準茅氏鹿門《文抄》例並及七家，因取唐韓昌黎、柳柳州；宋蘇老泉、灤城、歐陽廬陵、曾南豐、王半山全集去取成帙。」〔註20〕上海圖書館藏雍正五年（1727）遂安堂刻本〔註21〕，半頁九行，行十九字，黑口，單魚尾，左右雙邊，版心署「××詩抄卷×」、體裁、頁碼，內封面左上署八家詩人姓字，中署「唐宋八家詩」，右署「遂安堂藏板」，書有《例言》，無序跋，凡五十二卷，仿茅坤《唐宋八家文抄》例，收錄唐宋八家詩，具體收錄情況爲：韓愈八卷、柳宗元四卷、歐陽修八卷、蘇洵一卷、蘇軾十八卷、蘇轍四卷、王安石六卷、曾鞏三卷，人各冠以小傳，本新舊《唐書》、《宋史》所載。姚培謙撰《唐宋八家詩例言》云：「往余有《東坡分體詩抄》一刻，給事王西亭先生見之，寓書勸余準茅氏《文抄》之例，並及諸家。暇日因各掇全集，遴選付梓，遵前輩之教也。」〔註22〕王西亭即王原。《唐宋八家詩抄》選錄宋人六位：歐陽修、王安石、蘇洵、蘇軾、蘇轍、曾鞏，姚氏藏有諸人全集。除蘇洵外，其餘五人作品《宋詩別裁集》均有選錄，這五位詩人的稿源當爲姚培謙家藏稿。此外，陳師道，名列「蘇門六君子」，江西派「三宗」之一，鯁直方正，詩以拗峭驚警見長，深得姚培謙仰慕，姚氏嘗校刻《陳後山集》，王原云：「吾郡姚子平山素愛其詩，從其世父太史公家借得抄藏馬氏本，中間頗有訛字，余悉爲改正，疑者闕焉。平山名家子，好古，工詩文。將謀雕版以廣其傳，屬余引其端」（《陳後山集序》）〔註23〕。《宋詩別裁集》共選錄陳師道詩 8 首，其選源亦當爲姚氏家藏本。

綜上所述，受編者的交遊、藏書、治學以及經濟狀況、地域文化等因素

〔註19〕姚培謙《松桂讀書堂集》卷七，《四庫全書存目叢書》集部，第 277 冊，第 118 頁。
〔註20〕姚培謙《周甲錄》，北京圖書館出版社，1999 年影印乾隆刻本，第 123 頁。
〔註21〕姚培謙編《唐宋八家詩》，無錫華希閔豫原、宜興任啓運翼聖參閱，清雍正五年遂安堂刻本。
〔註22〕姚培謙《唐宋八家詩》卷首，清雍正五年遂安堂刻本。
〔註23〕王原《西亭文抄》卷三，清光緒十七年不遠復齋刻本。

的影響，《宋詩別裁集》的編選，對《宋詩抄》、《宋百家詩存》、《宋詩紀事》、《唐宋八家詩抄》、《陳後山集》有不同程度的取資與借鑒。所選 137 位詩人中，有 106 家的全部作品見於上述五書。清人梁章鉅指出：閱讀宋詩，「則泛覽吳之振之《宋詩抄》、曹庭棟之《宋詩存》、厲鶚之《宋詩紀事》足矣。」〔註 24〕申屠青松認爲：「所有宋詩文獻中，以《宋詩鈔》對清代宋詩選本影響最大。《石倉宋詩選》、《宋詩鈔》、《宋詩紀事》、《宋百家詩存》是清代宋詩選本的基本文獻來源。」〔註 25〕本文的考察印證了這一觀點。據申屠青松考察，《宋文鑒》和《瀛奎律髓》也是《宋詩別裁集》的文獻來源〔註 26〕。就《宋詩別裁集》的具體編選而言，中小詩人的詩歌作品主要取源於曹庭棟《宋百家詩存》和厲鶚《宋詩紀事》，大家名家詩作則主要取源於吳之振《宋詩抄》和姚培謙《唐宋八家詩抄》。中小詩人作品罕見刻本流傳，而多以抄本、稿本行世，傳播範圍有限，不易搜求，故《宋詩別裁集》多取自選本總集。而如歐陽修、王安石、蘇軾、陳師道、黃庭堅、陳與義、陸游、楊萬里、范成大等人，其清初傳本多，易於訪求，則多取諸專集。宋詩在明代備受輕視，文獻散佚嚴重。清人編選宋詩總集，常面臨文獻難覓的窘境，其習見做法即是以幾部總集爲基礎，再輔以少量的別集、詩話、筆記、方志等文獻，綜選而成。其弊在於選源狹隘，缺少比照，詩歌遞相傳抄稗販，訛傳誤載之事時有發生，此有客觀條件限制。清人編選宋詩時選源率最高的總集爲《宋詩抄》、《宋百家詩存》、《宋詩紀事》，因爲它們搜羅宋詩詳備，文獻質量較高，傳播範圍廣。然而選詩依賴總集選本，易導致文獻疏誤，《宋詩別裁集》亦未能幸免。

〔註 24〕梁章鉅《退庵隨筆》，《清詩話續編》本，上海古籍出版社，1983 年版，第 1980 頁。

〔註 25〕申屠青松《清初宋詩選本研究》，南京大學 2008 屆博士學位論文，第 64 頁。

〔註 26〕申屠青松《清初宋詩選本研究》，南京大學 2008 屆博士學位論文，第 60 頁。

第六章　文獻編輯勘誤

　　據前文考述，姚培謙等編《宋詩別裁集》共選錄宋人 137 位，其中 105 人〔註 1〕的詩歌作品全部來源於《宋詩抄初集》、《宋百家詩存》、《宋詩紀事》、《唐宋八家詩抄》四部詩歌總集，占入選詩人總數的 75%。總集乃二手文獻，編刻過程中對原書難免有不同程度的刪改，魯魚亥豕以訛傳訛現象時有發生。《宋詩別裁集》以總集爲選源，雖未假手書傭，編輯疏誤仍多，茲以類爲序，臚列如次：

一、刪減題序

卷一

　　賀鑄《宿寶泉山慧日寺》，據《慶湖遺老集》卷三知，題後原有小序云：「在烏江東七十里，戊辰中元日，入夜，沿事至此，邂逅越嚴生，因賦是詩。」〔註 2〕《宋百家詩存》錄作：「寺在烏江東北，戊辰中元至此，遇越客嚴生，因賦是詩。」〔註 3〕語意無殊，用語稍別。《宋詩別裁集》則刪除之。

　　姜夔《昔遊詩》（洞庭八百里），江都陸鍾輝校刻本《白石道人詩集》卷上載此詩有題序云：「夔早歲孤貧，奔走川陸，數年以來，始獲寧處。秋日無謂，追憶舊遊可喜可愕者，吟爲五字古句，時欲展閱，自省生平不足以爲詩也。」〔註 4〕

〔註 1〕 共 106 人，另一人爲陳師道，所據底本爲《陳後山集》。
〔註 2〕 姚培謙、張景星、王永祺等《宋詩別裁集》，上海：上海古籍出版社，1978年，第 23 頁引。
〔註 3〕 曹庭棟《宋百家詩存》卷一，乾隆六年曹氏二六書堂刻本。
〔註 4〕 姜夔《白石道人詩集》，《四部叢刊初編》本，上海商務印書館縮印江都陸氏校刻本，第 18 頁。

《宋百家詩存·白石道人集》之《昔遊詩》亦有題序云：「夔早歲孤貧，奔走川陸，數年以來，始獲寧處。秋日無謂，追憶舊遊可喜可愕者，吟為五字詩，時時欲展閱，自省平生不足為詩也。」〔註5〕《宋詩別裁集》則刪除此題序。

卷二

賀鑄《題漢陽招真亭》，見《宋百家詩存》卷一《慶湖集》，是詩原有題序，《宋詩別裁集》所錄不完整，「亭在大別山峰頂，……亭成後二年物故」後「余於淮陰道中適見之，亦無他異。丙子八月獨登因賦此」〔註6〕，《宋詩別裁集》中被刪，《宋百家詩存》所錄完整。

卷四

梅堯臣《金山寺》，《宋詩抄·宛陵詩抄》有題序：「昔嘗聞謝紫微言：金山之勝，峰巒攢水上，秀拔殊眾山。環以臺殿，高下隨勢。向使善工模畫，不能盡其美。初恨未遊，赴官吳興，船次瓜州，值海汐多落，孤港未通，獨行江際，始見故所聞金山者，與謝公之說無異也。因借小舟以往。乃陟回閣上上方，歷絕頂，以問山阿。危亭曲軒，窮極山水之趣，一草一木，雖未萼發，而或青或凋，皆森植可愛。東小峰謂之鶻山，有海鶻雄雌棲其上，每歲生雛，羽翮既成，與之縱飛，迷而後返，有年矣。惡禽猛鷙，不敢來茲以搏魚鳥，其亦不取近山之物以為食，可義也夫。薄暮返舟，寺僧乞詩，強為之句，以應其請。偶然而來，不得彷彿，敢與前賢名跡耶？」〔註7〕《宋詩別裁集》刪落此序，僅取其中「東小峰，謂之鶻山，有海鶻雄雌棲其上，每歲生雛，羽翮既成，與之縱飛，迷而後返，有年矣。惡禽猛鷙，不敢來茲以搏魚鳥」置於頸聯「巢鶻寧窺物，馴鷗自作群」後，以為詩中注。

二、刪改題注

卷一

張耒《出長夏門》，《宋詩抄初集》有題注：「初望龍門」〔註8〕，《宋詩別裁集》刪落。此詩，舊鈔本《張右史文集》卷九題作《出長安門》〔註9〕，且

〔註5〕曹庭棟《宋百家詩存》卷二十六，乾隆六年曹氏二六書堂刻本。
〔註6〕曹庭棟《宋百家詩存》卷一，乾隆六年曹氏二六書堂刻本。
〔註7〕呂留良、吳之振《宋詩抄》，北京：中華書局，1986年，第298頁。
〔註8〕呂留良、吳之振《宋詩抄》，北京：中華書局，1986年，第976頁。
〔註9〕張耒《張右史文集》，上海商務印書館縮印舊鈔本，第88頁。

「同遊得君子」句下有小注「同榮教授」，《宋詩別裁集》則刪之。

朱熹《臥龍庵武侯祠》，《宋詩抄初集》有題注：「在西澗西三里」〔註10〕，《宋詩別裁集》刪落；《陶公醉石歸去來館》廬山雜詠之十一，《宋詩抄初集》有題注：「在歸宗西五里」〔註11〕，《宋詩別裁集》刪落；《康王穀水簾》廬山雜詠之十三，《宋詩抄初集》有題注：「谷口景德觀，在溫湯西十五里。入谷又十五里至簾下」〔註12〕，《宋詩別裁集》刪落。

黃庭堅《留王郎》，據宋本《豫章黃先生文集》卷二〔註13〕，有題注：「純亮世弼」，《宋詩抄初集》亦有此題注：「純亮世弼」〔註14〕，《宋詩別裁集》則刪落之。詩中「奉承白頭親」，《宋詩抄初集》有注：「『白頭』一作『白髮』」〔註15〕，宋本《豫章黃先生文集》卷二〔註16〕、《宋詩別裁集》均無此注，知《宋詩抄初集》所據底本有衍文。

卷二

晁補之《芳儀怨》，據《雞肋集》卷十自注，原有題注：「事見《虜廷雜記》」〔註17〕。《宋詩抄初集》亦作「事見《虜廷雜記》」〔註18〕。《宋詩別裁集》題注則作：「事見陸游《避暑漫抄》」，誤。

歐陽修《晉祠》，元刊本《歐陽文忠公文集》卷二有題注：「一本作《過并州晉祠泉》」〔註19〕；《宋詩抄初集》題注亦作：「一本作《過并州晉祠泉》」〔註20〕，《宋詩別裁集》則刪落。

〔註10〕 呂留良、吳之振《宋詩抄》，北京：中華書局，1986年，第1695頁。
〔註11〕 呂留良、吳之振《宋詩抄》，北京：中華書局，1986年，第1696頁。
〔註12〕 呂留良、吳之振《宋詩抄》，北京：中華書局，1986年，第1697頁。
〔註13〕 黃庭堅《豫章黃先生文集》，《四部叢刊初編》縮本，臺北：臺灣商務印書館，1965年，影印嘉興沈氏藏宋本，第19頁。
〔註14〕 呂留良、吳之振《宋詩抄》，北京：中華書局，1986年，第892頁。
〔註15〕 呂留良、吳之振《宋詩抄》，北京：中華書局，1986年，第892頁。
〔註16〕 黃庭堅《豫章黃先生文集》，《四部叢刊初編》縮本，臺北：臺灣商務印書館，1965年，影印嘉興沈氏藏宋本，第19頁。
〔註17〕 姚培謙、張景星、王永祺等《宋詩別裁集》，上海：上海古籍出版社，1978年，第44頁引。
〔註18〕 呂留良、吳之振《宋詩抄》，北京：中華書局，1986年，第1119頁。
〔註19〕 歐陽修《歐陽文忠公文集》，《四部叢刊初編》本，民國上海涵芬樓影印元刊本，第56頁。
〔註20〕 呂留良、吳之振《宋詩抄》，北京：中華書局，1986年，第321頁。

黃庭堅《送范德孺知慶州》，據宋本《豫章黃先生文集》卷二〔註21〕，原有題注：「純粹」，《宋詩別裁集》刪落之。

卷三

張耒《牧牛兒》，舊鈔本《張右史文集》卷四「古樂府歌詞」有載〔註22〕，原有題注：「應城道中」，《宋詩別裁集》刪落之。

卷四

司馬光《郭氏園送張仲通出刺棣州》，宋紹興本《溫國文正司馬公集》卷十〔註23〕，原有題注：「得朝字」；《宋百家詩存・傳家集》亦有此題注：「得朝字」〔註24〕，《宋詩別裁集》刪之。

王十朋《過三叉》，據《梅溪後集》卷十一，原有題注：「在玉沙縣界」〔註25〕，《宋詩別裁集》刪除之。

卷五

賀鑄《懷寄寇元弼》，據《宋百家詩存》卷一載〔註26〕，原有題注：「寇時官荊山」，《宋詩別裁集》刪落之。

歐陽修《內直對月寄子華舍人持國廷評》，元刊本《歐陽文忠公文集》卷十二有題注：「一作《呈原父》」〔註27〕；《宋詩抄初集》亦有此題注：「一作《呈原父》」〔註28〕，《宋詩別裁集》刪之。

卷六

陳與義《春夜感懷寄席大光》，據宋本《增廣箋注簡齋詩集》卷二十，原

〔註21〕黃庭堅《豫章黃先生文集》，《四部叢刊初編》縮本，臺北：商務印書館，1965年影印嘉興沈氏藏宋本，第13頁。

〔註22〕張耒《張右史文集》，上海商務印書館縮印舊鈔本，第58頁。

〔註23〕司馬光《溫國文正司馬公集》，《四部叢刊初編》本，上海商務印書館縮印常熟瞿氏藏宋紹興本第136頁。

〔註24〕曹庭棟《宋百家詩存》卷五，乾隆六年曹氏二六書堂刻本。

〔註25〕姚培謙、張景星、王永祺等《宋詩別裁集》，上海：上海古籍出版社，1978年，第102頁引。

〔註26〕曹庭棟《宋百家詩存》卷一，乾隆六年曹氏二六書堂刻本。

〔註27〕歐陽修《歐陽文忠公文集》，《四部叢刊初編》本，民國上海涵芬樓影印元刊本，第120頁。

〔註28〕呂留良、吳之振《宋詩抄》，北京：中華書局，1986年，第362頁。

有題注：「郢州」〔註29〕，《宋詩別裁集》與《宋詩抄初集》均刪落。

卷七

王安石《雙廟》，據明刊本《臨川先生文集》卷十六〔註30〕，原有題注：「張巡、許遠」，《宋詩別裁集》刪落之。

王禹偁《茶園十二韻》，據宋刊本《小畜集》卷十一，本有題注：「揚州作」〔註31〕，《宋詩別裁集》刪除此注。

卷八

晁沖之《戲留次衷三十三弟》，《宋詩抄初集》原有題注：「頌之」〔註32〕，《宋詩別裁集》刪之。

三、刪減詩中注

卷一

賀鑄《上已後一日登快哉亭》中「城角趨危亭」，「趨」字下，《宋百家詩存》自注：「去聲」〔註33〕，《宋詩別裁集》刪落。

蘇軾《金山妙高臺》「臺中老比邱」，《宋詩別裁集》詩中注曰「子元長老」，而據宋務本堂刊本《集注分類東坡先生詩》卷二〔註34〕，原作「師謂了元長老也」。

張耒《出長夏門》之「同遊得君子」句下，據舊鈔本《張右史文集》卷九載〔註35〕，本有小注「同榮教授」，《宋詩抄初集》保有此小注：「同榮教授」〔註36〕，而《宋詩別裁集》刪之。

〔註29〕陳與義《簡齋詩集》，《四部叢刊初編》本，上海商務印書館縮印常熟瞿氏藏宋本，第89頁。

〔註30〕王安石《臨川先生文集》，四部叢刊初編本，上海商務印書館縮印明刊本，第134頁。

〔註31〕王禹偁《小畜集》，四部叢刊初編本，上海商務印書館縮印常熟瞿氏藏宋刊配舊鈔本，第76頁。

〔註32〕呂留良、吳之振《宋詩抄》，北京：中華書局，1986年，第1072頁。

〔註33〕曹庭棟《宋百家詩存》卷一，乾隆六年曹氏二六書堂刻本。

〔註34〕蘇軾《集注分類東坡先生詩》，四部叢刊初編本，上海商務印書館縮印南海潘氏藏宋務本堂刊本，第78頁。

〔註35〕張耒《張右史文集》，上海商務印書館縮印舊鈔本，第88頁。

〔註36〕呂留良、吳之振《宋詩抄》，北京：中華書局，1986年，第976頁。

葉夢得《送沈傳曜》，據《石林居士建康集》卷二〔註37〕，「東望烏氏」句下有小注「光宗諱同」，《宋詩別裁集》刪除之。

卷二

歐陽修《晉祠》詩中小注，《宋詩別裁集》一概刪落。如「古城」，古，元刊本《歐陽文忠公文集》卷二、《宋詩抄初集》均注：「一作『故』」；「鳴渠夾路」，元刊本《歐陽文忠公文集》卷二、《宋詩抄初集》皆注「一作『石渠夾道』」；「古柏」，古，元刊本《歐陽文忠公文集》卷二、《宋詩抄初集》皆注「一作『松』」；「事豪俠」，事，元刊本《歐陽文忠公文集》卷二、《宋詩抄初集》皆注「一作『重』」；「秋草自綠埋空垣」，元刊本《歐陽文忠公文集》卷二、《宋詩抄初集》皆注「一作『自緣空塞垣』」；「舊老」，舊，元刊本《歐陽文忠公文集》卷二、《宋詩抄初集》皆注「一作『故』」〔註38〕。又《送徐生之澠池》，元刊本《歐陽文忠公文集》卷五〔註39〕、《宋詩抄初集》題目皆同此，但「徐生」字下有注「一作『徐無黨』」〔註40〕，《宋詩別裁集》刪；詩中小注《宋詩別裁集》概刪落，如「名卿」，元刊本《歐陽文忠公文集》卷五〔註41〕、《宋詩抄初集》皆注「一作『才能』」；「年少」，元刊本《歐陽文忠公文集》卷五〔註42〕、《宋詩抄初集》皆注「一作『少年』」；「短章」，元刊本《歐陽文忠公文集》卷五〔註43〕、《宋詩抄初集》皆注「一作『章句』」〔註44〕。又《鵯鵊詞》題注「效王建作」，詩中「鳳闕」，闕，元刊本《歐陽文忠公文集》卷九〔註45〕、《宋詩抄初集》皆注「一作『閣』」；「東岸村」，村，元刊本《歐陽文忠公文集》卷九〔註46〕、《宋詩抄初集》皆注「一作『春』」；「野鳥常嘲」，常，元刊本《歐陽文忠公文集》卷九〔註47〕、《宋詩抄初集》皆注「一

〔註37〕葉夢得《石林居士建康集》，《叢書集成續編》第 126 冊，臺北：新文豐出版公司 1969 年，影印清宣統三年夏月葉氏觀古堂刻本，第 576 頁。

〔註38〕呂留良、吳之振《宋詩抄》，北京：中華書局，1986 年，第 321 頁。

〔註39〕歐陽修《歐陽文忠公文集》，民國上海涵芬樓影印元刊本，第 79 頁。

〔註40〕呂留良、吳之振《宋詩抄》，北京：中華書局，1986 年，第 339 頁。

〔註41〕歐陽修《歐陽文忠公文集》，民國上海涵芬樓影印元刊本，第 79 頁。

〔註42〕歐陽修《歐陽文忠公文集》，民國上海涵芬樓影印元刊本，第 79 頁。

〔註43〕歐陽修《歐陽文忠公文集》，民國上海涵芬樓影印元刊本，第 79 頁。

〔註44〕呂留良、吳之振《宋詩抄》，北京：中華書局，1986 年，第 339 頁。

〔註45〕歐陽修《歐陽文忠公文集》，民國上海涵芬樓影印元刊本，第 101 頁。

〔註46〕歐陽修《歐陽文忠公文集》，民國上海涵芬樓影印元刊本，第 101 頁。

〔註47〕歐陽修《歐陽文忠公文集》，民國上海涵芬樓影印元刊本，第 101 頁。

作『時』」〔註48〕，《宋詩別裁集》均刪除。又《春日西湖寄謝法曹歌》，據《歐陽文忠公文集‧外集》總目，題目爲《春日西湖寄答謝法曹歌》〔註49〕，《宋詩別裁集》、《宋詩抄初集》均無「答」字；詩中「如糝」下，《宋詩抄初集》有注「西湖者，許昌勝地也」；「送春」下，《宋詩抄初集》有注「謝君有『多情來老已白髮，野思到春如亂雲』之句」〔註50〕，《歐陽文忠公文集‧外集》亦有此二注〔註51〕，《宋詩別裁集》一概刪落。

卷五

宋祁《將到都先獻樞密太尉相公》頷聯「相車問罷同牛喘，大廈成時與燕來」後，《宋百家詩存》原有小注：「守壽春日，方聞爰立之拜」〔註52〕，《景文集》卷十四亦有此注〔註53〕，《宋詩別裁集》刪落此詩中注。

歐陽修《蘇主簿輓歌》（題注「洵」），詩中「俄驚」，驚，元刊本《歐陽文忠公文集》卷十四〔註54〕、《宋詩抄初集》皆注：「一作『聞』」；「我獨」，元刊本《歐陽文忠公文集》卷十四〔註55〕、《宋詩抄初集》皆注：「一作『獨我』」〔註56〕，《宋詩別裁集》皆刪除。又《懷嵩樓新開南軒與郡僚小飲》，詩首「繞郭雲煙」，元刊本《歐陽文忠公文集》卷十一〔註57〕、《宋詩抄初集》皆注「一作『閣煙雲』」〔註58〕，《宋詩別裁集》刪除。又《戲答元珍》，元刊本《歐陽文忠公文集》卷十一〔註59〕、《宋詩抄初集》皆有題注：「一本下云『花時久雨之什』」〔註60〕，《宋詩別裁集》刪之；詩中「夜聞歸雁生鄉思，

〔註48〕呂留良、吳之振《宋詩抄》，北京：中華書局，1986年，第355頁。

〔註49〕姚培謙、張景星、王永祺等《宋詩別裁集》，上海：上海古籍出版社，1978年，第43頁引。

〔註50〕呂留良、吳之振《宋詩抄》，北京：中華書局，1986年，第374頁。

〔註51〕姚培謙、張景星、王永祺等《宋詩別裁集》，上海：上海古籍出版社，1978年，第43頁引。

〔註52〕曹庭棟《宋百家詩存》卷三，乾隆六年曹氏二六書堂刻本。

〔註53〕姚培謙、張景星、王永祺等《宋詩別裁集》，上海：上海古籍出版社，1978年，第132頁引。

〔註54〕歐陽修《歐陽文忠公文集》，民國上海涵芬樓影印元刊本，第132頁。

〔註55〕歐陽修《歐陽文忠公文集》，民國上海涵芬樓影印元刊本，第132頁。

〔註56〕呂留良、吳之振《宋詩抄》，北京：中華書局，1986年，第367頁。

〔註57〕歐陽修《歐陽文忠公文集》，民國上海涵芬樓影印元刊本，第115頁。

〔註58〕呂留良、吳之振《宋詩抄》，北京：中華書局，1986年，第360頁。

〔註59〕歐陽修《歐陽文忠公文集》，民國上海涵芬樓影印元刊本，第111頁。

〔註60〕呂留良、吳之振《宋詩抄》，北京：中華書局，1986年，第357頁。

病入新年」下，元刊本《歐陽文忠公文集》卷十一〔註61〕、《宋詩抄初集》皆注「一作『鳥聲漸變知芳節，人意無聊』」〔註62〕，《宋詩別裁集》刪除。又《內直對月寄子華舍人持國廷評》，詩首「禁署」，署，元刊本《歐陽文忠公文集》卷十二〔註63〕、《宋詩抄初集》皆注「一作『省』」〔註64〕，《宋詩別裁集》刪除。

卷六

朱熹《伏讀二劉公瑞岩留題感事興懷至於隕涕追次元韻偶成二篇》錄一，尾注：「右懷寶學公作」，《宋詩抄初集》尾注則云：「右懷寶學公作，近聞西兵進取關陝，其帥即公舊部曲也。」〔註65〕《宋詩別裁集》所錄不全。

張耒《夏日》其三「養拙久判藏姓字」，「判」，《宋詩抄初集》有小注：「平」〔註66〕，《宋詩別裁集》刪落此詩中注。

樓鑰《頃遊龍井得一聯王伯齊同兒輩游因足成之》，「水眞綠淨不可唾」句下，據樓鑰《攻媿集》卷十一，原有詩注：「一作『水從何來不知處』」〔註67〕；《宋詩抄初集》亦有此注：「一作『水從何來不知處』」，《宋詩別裁集》刪之。

卷七

歐陽修《初至夷陵答蘇子美見寄》，詩中「同遷」，同，元刊本《歐陽文忠公文集》卷十一〔註68〕、《宋詩抄初集》皆注：「一作『南』」；「江雲愁」，愁，元刊本《歐陽文忠公文集》卷十一〔註69〕、《宋詩抄初集》皆注：「一作『懸』」；「巴賓船賈集」，元刊本《歐陽文忠公文集》卷十一〔註70〕、《宋詩抄初集》皆注：「一作『巴江船賈至』」；「擦鬼」，擦，元刊本《歐陽文忠公

〔註61〕歐陽修《歐陽文忠公文集》，民國上海涵芬樓影印元刊本，第111頁。
〔註62〕呂留良、吳之振《宋詩抄》，北京：中華書局，1986年，第358頁。
〔註63〕歐陽修《歐陽文忠公文集》，民國上海涵芬樓影印元刊本，第120頁。
〔註64〕呂留良、吳之振《宋詩抄》，北京：中華書局，1986年，第362頁。
〔註65〕呂留良、吳之振《宋詩抄》，北京：中華書局，1986年，第1660頁。
〔註66〕呂留良、吳之振《宋詩抄》，北京：中華書局，1986年，第1026頁。
〔註67〕樓鑰《攻媿集》，《四部叢刊初編》本，上海商務印書館縮印武英殿聚珍版本，第124頁。
〔註68〕歐陽修《歐陽文忠公文集》，民國上海涵芬樓影印元刊本，第111頁。
〔註69〕歐陽修《歐陽文忠公文集》，民國上海涵芬樓影印元刊本，第111頁。
〔註70〕歐陽修《歐陽文忠公文集》，民國上海涵芬樓影印元刊本，第111頁。

文集》卷十一〔註71〕、《宋詩抄初集》皆注：「一作『攃』」〔註72〕，《宋詩別裁集》皆刪之。

王禹偁《茶園十二韻》「牙新撐老葉」句下，據宋刊本《小畜集》卷十一，本有詩注：「新牙之上，去年舊葉尙在」〔註73〕，《宋詩抄初集》保留此注：「新牙之上，去年舊葉尙在」〔註74〕，《宋詩別裁集》則刪落。

卷八

晁沖之《春日》，見《宋詩抄初集》同題二首其二，詩後有注：「一本作『春色不堪流水送，雙浮鳴鴨趁桃花』」〔註75〕，《宋詩別裁集》刪落。

四、題注誤入詩題

卷二

司馬光《華星篇〈時視役河上寄郡中諸同舍〉》，據宋紹興本《溫國文正司馬公集》卷二〔註76〕，「時視役河上寄郡中諸同舍」原爲題注，《宋詩別裁集》誤入詩題，《宋百家詩存》卷五《傳家集》仍錄爲題注。卷四選錄司馬光《送鄭推官戬赴邠州》二首，據宋紹興本《溫國文正司馬公集》卷七〔註77〕，題目中並無「二首」字，知《宋百家詩存》卷五《傳家集》之《送鄭推官戬赴邠州二首》的「二首」爲衍文。《宋詩別裁集》同宋紹興本，無「二首」字。

五、刪改詩題

卷一

王琪《秋日白鷺亭》，據《宋文鑑》卷十五，原爲《秋日白鷺亭向夕風晦

〔註71〕歐陽修《歐陽文忠公文集》，民國上海涵芬樓影印元刊本，第 111 頁。
〔註72〕呂留良、吳之振《宋詩抄》，北京：中華書局，1986 年，第 357 頁。
〔註73〕王禹偁《小畜集》，四部叢刊初編本，上海商務印書館縮印常熟瞿氏藏宋刊配舊抄本，第 76 頁。
〔註74〕呂留良、吳之振《宋詩抄》，北京：中華書局，1986 年，第 57 頁。
〔註75〕呂留良、吳之振《宋詩抄》，北京：中華書局，1986 年，第 1073 頁。
〔註76〕司馬光《溫國文正司馬公集》，《四部叢刊初編》本，上海商務印書館縮印常熟瞿氏藏宋紹興本，第 56 頁。
〔註77〕司馬光《溫國文正司馬公集》，《四部叢刊初編》本，上海商務印書館縮印常熟瞿氏藏宋紹興本，第 113 頁。

有作》〔註78〕，《宋詩紀事》題作《秋日白鷺亭向夕有感》，題注：「一作《向夕風晦有作》」〔註79〕，《宋詩別裁集》所錄不全。

蘇軾《送鄭戶曹》（水繞彭祖樓），據宋本《集注分類東坡先生詩》卷二十一〔註80〕，原題作《又送鄭戶曹》。按：據宋本《集注分類東坡先生詩》卷二十一〔註81〕，有《送鄭戶曹》（遊遍錢塘湖）詩，非本詩。

卷三

韓駒《題畫太一眞人》，據《陵陽集》卷一，題目爲《題王內翰家李伯時畫太一姑射圖》〔註82〕，《宋詩別裁集》省錄詩題。

楊萬里《送王監簿民瞻南歸》，據日本抄宋本《誠齋集》卷二，原有自注：「庭珪」〔註83〕，《宋詩別裁集》刪落「庭珪」；又據乾隆吉安刻本《誠齋詩集》卷二〔註84〕，題目作：《送王監簿民瞻先生南歸》，《宋詩別裁集》則刪「先生」二字。

卷四

司馬光《郭氏園送張仲通出刺棣州》，據宋紹興本《溫國文正司馬公集》卷十〔註85〕，題目爲《郭氏園送仲通出刺棣州》，「張」字，《宋詩別裁集》衍文。

陳師道《宿濟河》，據《後山詩注》卷十一〔註86〕，爲《宿齊河》；又《遊

〔註78〕呂祖謙《宋文鑑》，臺北：臺灣商務印書館，1968年版，第192頁。
〔註79〕厲鶚《宋詩紀事》卷十一，乾隆十一年厲氏樊榭山房刻本。
〔註80〕蘇軾《集注分類東坡先生詩》，四部叢刊初編本，上海商務印書館縮印南海潘氏藏宋務本堂刊本第390頁。
〔註81〕蘇軾《集注分類東坡先生詩》，四部叢刊初編本，上海商務印書館縮印南海潘氏藏宋務本堂刊本第388頁。
〔註82〕姚培謙，張景星，王永祺等《宋詩別裁集》，上海：上海古籍出版社，1978年，第65頁引。
〔註83〕楊萬里《誠齋集》，四部叢刊初編本，上海商務印書館縮印日本抄宋本，第17頁。
〔註84〕楊萬里《誠齋詩集》，《四部備要》本，臺北：中華書局，1965年據清乾隆吉安刻本校刊。
〔註85〕司馬光《溫國文正司馬公集》，《四部叢刊初編》本，上海商務印書館縮印常熟瞿氏藏宋紹興本，第136頁。
〔註86〕陳師道《後山詩注》，《四部叢刊初編》本，上海商務印書館縮印江安傅氏雙鑑樓藏高麗活字本，第139頁。

鶴山院》，《宋詩抄初集》題作《遊鵲山院》，據《後山先生集》卷十，本作「鵲」，
《宋詩別裁集》改易。

卷五

宋祁《寒食》，《宋百家詩存》作：《寒食假中作》〔註87〕，《宋詩別裁集》
刪減詩題。

王安石《金陵懷古》，據明刊本《臨川先生文集》卷二十三，題作《金陵
懷古四首》〔註88〕，《宋詩別裁》刪「四首」二字。

沈遘《過冀州聞介甫送遼使當相遇繼得移文以故事請避諸路又以詩見寄
次韻和答》，遼，《宋詩抄初集》作「虜」〔註89〕，據《西溪集》卷二，本作
「虜」〔註90〕。

蘇軾《雪夜書北臺壁》，據宋本《集注分類東坡先生詩》卷七〔註91〕，作
《雪後書北臺壁二首》，《宋詩別裁集》二首錄竟，但題目刪去「二首」字，
且易「雪後」為「雪夜」。

卷六

張耒《夏日》，據舊鈔本《張右史文集》卷二十三載〔註92〕，題作《夏日
三首》；《宋詩抄初集》亦題作《夏日三首》，《宋詩別裁集》刪落「三首」二
字。

曾幾《謝人分餉洞庭柑》，謝人，據《茶山詩集》卷六，原作「曾宏甫」
〔註93〕。

楊萬里《和昌英叔久雨》，據日本抄宋本《誠齋集》卷三，題目作《和昌
英主簿叔久雨》〔註94〕，《宋詩別裁》刪「主簿」二字；《冬至節後賀皇太子

〔註87〕 曹庭棟《宋百家詩存》卷三，乾隆六年曹氏二六書堂刻本。
〔註88〕 王安石《臨川先生文集》，四部叢刊初編本，上海商務印書館縮印明刊本，第
　　　　166頁。
〔註89〕 呂留良、吳之振《宋詩抄》，北京：中華書局，1986年，第1240頁。
〔註90〕 姚培謙、張景星、王永祺等《宋詩別裁集》，上海：上海古籍出版社，1978
　　　　年，第133頁引。
〔註91〕 蘇軾《集注分類東坡先生詩》，四部叢刊初編本，上海商務印書館縮印南海潘
　　　　氏藏宋務本堂刊本第146頁。
〔註92〕 張耒《張右史文集》，上海商務印書館縮印舊鈔本，第187頁。
〔註93〕 姚培謙、張景星、王永祺等《宋詩別裁集》，上海：上海古籍出版社，1978
　　　　年，第165頁引。
〔註94〕 楊萬里《誠齋集》，四部叢刊初編本，上海商務印書館縮印日本抄宋本，第24

及平陽郡王》，據日本抄宋本《誠齋集》卷二十一，「節」字衍文〔註95〕。

卷八

蘇舜欽《絕句》（春陰垂野草青青），據《蘇學士文集》卷七，詩題原為《淮中晚泊犢頭》〔註96〕，《宋詩抄初集》亦題作《淮中晚泊犢頭》〔註97〕，《宋詩別裁集》竄改詩題。

米芾《垂虹亭》，《宋詩紀事》題作《吳江垂虹亭作》〔註98〕，《宋詩別裁集》省減之。

劉攽《絕句》，據《彭城集》卷八，詩題本作《新晴》〔註99〕，《宋詩別裁集》竄改詩題。

張孝祥《野牧園》，據宋本《于湖居士文集》卷十二，題目作《野牧圖》〔註100〕，《宋詩別裁集》易「圖」為「園」。

六、竄改詩中文字

卷一

陳與義《夜賦》「今古莽難平」，平，據宋本《增廣箋注簡齋詩集》卷二十二，原作「評」〔註101〕，《宋詩抄初集》亦作「評」〔註102〕。

陸游《夜出偏門還三山》「草露濕芒履」，履，據《劍南集》卷二十，應為「屨」〔註103〕。

頁。

〔註95〕楊萬里《誠齋集》，四部叢刊初編本，上海商務印書館縮印日本抄宋本，第198頁。

〔註96〕姚培謙、張景星、王永祺等《宋詩別裁集》，上海：上海古籍出版社，1978年，第218頁引。

〔註97〕呂留良，吳之振《宋詩抄》，北京：中華書局，1986年，第160頁。

〔註98〕厲鶚《宋詩紀事》卷三十四，乾隆十一年厲氏樊榭山房刻本。

〔註99〕姚培謙、張景星、王永祺等《宋詩別裁集》，上海：上海古籍出版社，1978年，第218頁引。

〔註100〕張孝祥《于湖居士文集》，《四部叢刊初編》本，上海商務印書館縮印慈谿李氏藏宋本，第81頁。

〔註101〕陳與義《簡齋詩集》，《四部叢刊初編》本，上海商務印書館縮印常熟瞿氏藏宋本，第94頁。

〔註102〕呂留良、吳之振《宋詩抄》，北京：中華書局，1986年，第1323頁。

〔註103〕姚培謙、張景星、王永祺等《宋詩別裁集》，上海：上海古籍出版社，1978年，第24頁引。

葉夢得《懷西山》「所欲面勢好……未畏成顛隮。……末路乃噬臍」，欲、隮、乃，據《石林居士建康集》卷一〔註104〕，原作：「欣、躋、多」。

卷二

王安石《純甫出釋惠崇畫要予作詩》中「大樑崔白亦善畫」，大樑，《王荊文公詩注》卷一，爲「濠梁」，明刊本《臨川先生文集》卷一〔註105〕，作「大樑」，《宋詩別裁集》、《宋詩抄初集》均作「大樑」。

蘇軾《石鼓歌》「東征徐鹵闞虓虎」，鹵，據宋本《集注分類東坡先生詩》卷二〔註106〕，原作「虜」，當爲避諱改；又《臘日遊孤山訪惠勤惠思二僧》「擁褐坐睡依圓蒲」，圓，據宋本《集注分類東坡先生詩》卷十七〔註107〕，作「團」。

卷三

楊萬里《遊蒲澗呈周帥蔡漕張舶》，「穹岩千仞敲欲裂」，敲，日本抄宋本《誠齋集》卷十六〔註108〕、乾隆吉安刻本《誠齋詩集》卷十七〔註109〕，皆作「欫」。

王十朋《郡圃無海棠買數根植之》「鮮鮮絲蕊垂更弱」，弱，據《梅溪集・後集》卷十四，作「嫋」〔註110〕。

文天祥《過平原作》「大江以北無堅城……忠精赫赫雷當天」，江、當，據《文山先生集》卷十四，作「河」、「行」〔註111〕。

〔註104〕葉夢得《石林居士建康集》，《叢書集成續編》第126冊，臺北：新文豐出版公司1969年，影印清宣統三年夏月葉氏觀古堂刻本，第571頁。

〔註105〕王安石《臨川先生文集》，四部叢刊初編本，上海商務印書館縮印明刊本，第63頁。

〔註106〕蘇軾《集注分類東坡先生詩》，四部叢刊初編本，上海商務印書館縮印南海潘氏藏宋務本堂刊本第71頁。

〔註107〕蘇軾《集注分類東坡先生詩》，四部叢刊初編本，上海商務印書館縮印南海潘氏藏宋務本堂刊本第307頁。

〔註108〕楊萬里《誠齋集》，四部叢刊初編本，上海商務印書館縮印日本抄宋本，第145頁。

〔註109〕楊萬里《誠齋詩集》，《四部備要》本，臺北：中華書局，1965年據清乾隆吉安刻本校刊。

〔註110〕姚培謙、張景星、王永祺等《宋詩別裁集》，上海：上海古籍出版社，1978年，第65頁引。

〔註111〕姚培謙、張景星、王永祺等《宋詩別裁集》，上海：上海古籍出版社，1978年，第65頁引。

卷四

陳師道《宿濟河》，「稍作他年計」，據《後山詩注》卷十一〔註112〕，年，本作「方」。

汪藻《己酉亂後寄常州使君姪》其一「戎馬窺天塹」，戎，《宋詩抄初集》作「胡」〔註113〕，據《浮溪集》卷三十亦作「胡」〔註114〕；其四「時危特自哀」，特，《浮溪集》卷三十作「笛」〔註115〕。

陳與義《雨》「靄靄一園春」，《宋詩抄初集》作「靄靄一園青」〔註116〕，據宋本《增廣箋注簡齋詩集》卷二十〔註117〕，原作：「藹藹一園青」；又《放慵》「官拙從人笑」，官，據宋本《增廣箋注簡齋詩集》卷十〔註118〕，原作「宦」。

王十朋《過三叉》「風灣迂八壘」，壘，據《梅溪後集》卷十一，作「疊」〔註119〕。

卷五

王安石《登寶公塔》中「當此不知誰客主」，客主，《王荊文公詩注》卷二十七，爲「主客」，明刊本《臨川先生文集》卷十七〔註120〕，爲「客主」，《宋詩別裁集》、《宋詩抄初集》均作「客主」。

王珪《次韻和元厚之平羌》「解髮來庭有舊風」，解髮，據《華陽集》卷五作「折箭」〔註121〕。

〔註112〕陳師道《後山詩注》，《四部叢刊初編》本，上海商務印書館縮印江安傅氏雙鑒樓藏高麗活字本，第 139 頁。
〔註113〕呂留良、吳之振《宋詩抄》，北京：中華書局，1986 年，第 1496 頁。
〔註114〕姚培謙、張景星、王永祺等《宋詩別裁集》，上海：上海古籍出版社，1978 年，第 101 頁引。
〔註115〕姚培謙、張景星、王永祺等《宋詩別裁集》，上海：上海古籍出版社，1978 年，第 101 頁引。
〔註116〕呂留良、吳之振《宋詩抄》，北京：中華書局，1986 年，第 1320 頁。
〔註117〕陳與義《簡齋詩集》，《四部叢刊初編》本，上海商務印書館縮印常熟瞿氏藏宋本，第 90 頁。
〔註118〕陳與義《簡齋詩集》，《四部叢刊初編》本，上海商務印書館縮印常熟瞿氏藏宋本，第 50 頁。
〔註119〕姚培謙、張景星、王永祺等《宋詩別裁集》，上海：上海古籍出版社，1978 年，第 102 頁引。
〔註120〕王安石《臨川先生文集》，四部叢刊初編本，上海商務印書館縮印明刊本，第 138 頁。
〔註121〕姚培謙、張景星、王永祺等《宋詩別裁集》，上海：上海古籍出版社，1978 年，第 132 頁引。

蘇軾《正月二十六日偶與數客野步嘉祐僧舍東南野人家雜花盛開叩門求觀主人林氏嫗出應白髮青裙少寡獨居三十年矣感歎之餘作詩記之》「縹帶緗枝出絳房」，縹帶，據宋本《集注分類東坡先生詩》卷四〔註122〕，作「縹蒂」。《孤山二詠・引》中「僧志佺」之「佺」，據宋本《集注分類東坡先生詩》卷二十三〔註123〕，作「詮」。

蘇轍《送龔鼎臣諫議移守青州二首》，其一「三爲諫議髮如銀」，諫議，據明活字印本《欒城集》卷八〔註124〕，作「祭酒」；其二「西山負海古諸侯」，西，《欒城集》卷八，作「面」；其二「信美東南第一州」，南，《欒城集》卷八，作「方」。又《次韻張恕春暮》，「亦有江湖幾度遊」，江，據明活字印本《欒城集》卷八〔註125〕，作「南」；「好雨晴時三月暮」，暮，《欒城集》卷八，作「盡」。

卷六

張耒《夏日》其一「長夏村墟風日清」，「村墟」，據舊鈔本《張右史文集》卷二十三載〔註126〕，作「江村」；其三「養拙久拼藏姓字」，拼，據舊鈔本《張右史文集》卷二十三載〔註127〕，作「拼」。

陳與義《巴丘書事》「臨老避兵初一遊」，兵，《宋詩抄初集》亦作「兵」〔註128〕，據宋本《增廣箋注簡齋詩集》卷十九〔註129〕，原爲「胡」，當爲避諱改；「曉木聲酣洞庭野」，曉，《宋詩抄初集》作「晚」〔註130〕，據宋本《增廣箋注簡齋詩集》卷十九〔註131〕，原作「晚」。

〔註122〕蘇軾《集注分類東坡先生詩》，四部叢刊初編本，上海商務印書館縮印南海潘氏藏宋務本堂刊本第 102 頁。

〔註123〕蘇軾《集注分類東坡先生詩》，四部叢刊初編本，上海商務印書館縮印南海潘氏藏宋務本堂刊本第 438 頁。

〔註124〕蘇轍《欒城集》，《四部叢刊初編》縮本，臺北：臺灣商務印書館，1965 年影印明活字印本，第 115 頁。

〔註125〕蘇轍《欒城集》，《四部叢刊初編》縮本，臺北：臺灣商務印書館，1965 年影印明活字印本，第 114 頁。

〔註126〕張耒《張右史文集》，上海商務印書館縮印舊鈔本，第 187 頁。

〔註127〕張耒《張右史文集》，上海商務印書館縮印舊鈔本，第 187 頁。

〔註128〕呂留良、吳之振《宋詩抄》，北京：中華書局，1986 年，第 1317 頁。

〔註129〕陳與義《簡齋詩集》，《四部叢刊初編》本，上海商務印書館縮印常熟瞿氏藏宋本，第 86 頁。

〔註130〕呂留良、吳之振《宋詩抄》，北京：中華書局，1986 年，第 1317 頁。

〔註131〕陳與義《簡齋詩集》，《四部叢刊初編》本，上海商務印書館縮印常熟瞿氏藏

曾幾《謝人分餉洞庭柑》「流雲噀霧眞成酒」，據《茶山詩集》卷六作：「流泉噴霧眞宜酒」〔註132〕。

楊萬里《和昌英叔久雨》「半明衣桁收梅潤」，收，據日本抄宋本《誠齋集》卷三，作「烘」〔註133〕；《冬至節後賀皇太子及平陽郡王》「長樂鐘聲繞夢驚」，繞，日本抄宋本《誠齋集》卷二十一〔註134〕、乾隆吉安刻本《誠齋詩集》卷二十三〔註135〕，皆作「攪」。

卷七

楊億《受詔修書述懷感事三十韻》「顏瓢賴半儲」，半，據《武夷新集》卷五，作「斗」〔註136〕。

宋祁《蜀地海棠繁媚有思加膩幹豐條苒弱可愛北方所未見諸公作詩流播西人余素好玩不能自默然所道皆在前人陳跡中如〈國風・申章〉亦無愧云》「蜀國天餘煦」，國，據《景文集》卷二十一，作「道」〔註137〕。

陸游《秋雨排悶》「鼓笛賽西城」，城，據《劍南詩稿》卷十五，作「成」〔註138〕。

卷八

米芾《垂虹亭》「好作新詩寄桑苧」，寄，《宋詩抄初集》作「繼」〔註139〕，《宋文鑑》卷二十八，亦作「繼」〔註140〕。

宋本，第 86 頁。
〔註132〕姚培謙、張景星、王永祺等《宋詩別裁集》，上海：上海古籍出版社，1978年，第 166 頁引。
〔註133〕楊萬里《誠齋集》，四部叢刊初編本，上海商務印書館縮印日本抄宋本，第24 頁。
〔註134〕楊萬里《誠齋集》，四部叢刊初編本，上海商務印書館縮印日本抄宋本，第198 頁。
〔註135〕楊萬里《誠齋詩集》，《四部備要》本，臺北：中華書局，1965 年據清乾隆吉安刻本校刊。
〔註136〕姚培謙、張景星、王永祺等《宋詩別裁集》，上海：上海古籍出版社，1978年，第 184 頁引。
〔註137〕姚培謙、張景星、王永祺等《宋詩別裁集》，上海：上海古籍出版社，1978年，第 184 頁引。
〔註138〕姚培謙、張景星、王永祺等《宋詩別裁集》，上海：上海古籍出版社，1978年，第 184 頁引。
〔註139〕呂留良、吳之振《宋詩抄》，北京：中華書局，1986 年，第 879 頁。
〔註140〕呂祖謙《宋文鑑》，臺北：臺灣商務印書館，1968 年版，第 413 頁。

　　蘇軾《和孔密州東欄梨花》，據宋本《集注分類東坡先生詩》卷十〔註141〕，原題作《和孔密州五絕》，凡五首，《宋詩別裁集》所選為其三，原題作《東欄梨花》，《宋詩別裁集》乃把大小詩歌題目合一；《宋詩別裁集》所載詩中「惆悵東南一株雪」之「南」，據宋本《集注分類東坡先生詩》卷十〔註142〕，作「欄」。

　　此外，《宋詩別裁集》編輯中還有誤署作者、二詩誤作一詩的疏誤〔註143〕。總體而言，《宋詩別裁集》誕生在乾隆年間，儘管當時整理考據之風盛行，但宋詩文獻的整理成就同唐詩相比仍有差距，姚培謙等人編輯宋詩選本的條件遠不如編唐詩選本優越，康熙朝即有《全唐詩》，然有清三百年始終未有《全宋詩》，錢鍾書先生編《宋詩選注》時感慨：「《全唐詩》雖然有錯誤和缺漏，不失為一代詩歌的總匯，給選唐詩者以極大的便利。選宋詩的人就沒有這個便利，得去儘量翻看宋詩的總集、別集以至於類書、筆記、方志等等。而且宋人別集裏的情形比唐人別集裏的來得混亂，張冠李戴、掛此漏彼的事幾乎是家常便飯。」〔註144〕姚培謙等人就面臨此種無奈現狀，他們當時的條件比錢鍾書編輯宋詩要差得遠，我們對古人實在不能苛求。而且，清人宋詩選本一個顯明的特點是「存詩」的意味大於「選詩」，《宋詩別裁集》則符合嚴格意義上的選本概念，且不失為一部名選。

〔註141〕蘇軾《集注分類東坡先生詩》，四部叢刊初編本，上海商務印書館縮印南海潘氏藏宋務本堂刊本第 202 頁。
〔註142〕蘇軾《集注分類東坡先生詩》，四部叢刊初編本，上海商務印書館縮印南海潘氏藏宋務本堂刊本第 202 頁。
〔註143〕見王友勝《〈宋詩別裁集〉指瑕》，《咸寧師專學報》2000 年第 4 期。
〔註144〕錢鍾書《宋詩選注序》，北京：人民文學出版社，1958 年。

結　語

　　《宋詩別裁集》作爲一部著名的詩歌選本，選盡其長，是其編輯的一大
特點，也是其成爲名選的一大原因，這方面的例子書中俯拾皆是。蘇軾富於
才情，擅長七言，尤擅七古。清初，王士禛撰《古詩選・七言詩凡例》即
云：「文忠公七言長句之妙，自子美、退之後一人而已。」〔註1〕其《帶經堂
詩話》中亦曰：「七言古若李太白、杜子美、韓退之三家，橫絕萬古，後之追
風躡景，唯蘇長公一人耳。」〔註2〕陳訏撰《蘇軾小傳》中稱蘇軾：「五七古
才大思精，沉鬱頓挫，昌黎而後，一人而已。」〔註3〕陸游擅長七言，尤擅七
律。清初，陳訏編《宋十五家詩》於陸游七律詩登載最多，稱：「放翁一生精
力盡於七律，故全集所載最多最佳。」〔註4〕清中葉，沈德潛編《宋金三家詩
選》選錄陸游詩 208 首，其中七律 84 首，占總數的 41%，居各體之首。姚鼐
撰《五七言今體詩鈔序目》云：「放翁激發忠憤，橫極才力，上法子美，下攬
子瞻，裁制既富，變境亦多，其七律固爲南渡後一人。」〔註5〕晚清，曾國藩
編《十八家詩鈔》於蘇軾僅收七古、七律二體，陸游僅收七律、七絕二體。
七古以蘇軾詩最多，凡 328 首，次則黃庭堅 165 首；七律以陸游爲最，凡 544
首，次則蘇軾 540 首；七絕以陸游爲最，達 652 首，次則蘇軾 438 首，可見
曾氏眼中七古、七律爲蘇、陸之專擅。《宋詩別裁集》選錄蘇軾七言古詩 12

〔註1〕 王士禛《聞人倓箋・古詩箋》，上海：上海古籍出版社，1980 年，第 5 頁。
〔註2〕 王士禛《帶經堂詩話》，北京：人民文學出版社，2006 年，第 826 頁。
〔註3〕 陳訏《宋十五家詩選》，《續修四庫全書》集部，第 1621 冊，第 346 頁。
〔註4〕 陳訏《宋十五家詩選・陸游小傳》，《續修四庫全書》集部，第 1621 冊，第 461
　　　 頁。
〔註5〕 姚鼐《五七言今體詩鈔》卷首，清同治五年（1866）金陵書局刻本。

首，居第一位；七言律詩中，選蘇軾 20 首，居第一，陸游 14 首，居第二，皆選盡其長。

王安石絕句妙絕一時。宋人曾季貍《艇齋詩話》云：「絕句之妙，唐則杜牧之，本朝則荊公，此二人而已。」楊萬里《誠齋詩話》中也說：「五七字絕句，最少而最難工，雖作者，亦難得四句全好者。晚唐人與介甫最工於此。」嚴羽《滄浪詩話・詩體》中列有「王荊公體」，並評價說：「公絕句最高，其得意處，高出蘇、黃、陳之上。」宋人張邦基《墨莊漫錄》卷六云：「七言絕句，唐人之作往往皆妙。頃時王荊公多喜爲之，極爲清婉，無以加焉。」胡應麟《詩藪》中云「介甫五七言絕，當代公推，特以工致勝耳，於唐自遠。」今人程千帆、沈祖棻《古詩今選》評曰：「王安石可以說是王維以後五言絕句寫得最好的詩人，但人們往往注意他那些雄偉大篇而忽略了他在這方面的成就。」《宋詩別裁集》選錄王安石詩 39 首，其中絕句最多，達 22 首（五絕 9 首、七絕 13 首），占總數的 56%。相比近現代兩部著名宋詩選本，陳衍《宋詩精華錄》選王安石詩 34 首，絕句即達 19 首，其中七絕有 17 首；錢鍾書《宋詩選注》選錄王安石詩歌 10 首，其中七絕 6 首，足見大家對荊公七言絕句的推重。巧合的是，《宋詩別裁集》所錄《初夏即事》、《悟眞院》、《書湖陰先生壁》三首絕句，錢鍾書也錄入《宋詩選注》，且編排順序一致。《宋詩別裁集》所選《出郊》、《北山》、《悟眞院》、《梅花》（牆角數枝梅）、《秣陵道中》、《金陵即事》等，均爲荊公體代表作，亦選盡其長。

陳師道詩工近體，尤以律詩見長。方回《瀛奎律髓》卷十七晴雨類選評陳師道《寄無斁》曰：「自老杜後始有後山，律詩往往精於山谷也。山谷弘大，而古詩尤高；後山嚴密，而律詩尤高。」《宋詩別裁集》選錄後山詩 8 首，皆近體詩：7 首律詩、一首七言絕句（《小放歌行》），亦選盡其長。張耒爲詩擅長七言，錢鍾書就說：「文潛詩舒和坦衍，不用典藻，獨饒情韻，與蘇門諸君之矜氣骨鍊詞句者大異，故格不高，律不精，而靡淺率懈之中時出流麗挺秀，以白戰制勝。……才情遠在秦晁之上，七言古近體尤擅長，古體每上接張王樂府，近體每上接香山而下開劍南，然獨到處較二家蒼潤含蓄。」〔註6〕《宋詩別裁集》凡選錄張耒詩歌 13 首，其中七言即多達 10 首，乃選盡其長。又如朱熹擅長古體，陳與義擅長近體，明胡應麟即云：「南宋古體當推朱元晦，

〔註6〕錢鍾書《錢鍾書手稿集・容安館札記》，北京：商務印書館，2003 年版，第683 頁。

近體無出陳去非。」〔註7〕《宋詩別裁集》選錄陳與義詩 28 首，居全書第 6
位，其中近體詩多達 23 首；選錄朱熹詩 20 首，居全書第 7 位，其中五古 7
篇，在五古類中收錄數量僅次於蘇軾 9 首，名列第二，所選《對雨》、《六月
十五日詣水公庵雨作》、《臥龍庵武侯祠》、《康王穀水簾》等皆其五古名篇，
亦選盡其長，足見姚培謙等人識見高明。

〔註 7〕胡應麟《詩藪》卷五《雜編》，北京：中華書局，1962 年版，第 312 頁。

附　錄

一、姚培謙詩話 [註1]

1、《國風》好色而不淫，讀「南有喬木」一章，方悟風人之妙。三章詩未嘗著字，而江山清空、人物閒靚光景，恍然可想。屈子《九歌》中「二湘」頗得其意，宋玉「高唐神女」殊愧師門矣。　此詩首四句自應以「休」字、「求」字作韻，「息」字實「思」字之誤。《大招》「招魂」句末用「只」字、「些」字祖此。　此詩作於江漢之間，自是楚騷之祖，即謂之楚風可也，或謂江漢之間周初豈即楚地耶？夫服屬有時而移，土風千載不易。雖導民者之邪正不同，要其得於江山之氣者深矣。

2、楚騷自是詩人別派，《周南》「南有喬木」一章便是「騷」之濫觴。至屈子而大暢，宋玉繼之，猶爲肖子。以漢後詩人論之，樂府、古詩又分二派，樂府時有騷意，古詩從騷出者寡矣。

3、《詩》和平，《騷》豔逸。

4、《房中曲》原於雅頌，其音和平。《鐃歌》諸曲原於楚騷，其音沉鬱。

5、每歎古人託興之妙，古詩如「空桑知天風，海水知天寒。入門各自媚，誰肯相爲言」，眞是泣鬼神語。又越人《扣舷歌》：「山有木兮木有枝，心悅君兮君不知」，今人只粗心讀過，不知其用意之精。雖若探喉而出，正後人千錘百鍊所不能到也。

6、古辭《烏生》一篇中如：「白鹿乃在上林西苑中，射工尚復得白鹿脯。黃鵠摩天極高飛，後宮尚得烹煮之。鯉魚乃在洛水深淵中，釣鉤尚得鯉魚口。

〔註1〕收錄於姚培謙《松桂讀書堂集》卷六。

嗜我！人民各有壽命，死生何須複道前後。」可謂撞萬石之鐘，擊靈鼉之鼓，聽者不但三日耳聾也。

7、《三百篇》詩皆四言，間逗五言句。七言雖始於《柏梁》，實則四言二語合之，如「枹鼓不鳴董少平」、「解經不窮戴侍中」。一切歌謠止一句者，必用兩韻相協，可見若八言、九言，則不復可用之吟詠也。至歌行長短句出自樂府，長句間有至十餘字以上者。要之，長句中實包短句，不過其用韻有疏密耳。

8、《木蘭辭》自是漢魏人語，或以爲唐人作。考郭茂倩所載原有兩篇，其「木蘭抱杼嗟」一篇則唐人作耳。或以「朔氣傳金柝，寒光照鐵衣」等語疑爲唐調，此耳食之見也。

9、《木蘭詞》只「問女何所思，問女何所憶。女亦無所思，女亦無所憶」四語古樸，有風人之致，便非唐人所能爲。結處愈俚愈妙，眞足調笑千古，而渾然不露。其後一篇「世有臣子心，能如木蘭節，忠孝兩不渝，千古之名焉可滅」，則唐人之下乘矣。

10、平子《四愁》固是奇格創調，亦是《三百篇》疊章體。每詠衛詩「投桃」之章，每章只換一字，而言愈簡意愈長，少一章不得，多一章不得。後人便覺詞盡意竭。古人詩浩浩落落，字字從胸臆中流出，亦有與前人神似處，不是從前人脫胎。緣其靈臺丹府中無所不有，自然若合符契也。如老杜《玉華宮》詩凌跨百代，然選詩繆襲《輓歌》詩一章云：「生時遊國都，死沒棄中野。朝發高堂上，暮宿黃泉下。白日入虞淵，懸車息駟馬。造化雖神明，安能復存我。形容稍歇滅，齒髮行當墮。自古皆有然，誰能離此者。」氣格雄放，已開其先。至宋人擬之則蹊徑宛然矣。

11、大抵古人語後人祖述不少。子建《當來日大難》篇，結云：「今日同堂。出門異鄉。別易會難。各盡杯觴。」太白以一語括之云「欲行不行各盡觴」，彌覺雋妙。

12、杜詩「人生能幾何，常在羈旅中」，自是驚魂動魄語。乃從古詩「憂傷以終老」五字出。

13、鮑明遠《東門行》「食梅常苦酸，衣葛常苦寒。絲竹徒滿坐，優人不解顏。」似從古詩《飲馬長城窟》脫胎，而俊爽之與渾厚自爾懸絕。

14、陸士衡《吳趨行》「楚妃且勿歎，齊娥且莫謳。四座並清聽，聽我歌吳趨。吳趨自有始，請從閶門起。閶門何峨峨，飛閣跨通波。」康樂擬之，

作《會吟行》云：「六引緩清唱，三調佇繁音。列筵皆靜寂，咸共聆會吟。會吟自有初，請從文命敷。」全襲其調。而謝之雕飾不及陸之自然遠矣。大抵有意效前人，必不能與前人並也。

15、六朝人詩至鮑謝二公已登絕品。謝如威鳳在霄，風日輝映；鮑如天馬縱轡，掣電追雲。學者急宜從此濬發心源。

16、太白詩，風力似明遠，神韻似元暉，特其天資豪放，有揮斥八極之概，遂能超越前人。正如東坡之學劉夢得，才氣誠十倍於劉，然往往有微露藍本處，亦禪家所謂「熟處難忘」者歟。

17、朱子稱太白詩「非無法，乃聖於法者」，此語真是詩文三昧。蓋所謂法者，文成而法自寓，非先有法而文從之也。

18、嚴滄浪稱太白發端句，謂之「開門見山」。東坡謂「文字最難得起句」，意正如此。但文字猶可以理解，求詩則聲到界破，全在神運。

19、太白詩云：「百年落半途，前期浩漫漫。中宵不成寐，天明起長歎。」柳州《南澗》詩「索寞竟何事？徘徊只自知。誰為後來者，嘗與此心期。」文人到絕頂地位，見解不過如此。求個轉身處了不可得，兩公如此，下焉者可知。

20、「別來幾春未遠家，玉窗五見櫻桃花。況有錦字書，開緘使人嗟。此腸斷彼心絕。雲鬟綠鬢罷梳結，愁如回飆亂白雲。去年寄書報陽臺，今年寄書重相催。東風兮東風，為我吹行雲，使西來，待來竟不來，落花寂寂委青苔。」太白樂府《久別離》曲也，怨而不怒，其《離騷》美人之旨乎。余覽盧仝《有所思》一篇云：「當時我醉美人家，美人顏色嬌如花。今日美人棄我去，翠樓珠箔天之涯。娟娟嫦娥月，三五二八盈又缺。翠眉雲鬟生別離，不忍不見心斷絕。心斷絕，幾千里？夢中醉臥巫山雲，覺來淚滴湘江水。湘江兩岸花木深，美人不見愁人心。含愁更奏綠綺琴，調高弦絕無知音。美人兮美人，不知為暮雨兮為朝雲！相思一夜梅花發，忽到窗前疑是君」，亦復宛轉流利。但其意調全從太白詩脫出，而一則深而婉，一則淺而竭，不啻仙凡之別矣。

21、太白《古風》：「羽檄如流星，虎符合專城。喧呼救邊急，群鳥皆夜鳴。白日曜紫微，三公運權衡。天地皆得一，澹然四海清。借問此何為？答言楚徵兵。渡瀘及五月，將赴雲南征。怯卒非戰士，炎方難遠行。長號別嚴親，日月慘光晶。泣盡繼以血，心摧兩無聲。困獸當猛虎，窮魚餌奔鯨。千

去不一回，投軀豈全生！如何舞干戚，一使有苗平」，此詩與杜《兵車行》極相似，「白日」四句責重廟謨，詞不迫切，此等處見太白眞本領。

22、古人詩中妙句必親歷方知。「細動迎風蒸，輕隨逐浪鷗」，杜句也。余嘗以荒秋八月中泊舟浦上，忽風起雨來，此境現前方。知「細」字、「動」字、「輕」字、「隨」字，不但爲鷗燕傳神，而四方上下迷離蕭瑟之況俱現，豈非神手。

23、友人舉老杜「掉頭紗帽側，曝背竹書光」二語問何解？余謂詩意起二語已道盡。三四承首句，「掉頭紗帽側」，見髮稀；「曝背竹書光」，見眼暗。髮禿眼暗豈做得禮樂中人，所謂攻吾短也。五六承次句，風落則有松子可收，天寒則有蜜房可割，山林樂事如此，所謂引興長也。結句又言不但爾爾，即遇些些，紅翠亦且駐屐，徘徊即醉把茱萸，仔細看之意，友人以此解爲然。

24、每愛古人形容雨勢語，老杜云「行雲遞崇高，飛雨藹而至」，十字中字字有意，卻如探喉而出，雖神工妙手圖畫不來，若許渾「溪雲初起日沉閣，山雨欲來風滿樓」，下句亦有神助。又老杜「風吹滄江去，雨灑石壁來」，凡大雨必風過而雨隨之，雨至則風歇矣。呼應全在「去」字、「來」字，妄人欲改「去」字作「樹」字，豈非謬乎！東坡「亂雲欲霾山，勢與飄風南」，語亦絕妙。原其鼻祖，總在《三百篇》「有渰淒淒興雨祁祁」八字也。

25、摩詰《居庸城外》一篇，弇州謂其若非兩「馬」字重複，此詩應爲眾唐人七律壓卷。余謂兩「馬」字重見何害？但此詩妙處解者實未甚了了。竊謂此詩定當爲當日寵任祿山而作。上半首見蕃軍驕橫，已有不可羈束之勢。五六見明皇貪功外夷。落句見明皇之寵賜優渥，終已不悟也。史稱祿山歸范陽後，奏所部將士討奚、契丹等勳功甚多，乞超資加賞，除將軍者五百餘人，中郎將者二千餘人。所謂「護軍校尉朝乘障，破虜將軍夜渡遼」也。祿山辭歸范陽，上解御衣賜之。十四載，祿山請以番將代漢將，從之。更遣中使輔璆琳賜以珍果，所謂「玉靶寶弓珠勒馬，漢家將賜霍驃姚」也。杜詩亦云：「借問大將誰？恐是霍驃姚」，驃姚，漢倖臣。故二公皆以之比祿山凝碧池頭事，摩詰蓋早已料之矣。

26、杜詩三絕句：「楸樹馨香倚釣磯，斬新花蕊未應飛。不如醉裏風吹盡，可忍醒時雨打稀」、「門外鸕鷀久不來，沙頭忽見眼相猜。從今已後知人意，一日須來一百回」、「無數春筍滿林生，柴門密掩斷人行。會須上番看成

竹，客至從嗔不出迎。」三詩大抵感交遊，不一類而發。第一首言君子不易遇，遇亦易散。第二首是庸人。第三首則惡客也。《詩林廣記》極言解詩穿鑿之弊，要之，古人必無漫寫景物之詩，但寄託之旨須以自然為宗耳。

27、昌黎詩「喚起窗全曙，催歸日未西」，山谷為兒時，每哦此詩，不解其意。自出峽來，年五十八矣。時春晚方知「喚起」、「催歸」乃二鳥名。古人小詩用意精妙如此。余謂凡詩中用典實作巧對，須藏意外意為佳，若唐人「芳春平仲綠，清夜子規啼」。盧延遜詩「樹上諮諏批頰鳥，窗間壁剝叩頭蟲」等，意味便淺，後人效顰易成惡道。

28、元次山胸次高闊，遠出眾詩人外，其詩筆斬絕如高峰出雲，如飛泉赴壑，若竟其用，應是張乖崖一輩人。

29、玉川子《月蝕》詩橫絕千古，真是天地間有一無二之作。昌黎想亦極愛此詩，為之刪節，要之，便是昌黎詩，不是玉川子詩也。

30、古人說詩各有心得，不隨人腳根轉，然亦有穿鑿無意味者。如劉夢得《生公講堂詩》云：「生公說法鬼神聽，身後空堂夜不扃。高坐寂寥塵漠漠，一方明月可中庭」，此是夢得作禪語。蓋生公在時，法不曾增，生公死後，法不曾減。第四句正用禪家指月話頭。《謝疊山詩話》謂此是笑生公身後略無神通，豈是高禪所屑。且此「可」字本活用，今作死煞字，解有何意味，此亦是宋儒斥佛見解，或假託謝公未可知也。義山《韓碑》一篇置之昌黎集中幾無以辨，有此筆力，亦只是偶一為之，不改卻自己本色也。

31、事有不可解者。義山《九日題令狐綯廳事詩》，其中聯云：「不學漢臣栽苜蓿，空教楚客詠江蘺。」茗溪漁隱但疑其不避令狐家諱。余謂即以詩意論之，上句本謂屢參戎幕，不能自致功名。下句用騷語。若據騷本意，直是以上官子蘭輩刺綯矣。時綯已當國，義山方歸窮望援，何至輕率如是。緘閉此廳，終身不處，安得獨怪綯之忌刻耶。

32、昌黎云「惟陳言之務去」，此語便是千古文人秘訣。即以詩論，若只是人人道過的言語，便不消道得。偶舉義山集中《杜工部蜀中離席》一首，其中聯云「坐中醉客兼醒客，江上晴雲雜雨雲」二語，若順文看去，不過就席中寫事寫景，有何奇特。不知奇處正在「兼醒客」、「雜雨雲」六字，蓋通篇是惜別留賓語。夫客醉則可以別，然兼醒客，則未可別也。雲晴則又可以別，然雜雨雲，則又未可別也。何等沉著痛快！然讀者初若不覺。又如昌黎《答張十一功曹》頷聯云「篔簹競長纖纖筍，躑躅閒開豔豔花」，驟看之，亦

只是寫湘湖間景物。乃其奇處，全在「競長」、「閒開」四字，蓋此二句是反興五六句。夫篔簹猶競長纖纖之筍，今未報恩，波知死所，是忙既無可忙，躑躅則閒開豔豔之花。今且於炎瘴送生涯，是閒又閒不過也。眼前景致口頭語，豈容村夫子藉口。

33、唐人律體中有似複而非複者，正當細玩其格力之妙。右丞「獨坐悲霜鬢，空堂欲二更。雨中山菓落，燈下草蟲鳴。白髮終難變，黃金不可成。欲知除老病，惟有學無生。」驟觀之，第五句似複首句，不知第五句正是其全力轉接處，蓋煞上半首開下半首也。太白「白玉一杯酒，綠楊三月時。春風餘幾日，兩鬢各成絲。秉燭惟須飲，投竿也未遲。如逢渭川獵，猶可帝王師。」即此法。

34、義山《錦瑟》詩本係悼亡之作，以錦瑟起興，非賦錦瑟也。通首著眼在「無端」二字，大意謂世間姻緣無非幻合，只如既有錦瑟便有五十弦。既有五十弦，便鼓出許多哀怨來。夫婦之道亦如是矣。至於事過景遷，蝴蝶夢覺，杜宇魂歸。無端而聚者，亦無端而散。此聯內已具結聯惘然之意。中聯卻是追憶從前緣起，極得意時事，月滿珠圓，日融玉暖，本屬自無而有利根人，當此眩眼穠華，早知有水流花謝，何待今日而始惘然哉？義山多豔體詩，世幾以浪子目之，不知其人極深於禪。如此篇實從禪悟中得力，注家紛紛，總屬無謂。

35、「張王樂府」不可謂不精工，然就「張王」學樂府便入下俚惡道，此不可不知。

36、義山《深宮》詩，為仕不得志比，「銷香」、「傳點」，正深宮寂寞之時。「狂飆」以喻謠諑，「清露」聊伴幽芬。中聯上句，喻遠臣之不得近者也。下句，喻才臣之欲有為者也。為雨為雲，荒主心而移主眷者何人乎？殆知其無可奈何而安之若命矣。

37、劉舍人云：「富於萬篇，貧於一字」。凡一字難下處，不但如老杜「身輕一鳥過」，「過」字；「瘦鶴病頭閣」，「閣」字之類，人不能道。即本分當用字，偶有遺忘，便足困人，如曾茶山《和曾宏父餉柑》詩：「莫餉君家樊素口，瓠犀微齾遠山顰。」「齾」字更無別字可以代得，今俗下韻書多不收。

38、詩不可以強作，強作必多鋪排，鋪排便是陳腐。

39、詩文妙處總在一個轉字。然轉處之妙，全由起處得來。起處不得力，便無轉法。東坡云：「文章難得在起句，起句得力，以下便直掃將去。」作詩

若先得項聯中聯者，便是亂道。

40、詩主言情，文主言道，固也。其實情到極眞處，即是道六經言道無一語涉腐爛者。後人依樣葫蘆說來，遂成腐爛耳。要之，文自文，詩自詩，非可一律論也。

41、性情不足，而後求之思致。思致不足，而後求之事類，所以愈趨愈遠。作詩以氣貫爲主，氣貫則無論長篇短什，自然句句字字相照應。作字作畫皆然。否則右軍所謂「形如算子」，東坡所謂「節節而爲之，葉葉而累之」者也。李杜二公詩篇皆原本忠愛，若以溫柔敦厚論之，則李不及杜，即如「明皇幸蜀」一事，二公皆反覆致意，李之《遠別離》、杜之《哀江頭》，無可議矣。其有詞意皆同而神理迥別者，太白《上皇西巡南京歌》其七章曰：「誰道君王行路難，六龍西幸萬人歡。地轉錦江成渭水，天迴玉壘作長安。」子美則云：「錦江春色來天地，玉壘浮雲變古今。」同一錦江、玉壘也，而李之意揚而竭，杜之意渾而厚矣。要之，自其骨性中帶來，不可強也。

42、五爲中數，故音止於五。加以變宮變徵而有七，皆自然之數也。詩始於四言，優柔平和，涵蘊無盡，然時露五言。漢魏承之，遂爲百代繩尺。五言之外，豈復有詩乎！至七言之興，雖創自柏梁，實胚胎於《楚辭》中大招、小招。蓋鎔四言兩句之意而出之，非取五言而益以二字也。顧聲長字縱雖曰易以成文，而渾樸之氣已散。詩之止於七言，其義正與七音等。故詩家不工五言，必無獨工七言之理。漢魏尚矣。六朝諸名家七言雖間作，其致精全在五言，至唐而七言始盛，七律尤擅長，然大家如《太白集》、《蘇州集》，七律亦僅見。中晚人始以此體爲酬應之先資耳。余謂攻詩者必以五言爲宗，或不致悖於古人也。

43、言在此而意卻在彼，最是詩家妙境。如老杜《夏日李公見訪》一章云：「遠林暑氣薄，公子過我遊。貧居類村塢，僻近城南樓。旁舍頗淳樸，所須亦易求。隔屋喚西家，借問有酒否？牆頭過濁醪，展席俯長流。清風左右至，客意已驚秋。巢多眾鳥喧，葉密鳴蟬稠。苦遭此物聒，孰謂吾廬幽？水花晚色淨，庶足充淹留。預恐樽中盡，更起爲君謀」，通篇順文讀去，不過寫新涼留客，借酒不足，更復謀添之耳。不知其寫暑氣薄，寫近村塢，寫長流，寫清風，寫水花，總不是寫眼前景物，只寫好客到來無酒，飲客又惟恐客去一段情事。夫貧居無可遊，而公子肯來，想因地僻暑薄故耶。顧既來矣，客見四壁蕭然，竟匆匆告別，如何？則慰之曰：「鄰居淳樸，西家之酒易借也。」

酒既借矣，客知所借有限，略飲幾杯，又將告別，如何？則又款之曰：「鳥鬥蟬鳴，水花到晚更佳」也，客既肯留矣，便好起身再去覓酒，若使早露窘色，客既又不安，那肯久住耶。公之以朋友爲性命如此，讀者往往不覺。

44、《三百篇》皆四言，字不多而有含蘊。或疊至三四章，皆反覆詠歎，無取煩言也。漢人增至五言，則語放而易騁，開長篇之端矣。若七言則合二句爲一句，仍本四言，非從五言擴之也。

45、唐人詠馬嵬詩極多，或敘事，或議論，皆非無爲而作。獨玉溪生一篇，則但就貴妃心中摹寫，譏其至死猶不悟也。據鴻都道士言，海外仙山貴妃所託，然此恐非貴妃所樂，蓋其意在生生世世爲夫婦耳。中聯上句結上生下，下句極言當日蠱惑情事。直至宛轉就繩於尺組之下，應猶恨九重天子不能庇一婦人。女色之禍人如此，而上皇之不早覺悟，隱然恨在言外，此用意之最深者。或謂落句失本朝臣子之體，甚不知詩也。

46、詩話盛於宋代，余所及見者有百數十家，然自歐蘇山谷外，不過就所窺見敷衍成帙，非能於六詩源流心解神會也。

跋：國朝詩話，我浙如毛西河、朱竹垞兩太史徵事既博，持論極工。而新城王司寇則取材尤富，觀者莫不心醉焉。鱸香居士讀詩之餘，心有悟入，隨筆詮次，直能於漢魏六朝三唐宋元諸家窮微闡奧，諸詩老不得雄踞於前矣。陸奎勳跋

二、姚培謙年譜

1、周甲錄

跋一：言之信哉。年譜之輯，誠不可緩也。元風塵靯掌，此事久荒，承黼山丈見屬之意，且慚且感，爰綴鄙言於簡末，亦以誌平昔宗仰之私云爾。是歲二月中旬邑後學余麗元敬跋。

跋二：往余樓止吳中，華亭姚子平山以世好相見，年方盛壯，文章氣誼已有以過人者。未幾別去，郵筒往來，歲時不絕。會承乏山左，平山過余於濟南藩廨，復得銜杯話舊如吳中。時距今又十五年於茲矣，學日益富，文日益高，名聲日益噪。其所著述不脛而走四方，四方人士望之若盛世之景星慶雲焉，此可羨也。頃坐養素堂，林園雪齋松柏蒼然，正有伊人之想，忽南客踵門致一械，發視之，則平山所寄《周甲錄》也，自敘平生行止甚詳。一言以蔽之：則屢更憂患而不失其素者。平山之所以爲平山也，此意惟余知之。

平山猶以德不加進、業不加修，無以承先志啓後昆，著其語於小序中。蓋古之君子雖造詣已崇，而沖乎自下，其用心有如此者，是以德業與年並進，如松柏之老而彌茂，經霜雪而不爲之榮悴也。記曰：竹箭有筠，松柏有心。蓋言文質並至，內外交輝，故松柏可以爲君子之喻，而一切前塵窮通得喪，若寒暑晝夜，自爲運行，當局者既不以此少動其心，而旁觀又奚必爲之嘅息哉。平山閱歷深而學問熟，自此而耄耋期頤，德業爲鄉邦式，爲儒者光，所以詳之《周甲續錄》者，正未有艾，此特可以粗見六十年來梗概爾。乾隆壬申朡月北平黃叔琳題，時年八十有一。

正文：

謙幼而多病，長亦羸弱。日月如馳，倏忽六十年，花甲一周矣。生在世族，傳經傳笏，不能奮發有爲，以仰承先志。蒲柳之質望秋先零，皤然老矣。追憶平山閱歷，信筆書之，不覺感慨並集。所自幸者，多病而不致短折，亦彌用自愧其不材云。其間瑣屑尚有遺忘，以俟他日補綴爾。

寒族本浙籍，一徙平湖縣之廣陳鎭，再徙松江金山縣之五保，歷經數世。前明及國朝捷鄉會、登仕版者六十餘人。大父，庠生，贈文林郎，州貢公與諸父昆弟猶聚族而居。先父，敕授文林郎、內閣中書舍人，息園公始遷居郡城。

歲在癸酉，康熙三十二年十一月十八日，先母敕封孺人張生培謙。

甲戌，三十三年，二歲。隨父母入城，居外祖中翰梅岩公春介堂。未幾，移居於觀察許鶴沙先生之墨池。

乙亥，三十四年，三歲。痘疹。

丙子，三十五年，四歲。

丁丑，三十六年，五歲。

戊寅，三十七年，六歲。受句讀於張友仙先生。時同塾者：孝廉曹賢符充周、秀才錢思魯三省及兄明經霑扶培枝。

己卯，三十八年，七歲。

庚辰，三十九年，八歲。羸疾幾殆。

辛巳，四十年，九歲。春，病甚，兩目若將盲者。鼻衄不止，骨立如柴。時幼科潘連雲進以人參劑，服之轉劇。乃依表姑夫曹宗素所定方，大進川連，晨服雞肺散，漸得生機。先母欲從事於禱，先父不許。強之再四，計所費投水中，曰：「宜費錢禱無益也」。忽一夕，先母夢關聖帝君曰：「汝子病

無害」。喜而告先父，並密助銀裝飾帝君像，以為謙祈福。

壬午，四十一年，十歲。

癸未，四十二年，十一歲。

甲申，四十三年，十二歲。先父建造采花涇住房，秋遷居焉。

乙酉，四十四年，十三歲。受業於陸端士先生四子書，草草讀畢，授以《詩經》。時病未愈，誦讀之日少，嬉遊之日多。

丙戌，四十五年，十四歲。五月，讀《詩經》畢，次及《尚書》白文，歲終卒業。粗能上口而已。

丁亥，四十六年，十五歲。讀坊選《古文》未竟。

戊子，四十七年，十六歲。是年病漸愈，與兄霈扶仍歸五保祖居，受業於莊安汝先生。時伯父太史聽岩公因金華守魏公男與蘭溪令施公維訥互揭事涉及，赴杭州。同學者：五兄巽齋培益、亡侄秀才欽。先父謂莊師曰：「此子幼多病，今年已長大。賴先生訓誨，得略識字，粗通文理。將來不至茫然無知，已為萬幸，無他望也。」莊師旋為謙講解明文小題，奈質極庸下，讀至六十餘遍，尚未能精熟。讀文三十餘篇，即令作破承題，頗有思路，莊師喜謂先父與諸兄輩曰：「此生悟性頗佳，尚可冀其有成。」至四月作開講，五月對服，旋即完篇。莊師教法最為綿密，晨起令背誦昨日所授文，辰刻講授生文一篇。飯後作一開講，講《四書》三葉，必令覆講，申刻溫習。所讀經書八股文，必令背誦，燈下又為講史漢小學。三六九日作文二篇，日長則贈經文一篇。夏，五兄就試江陰，華、婁二縣俱招覆，謙不勝欣羨，自恨文理未通，不能應試。連日不飲食。先伯父諭曰：「臨淵羨魚，不如退而結網，汝能刻苦讀書，取科第如拾芥耳。一領青衫，何足言邪。」謙退而勤讀，不敢稍自懈怠。至冬，學業頗有進境焉。

己丑，四十八年，十七歲。春，莊師移帳郡中住居，姊婿楊含貞錫恒成進士，捷音至，先伯父先父以兄輩官卷屢試不中，深責諸兄。謙前日：「無妨，待時耳。」先伯父先父曰：「人患不能有志加功，汝為兄輩寬解則可，若自存此心，必致偷惰日甚。」後三兄調圩培和癸巳聯捷，五兄甲午中式，四兄心求培衷丁酉中式，二兄宅安培仁癸卯中式，謙竟老大無成，先人早已決之矣。夏，隨莊師讀書於中舍吳南林先生之梅溪草廬。

庚寅，四十九年，十八歲。集學、庸諸家講解，請正莊師。

辛卯，五十年，十九歲。受業於陸南村先生，習時文，外兼讀詩賦，學

作詩。

壬辰，五十一年，二十歲。三月，同人作暮春文會，取《論語》「暮春者」七句分題作文，會成百篇，名《暮春集》。與兄靄扶及明經蔣荷溪培穀昆季編次付梓，鼎元戴瓏岩先生與南村師選定而爲之序。

癸巳，五十二年，二十一歲。讀書於南村師築野堂。春開科，三兄中式，秋成進士，先伯父集諸兄弟謂曰：「諸子中，和質最魯，讀文非百遍不成誦，今連得雋者，以其平日之攻苦也。汝輩慎勿專恃聰穎，不加學問。」謙聞言益知自警。由是每朝課文，以粥至文成爲限，是年華亭縣試及府試，俱第一名培本。冬，先父需次京師，授內閣中書舍人。

甲午，五十三年，二十二歲。正月院試入青浦縣學，首題「約我以禮」、次題「蹴爾而與之」二句。學使胡公潤，湖廣京蒙人，與伯父同榜相好，臨試時，外論疑公於年誼或有周旋，且府縣試俱領案，無不入學者。胡公微聞之，謙卷竟以避嫌不閱。同學陳子慕甫庭光以青浦縣周廷謙童生名勸謙進試，得入學。二月，與姜子條本立、自芸耕、秦龍光宮璧、金軼東門詔、王漢階步青、任翼聖啓運、吳方來紱、元起煜立、荊其章琢、周紹濂欽、儲之盤又銘、束聚五昌霖、楊簡在名寧、葉召南棠、龔植岩麟玉諸先生及一時名宿訂交於澄江朱君淡中沖飲香亭上，作古詩一章以紀其事。八月，應江寧鄉試，房考官同知陳公學良首薦謙卷，因三場策文不合式被黜。十月，先父晉階中書科中書舍人。

乙未，五十四年，二十三歲。正月，就婚平湖陸氏。妻祖，前江西方伯筠修公之祺，父青田廣文赤城公爌昌。家教極整肅，室人性溫愼，喜文墨，燈窗伴讀，頗得琴瑟之樂。妻父時賞以讀書作文相勗。時寧波蔣子季眉拭之館徐氏，與謙善。親串中，胡進士聞衣紹高、陸秀才德三邦傑、檢討坡星奎勳及方外借山元璟尤相好。詩文就正諸公，受益良多。涉獵諸經，兼讀《文選》、李杜詩，有疑義，輒質諸坡星。十二月，先祖父母、父母受封誥。

丙申，五十五年，二十四歲。二月，先父抱病歸里。八月十七日遭變，遠近弔唁者雲集。料理喪事，不致失禮，俱賴先母先兄，謙茫然無知。惟守制讀禮而已。比時一切家務亦俱先母主持，先兄奉行。

丁酉，五十六年，二十五歲。冬，奉母張孺人遷居華亭通波門外。

戊戌，五十七年，二十六歲。秋，校刻《劉後村詩集》並《詩餘》、《詩話》。十二月初六日室人陸氏亡。

　　己亥，五十八年，二十七歲。選刻元人七律，名《自攜》。十月二十三日，妾呂氏生子鐘鳴。

　　庚子，五十九年，二十八歲。二月，探梅鄧尉，遊錫山，常州別駕趙淵如弘本署錫邑事。招閱試卷，盤桓兩月而返，得詩數十首，長洲顧編修俠君嗣立作序，題曰《春帆集》。夏，錫山華君豫原希閔過訪。相得甚歡，隨偕至錫山，下榻劍光閣數日。是秋，華君舉於鄉。選江浙考卷《能事集》，明經陳履萬先生宏謨研精製義，至老不倦，是選得陳先生之助居多。秋，應試金陵，與李芷林東欅、程得莘之銘、郭秋浦泓、沈確士德潛、儲定伯思淳、王鶴書之醇諸先生訂交於方氏齋中。

　　辛丑，六十年，二十九歲。春，與朱初晴霞、陸圃玉崑曾、陳咸京嶨、董弘輔杏燧、張玉田琳起詩會齋集。小齋一月三舉，分題拈韻，即日成篇。給事王西亭先生原遴選付梓，名《于野集》。焦南浦先生袁熹札云：「《于野集》，詩皆工妙，吾鄉文學之盛，其在是乎。然而執旗鼓者之首，庸捨足下莫屬也。此事似緩而實急，似輕而實重，唯賈豎婦人乃以為不若銅錢之為緊要耳，今日大病正在於此。此乃斯文關係，非細故也。不知者或以熹為戲言，是豈然哉！是豈然哉！願諸君子益復為之，即此便不是白吃了飯，作天地一蠹蟲，此義定非賈豎婦人所能知。因來札有『冷淡生活』一語，似猶以熹為不識此義，故發憤一道之。」選《唐宋八家詩》以次付梓，至雍正五年秋告竣。東坡詩先成，西亭先生勸準茅氏鹿門《文抄》例，並及七家，因取唐韓昌黎、柳柳州；宋蘇老泉、灤城、歐陽廬陵、曾南豐、王半山全集去取成帙。冬，錫山杜太史雲川詔艤舟相訪，商刻顧梁汾先生《彈指詞》。

　　壬寅，六十一年，三十歲。批選左國史漢文，至冬告竣，相國高安朱公軾作敘。秋，錫山鄒泰和學士升恒攜其所著文就謙商榷。歸後，復以靖海勵滋大太史宗萬四書時藝屬選。買倪園故址，築北垞。園為朱氏世業，相傳前明董思翁、陳眉公皆曾居此。一切水石咸二公布置，後歸潘姓。榛莽坵毀，重加修葺，頗費經營。每於夏秋二季與二三知己，樽酒論文其中。冬，從坊人請選歷科小題房書，名《豹斑》，以天蓋樓選本為宗，亦得陳先生之助。南浦先生與書曰：「足下所刻《于野集》、《房書考卷》並《分體東坡詩》，披尋數日，未能遂窺突奧。《于野》諸君子鼓吹風雅，鏗洋金石，豈直吾鄉盛事，抑將使海內人士望之若景星、卿雲。謂此為不急之務者，非知言也。已於前札中道之矣。《房書考卷》所收皆清卓一種，甚有益於初學，恨其太少耳。」

同四兄心求選《六科小題房書》，自己亥至辛丑。

癸卯，雍正元年，三十一歲。批選《唐宋八家文》，七月告竣。夏，學寫梅花於童素文錦。選《明文小題筏》。

甲辰，二年，三十二歲。春，富陽董君孚臣邦達過訪，下榻寒齋。李君坤四宗潮與董君同年選拔，招遊細林山，舟中相對，董君善風鑒，向謙諦視，曰：「君相若多鬚，則前程必遠大。」去後復有書來，謙作書報之曰：「敬聞命矣」，並繫以詩，末句云：「他時重把臂，面目得無差。」今董已官至侍郎，而謙霜雪盈腮，猶然故吾。相國三韓高公其位屬批閱《考古類編》，數月而訖。選元人七絕，亦名《自攜》。刻近詩《自知集》，適雲川來，選定並作序。十月初二日，葬先父於金山縣五保位字圩之胥浦鄉。即墓之西築丙舍數十椽，顏曰：白雲莊。十二月，武陵柴胥山世堂來訪。攜其尊人虎臣先生文集，屬批選。臨別贈句云：「文章海內空儕偶，聲氣雲間獨主持。」謙滋愧焉。閱校闈中闈卷，張大司寇草雲照所屬也。

乙巳，三年，三十三歲。輯《男女姓譜》，與張子含光鋒彙集諸書考訂。秋，於居室左偏葺書屋數椽，庭中有松有桂，泰和學士題額曰：松桂讀書堂。落成時，適鵡水曹六圃庭棟過訪，為大書「眞率齋」銘以牓客位。六圃深於古學，著述不倦，人與文俱高。雖希闊聚首，而郵筒往來，商榷今古，時得其益焉。

丙午，四年，三十四歲。校刻顧見山先生大申《堪齋詩存》。先生前輩宗匠，歷官副使。經史子集俱有手錄定本，更精八法，片紙貴重。文孫綏成思孝行完而學富，與謙友善。子光裕年十三便能吟詩作畫，不意一月之內父子俱物故，僅存一妾一女，家藏古玩字畫散失殆盡。是集印不滿百部，板本不可問矣，念之慨然。

丁未，五年，三十五歲。九月十八日，遭先母張孺人變。遺田七百餘畝及金珠衣飾等物，謙不願分受，先兄強之再四，取字畫及玩物數種。非謙之矯情，見兄兒女多，而謙止一子也。

戊申，六年，三十六歲。春，今相國海寧陳公世倌督理水利南來，以節抄前明呂司寇《呻吟語》屬訂付梓。高相國還朝招謙為西賓，自揣學淺，不足為人師，兼正在廬居，遂薦同學曹諤廷一士以往，曹以選拔入都，北闈中式，庚戌成進士，入翰林，官至給事。竟陵唐太史赤子建中攜近作《梅花詩》索序，假館北垞，匝月而別。督學鄧公鍾岳保舉行優咨部。坊人請選三科墨

卷，四兄心求主其事，謙列名焉。自癸卯開科起，至於丁未止。十月二十二日，祔葬先母張孺人於位字圩。

己酉，七年，三十七歲。夏，患瘡寸步不能行。兀坐一室，偶讀邱瓊山《大學衍義補節錄》一小冊，並參以史漢諸書，名《六官典故》。上年，詔令各州縣舉居家孝友、行止端方、才堪試用而文亦可觀者一人，郡學舉吳君白沙瀋，奉賢舉徐君聖功樨，南匯舉張君培三朱梅，青浦令馬公謙益會同儒學舉謙。時謙在制中，且自顧慚愧，力辭。白沙中表尊行，而與謙年相若，契好無間。詩文同折衷於初晴先生。後白沙授粵東河源令，卒於官，賢聲甚著。

庚戌，八年，三十八歲。改歸華亭學，復姓姚。與諸兄及姪輩校訂先伯父所輯《松風遺韻》，三兄調圩獨力鐫板。署教諭張公純舉報文行兼優。

辛亥，九年，三十九歲。輯《年齒考》，自初生至百歲。外於史籍及說部擇其可供詩文用者按歲分卷。侍講顧小厓先生成天屬選四書制藝，來札云：「拙稿一生精力，大半在此。思一手定之。今辰入申出，尚有他幹，必不可得矣。別無可託之友，不得不仰瀆於先生。」侍講文稿約六百餘篇，擇其尤佳者二百餘首付之坊人，惜乎雕板未竟也。

壬子，十年，四十歲。改名培謙，避祖諱也。讀酈道元《水經注》，此書多譌字。得吳綏眉先生校閱全部，又於綏成處得伊祖見山先生批閱本。讀之，幾忘寒暑。終亦不能一一記憶。時王子香浦家桂讀書舍間，略寓目，已成誦。甚矣！天資之高下懸殊也，後生真可畏哉。冬，嘐城張詹事南華鵬翀來祝謙壽，聯吟作畫信宿，久之將歸，書對聯贈曰：「江光祿冠世文章筆花吐焰；鄭康成專門著述帶草生香。」謙何敢竊比古人，至閉戶讀書，則實有志而未逮。

癸丑，十一年，四十一歲。衍聖公以書幣聘修盛典。四月，來文云：「奉旨纂修盛典，理合遍訪鴻儒以任斯職，訪得姚某業精，著述名冠倫魁，學海瀋乎靈源，不忘三篋。詞鋒森其武庫，自富五車。惟多識而博聞，乃茹今而涵古，移府檄縣行學，敦請刻日束裝前赴。」闕里蓋因孝廉胡象虛二樂嘗於公前道謙名。氏公又夙見謙著述，謬採虛聲，故有是舉。謙自問讕陋，不勝抱愧，且多病不能遠行，力辭。時上舍張琴川範館聖府，札致云：「聖公素仰盛名，虛左以待，範明知足下高雅恬淡，未必遠來，而主人之意真切，必欲奉屈，所以令當事造請云云。」謙又浼象虛轉辭之乃已。八月，撫軍山東喬

公世臣列款參郡守吳公節民，內一款府試童生，稱謙在署閱卷，合署領案共九名，通同得賄，於十四日繫獄。南浦先生以詩相慰，曰：「人間定可哀，此事復何來。杯盞成蛇影，文章豈雉媒。飲爻占悔吝，遁甲向驚開。聽取枝頭說，餼羊未是災。」及對簿訊檢，都虛，臬司徐公士林旋檄童生面試，俱能文。後送院試，俱入泮。總督趙公弘恩察謙無辜，檄放，於十二年八月十九日歸家。在獄一載有餘，作時文四十餘篇，名《負暄草》。又樂府百章、古今體詩數十首。十一月，因往歲秋收歉薄，民食艱難，謙與郡中紳士設法賑濟，量捐米粟。總督高公其倬令有司齎送「惠濟桑梓」匾額。

甲寅，十二年，四十二歲。輯《類書》天部。是年起，即廢門燕坐，不會一客，不答一刺，雖生而猶死矣。

乙卯，十三年，四十三歲。少宰黃崑圃先生叔琳以所注《文心雕龍》屬校訂付梓。世宗憲皇帝詔舉博學鴻儒，侍郎方公苞致書黃少宰，欲薦舉謙，招謙入都，少司寇馮公景夏亦欲薦謙應詔。自揣學殖空疏，力辭。

丙辰，乾隆元年，四十四歲。冬，出嫁長女於庠生朱桂。桂，順治己亥科會元翰編岵思公錦孫，幼孤，賴母氏教養成立。與鐘鳴完婚。媳李氏總理兩淮鹽政繹山公陳常孫女、明經乾三宗仁次女，極賢淑，侍翁事夫俱得體，惜乎年之不永也，止生一女，許字雲南督學師序張公學庠孫、國學錦瀾曾楷子。

丁巳，二年，四十五歲。閱《臺海使槎錄》，得悉彼中山川風俗。是書，御史黃玉圃先生叔璥巡視臺灣時所著。闇亭陸太守錦輯《小鬱林叢書》，以其卷帙略多，御史寄謙刪訂而刻入焉。

戊午，三年，四十六歲。七月，遊江寧。八月，張子古愚秉植偕往揚州，逗留數日。乘興遊泰山。時崑圃先生為山東方伯。在署盤桓，堅留過歲。適張子今涪弈樞自京還，繞道歷下，遂以十月同歸，一路唱酬，得詩數十首。十二月，嫁次女於太學生張曾墉。曾墉，河南觀察鈞庭公孟球孫、孝廉京少景祁長子。

己未，四年，四十七歲。恭注《御製樂善堂賦》，至明年夏成。箋注《李義山詩集》，往年有《義山七律會意》一刻，大半出自初晴手筆。茲刻賴同學王子延之永祺相助。秋，集友朋投贈之作彙刻，名《如蘭集》。讀《楚詞節抄朱子注》。

庚申，五年，四十八歲。彙刻詩集八卷，屬延之選定。夏，河道總督高

公斌以《固哉草亭詩集》授弟培恩，轉屬校閱。秋，增輯《左傳杜注》。冬，葬室陸氏墓在廣陳祖祠之後，不封不植，於今十三年矣。

辛酉，六年，四十九歲。正月，媳李氏亡。二月，《楚詞節注》成。明經劉讓宗維謙著《叶音》一卷，並附刻焉。讓宗篤學嗜古，植品勵行，惜不遇以卒，且無子。少司成顧震滄先生棟高致書曰：「《楚詞》注者林立，然多苦作意生新。先生一以朱注爲定本，間補州師一二，並刪去其議論，使讀者虛心涵永，自得三閭心事於意言之外。千載眼孔不爲成見所封，嘉惠後學匪淺矣。讀書種子如先生及武進蔣子東委、虞山陳子弈韓，指不多屈。東委先生四十年前曾於敝邑一晤。弈韓於蘇郡常往來，而先生獨未得一面，所心悵也。秋，編次平日讀經史臆見付梓。少司成又致書曰：「大集內，經學史學，端拜洛誦，具見根柢湛深。《春秋》、《周禮》與鄙意合者，什居八九。乃知讀書到着實處，自然所見略同。《周禮》爲贗作，弟近年來始持此論，不意先生先獲我心。大快！大快！」輯《類腋地部》。冬，衍聖公選補典籍，移咨督學促行再四，力辭不赴。十一月，江西張眞人昭麟送伊妹與侄崧完姻。先兄故後，家道中落，諸凡賴四兄心求相助料理。崧成婚後，夫婦即來郡同居。數載於茲矣。鐘鳴入都後，一切往還酬應崧代之。

壬戌，七年，五十歲。春，著《九歌招魂解》。秋，校訂陸當湖先生《三魚堂勝言》，至明春告成。先生宅相陳三蕉濟立傳付梓。冬，嫁侄女於秀才衛祖謙。祖謙父半村自潘，文才令美，名重國學，卒年僅五十餘。同袍惜之。《類腋天部》成。

癸亥，八年，五十一歲。又四月，與鐘鳴續娶。媳顧氏，河南撫軍小謝公汧孫女、開建令元珠秉禮次女。五月，節抄《通鑑綱目》，羅列諸史及各種紀載，考訂增刪，不敢杜撰一字。學使菏澤劉公藻致書謙曰：「松江試事竣，即訪先生所在。而司土者言已赴山東，屢問則屢云云也。咫尺相左，深爲悵悒。渡江北來，忽已春矣。每於花晨月夕諷詠佳著，凡樂府、古今諸體，固已卓然成家，登古作者之堂矣。其餘諸撰造，搜羅博雅，校讎精詳，於表章前哲之中，寓嘉惠後學之意。自吳中憺園、吾鄉漁洋、中州綿津而外，不多見也。至注楚三閭、箋玉溪生，乃發王逸所未言、剖石林之欲露，近日解疏家又無論矣。自冬入春，以淮陽被水不能考試，日日閒居。而長江道阻，無由時親大雅，互相倡和。思慕之積，如何可言。」謙與劉公從未謀面，而謬蒙傾倒若此，能無愧乎。冬，刻舊著《詩話》、《對問》二種。

　　甲子，九年，五十二歲。夏，《類腋地部》成。九月，《增輯左傳杜注》成。崐圃先生作序，閬亭太守刻於家塾。

　　乙丑，十年，五十三歲。《郡志》失修八十餘年。山東王公斂福來署郡事，聘中允黃厝堂之雋、進士張研眞梁兩先生總其事。謙與延之、半村、乾三及孝廉張虛受先生澤瑊、國學金耐亭思安爲分纂。謙病不能勝任，辭。適王公移守穎州中止。十二月，《節抄通鑑綱目前編》自盤古氏起，至周威烈王二十三年。

　　丙寅，十一年，五十四歲。正月，《節抄正編》周威烈王二十四年起。坊人以房書《豹斑二集》請，方從事《通鑑》，卒卒未暇，因屬今涪鳳攽在璣昆季選評，謙特署名而已。

　　丁卯，十二年，五十五歲。春，鐘鳴同侄法祖入都應北闈秋試。法祖，五兄巽齋長子。能詩文，溫雅老成。少年中不可多得，未幾，竟卒於京邸。哀哉！夏，閣學沈公德潛假滿還朝，六月十七日陛見，皇上問及江南文風士習，沈公奏謙閉戶著書不求聞達。上云：「不求聞達，就難得了。」十九日，傳旨進謙所著書籍。沈公呈《樂善堂賦注》四卷、《增輯左傳杜注》三十卷、《讀經史》二冊，上覽云：「《左傳》、《經史》甚好，《賦注》尙有未詳處。」謙一介庸愚，獨學無師，管窺蠡測，何意得邀天鑒，欣悚交深。

　　戊辰，十三年，五十六歲。五月，《節抄正編》至漢更始二年西漢畢。六月，《節抄》東漢起。九月，大病臥床數餘日。寒熱交作。醫者咸謂體虛宜進溫補，如其言，服參苓，病勢轉劇。後飲西瓜汁一盞而愈。養疴一室，無可消遣。適案頭有劉氏《世說》、何氏《語林》，翻閱之下，略爲增刪，刻成小本。又採書史中語切近有益身心者，彙寫小冊，以便攜帶，名《書紳》，屬兄婿惠西崍承全作序。同延之增訂《朱子年譜》。

　　己巳，十四年，五十七歲。九月，於松桂讀書堂之東鑿池疊石，種竹栽花，築室數十椽，取眞山民句，顏曰：松桂小菀裘，以爲娛老之計。十二月，《節抄正編》至魏咸熙、吳元興元年。十一日，東漢後漢畢。十二日，《節抄》晉起。顧少司成又寄書曰：「《通鑑綱目節抄》，此係絕大製作。寧遲毋速，寧詳毋略，要須事增於前、文省於舊。」斯言實獲我心。

　　庚午，十五年，五十八歲。八月，得孫。十二月，哭王表叔惺齋貽穀。惺齋，相國文恭公孫、少宗伯晴村公次君。爲人介特自喜，績學，工詩詞。謙自甲寅歲謝客以來，親友中相過者絕少，惟半村、耐亭、三蕉、延之及張

司馬棲靜卿雲、部曹二銘景星昆季、范秀才師任志尹、表叔吳吟香澄、王香
雪貽燕與惺齋，時時晤言一室，釃酒評花以消歲月。半村、三蕉於三年前辭
世，今惺齋又作古。人不勝知交零落之感。

辛未，十六年，五十九歲。十月，《節抄正編》至晉恭帝元熙元年初九日
三鼓《晉紀》畢。十一日，《節抄》南北朝起。考訂《詩韻》一東至四支。十
二月二十立春日，與延之起原海文會於讀史樓。

壬申，十七年，六十歲。春，《節抄正編》至劉宋元嘉三十年。三月，二
銘重舉原海文會於讀史樓。夏，考訂《詩韻》五微起，至十三元。秋，焚燒
書札契劵。謙平生頗熱腸，於知交中不能漠視，以致祖業消磨。一切緩急有
本身及子孫貧窘而力不能償者悉行焚燒，亦一快事也。與延之選刻《原海文
會制藝》。九月，《節抄正編》宋孝建魏興光元年起，十一月十日《宋紀》畢。
十二日，《節抄》齊建元元年魏太和三年起。十五日，偕友至吳趨，寓張氏天
遊閣。旅中仍課抄書。十八日晨起，步至虎丘，天氣溫和，獨坐千人石，酌
清泉，看山色，遊人甚少。是日賤辰以出門得領靜趣，不覺徘徊久之，回寓
已下舂矣。十二月初五日歸，弟明經健齋培運欲梓其尊人帆江伯父遺詩。十
九日，冒雪拏舟攜集來城。健齋乍從西江回。是日，相對寒窗，擁爐酌酒，
話匡廬、滕閣之勝，為之忻然神往。歲除，編《周甲錄》竟，繫以二律：「獨
有雙丸疾，堂堂自去來。吾衰行已甚，臣壯本無才。細撥爐中火，頻看雪後
梅。百年難得遇，明旦恰春回。」「墮地男兒命，升沉久任天。青雲渺何許，
烏幾且悠然。骯髒平生志，崢嶸周甲年。昔塵同一夢，《畸譜》愧前賢。」徐
文長自敘年譜名《畸譜》。

2、甲餘錄

乾隆壬申冬，謙六十生辰，偶為《周甲錄》以自敘，今轉瞬又十年。生
逢盛世，不能努力振奮，上以報國恩，下以承祖德。優息蓬門，以飲以食，
沒齒而已。平生行止一無足書，惟是景光遞嬗，回思往事，年愈加則可愧愈
多。續自敘之以誌警，此《甲餘錄》之所以繼《周甲錄》而成也。世之君子
諒必有嗤我者有憐我者。嗤我者，嗤其既不能謀道，又不能謀食。有子不能
教，有家不能贍。鑽研故紙，消磨歲月，大丈夫豈如是耶。憐我者，憐其安
於愚鈍，甘於飢寒，身如槁木，心如死灰，委時運以待盡，與人世而無爭，
或不至目為天地間不祥之物耳。

癸酉，十八年，六十一歲。春二月，《齊書》抄畢，接梁天監元年。夏四

月，陳、梁二書畢，接抄《隋書》。至臘月杪，隋、唐二書俱竟。余稟性迂拙，運復極蹇。兼之衰疾時作，一切酬應久謝絕。日坐斗室中，料簡陳編。對景回思，百端交集。偶成五言古詩一首：「淡日下窗櫺，梅影移素壁。徘徊短晷間，寒颷淒以惻。我身如石頑，終朝坐虛白。盛氣自掃除，狂懷付蕭寂。浪竊文字娛，浮名不中食。昨歲甲巳周，今年除又逼。顏容知若何，怕見鏡中色。緬想古之人，仕隱各有適。鍾鼎與山林，無妨並竹帛。今我獨何爲，程功乏寸尺。撫已實茫然，何以報帝德。急景不可追，羲和奔西極。一詩紀一年，聊以餞過客。」

甲戌，十九年，六十二歲。春正月，節抄後五代梁開平元年起。二月，汪司馬格齋萃宗自西泠過訪。方文翰槼如、金江聲志章、杭董浦世駿、舒雲亭瞻、周穆門京、汪西顥沆、施竹田安、翟晴江顥各以著述寄贈。諸先生俱詩文哲匠，余神交有年。不能扁舟造訪，非懶也，病也。瑤章遠惠，披讀快然。各題四韻報之。夏四月，得孫阿葆。秋九月，後五代抄全正編告竣。冬十月，接抄續編起。孫女大姑，媳李氏生，三歲而母亡，余妾徐氏撫養之至十七歲矣，十一月夭卒，哀哉！

乙亥，二十年，六十三歲。夏，點閱漁洋先生《唐賢三昧集》付梓。秋歉收，皇上軫念民隱，蠲賑疊施，鄉城帖然。垂暮之年，得優遊寒窗，嘯詠自若，化國之日舒以長，殊不覺歲月之易邁矣。

丙子，二十一年，六十四歲。往余輯類書天、地二部已刻，頗爲同志推許。人、物二門有志未逮。張司馬樓靜卿雲注意風雅，竭力慫恿，謂必次第續成，始可稱全璧。因於五月中薈萃文史，相與采掇考訂，盛茂才凌煙步青、鍾茂才康之晉共勷其事，至己卯冬哀然成帙，現在雕板。惜乎樓靜遽赴玉樓，不及見此書之蕆役也。良朋徂謝，每一念及，不勝知舊凋零之感。所喜諸郎君英英玉立，文學俱足紹其家聲耳。十二月下浣，北宋抄畢，遂接南宋。

丁丑，二十二年，六十五歲。春二月，翠華重幸江南省。方問俗，兆姓歡騰，都邑士子呈獻賦頌於道左，培謙以衰病不能追隨。上於大宗伯沈公德潛迎謁之次，問及臣尙在否？臣培謙年邁迂儒，何幸得蒙天慈記憶，君父之恩奚啻天地之高厚耶。冬十月，宋史畢。接抄元世祖至正十九年起。十二月下旬，友人以「床頭黃金盡、壯士無顏色」二句爲韻作詩，屬和。余讀之反復，覺有味乎其言，效顰十首：斗室餘何物，殘書堆滿床。偶拋思得誤，三復味來長。送送天邊日，勞勞隙裏光。敢云修綆在，汲古意難忘。　撲筆寒

窗下，青燈照白頭。長宵無好夢，短日有閒愁。寥落盟鷗散，淒涼病鶴留。相依形共影，身世若爲謀。　憶走金陵道，秋山桂屢黃。看人白衣脫，笑我秀才康。控地鳩難起，搖林風轉狂。從茲焚筆硯，涕灑蓼莪章。　牢守香山句，安居直萬金。曝鰓眞是命，躍冶更何心。白日管寧榻，清風陶令琴。此中有妙理，門外即嶇嶔。　栗烈寒風深，徂年會將盡。橫空鴨陣來，入夜松風引。閱世心自平，安貧步未窘。早悟遜前賢，嗟余良不敏。　勿訝苦寒人，摧頹志不壯。熱腸鎮有餘，冷面將誰向。窮來被世嗤，老去得天放。粗喜小苑裘（自注：圖名），泉石故無恙。　被褐常不完，聞有東方士。幸無饑凍憂，何須卑賤恥。從人呼馬牛，且自儕鹿豕。白雪灑空林，素心正如此。　雪中鴻印爪，雪後有還無。往日多來日，今吾非故吾。鹿蕉夢易失，露電語非誣。待養不材木，扶疏當鳳梧。　男兒一墜地，幾日得開顏。困坂有赤驥，泳波多白鷳。梅花朝已破，栢實晚堪攀。屈指風光暖，芳華高下間。　丹青寫病容，縱寫不生色。敝帚徒自珍，瓠瓜豈能食。詩囚似孟郊，德星愧陳寔。何當免悔尤，望古以爲則。

　　戊寅，二十三年，六十六歲。秋七月，元史抄竟。計此書自癸亥夏起至今秋，約二十餘年。雖中間涉獵他籍，偶有作止，而夜火晨雞，無間寒暑。並與張部曹二銘景星、王孝廉延之永祺暨盛、鍾二子時昔商榷，不敢堅執鄙見從事也。錄成藏之篋笥。陸明經岳祥芝浙遊歸，得敷文院長傅探花玉笥王露先生詩信，余與玉笥訂交三十餘年，憶昔來遊雲間，會於廖明府浩前虛軒半村園中。朱學博初晴霞、陳徵君慧香嶠、徐明經今吾是儆、董上舍宏輔杏燧、陸孝廉圖玉崑曾、顧上舍綏成思孝、家四兄坳堂培衷，暨錫山杜太史雲川詔、竟陵唐庶常赤子建中、泰興沈孝廉興之默、錢唐張高士玉田琳，相與論文，酌酒曜靈，匿景繼以華燈，極友朋之樂，曾幾何時，半村園已爲雪中鴻爪，諸公亦相繼下世，惟玉笥與余尚在。嗟乎！人事如過眼之煙雲，光陰若走隙之車馬，良可慨也。我兩人猶得寄詩筒通音問，披覽手書，神往於六橋三竺間者久之。冬十月。一月，擬成《小學節注》一書，粗定稿本，猶嫌過繁，尚欲改從省淨。黃山汪子秀峰啓淑博雅，喜著書，十二月，攜所著各種載盆松扁舟過訪，語不及俗，對良友之眞率，撫青松之不凋，爲之忻暢彌日。

　　己卯，二十四年，六十七歲。春三月，繼媳顧氏亡。夏，重訂《詩韻》，竊思韻書採事爲吟詠家所不廢。《群玉》、《韻瑞》各有所長，而《韻瑞》疏於

查考，至有平仄誤收之處。恭閱《佩文齋韻府》及《拾遺》，眞爲古今以來韻學集大成矣。奈卷以百計，中人力不能購者多。因與二銘、延之、淩煙焚膏繼晷，採擷菁華，此書若成，於藝苑似不爲無功。第未知何日得以訖功。張大今涪寄詩六首。第一首說盡余幾十年來景況，讀之慨然，附錄於左：鑪香堂上白頭翁，不問年朝與歲終。萬卷藏書三寸管，五更雞唱一燈紅。　壓來豈止牛腰重，疊去應教棟宇盈。一世不曾閒一日，只贏人說鄭康成。　冰心恬退鬢絲絲，窗外龍鱗世澤垂。莫道著書虛歲月，姓名早被聖人知。　海鶴風姿寄一邱，敝衣蔬食劇風流。帶鉤不爲吟詩減，骨相天然李鄴侯。　老漁生長荻蘆邊，嗜好何曾與俗緣。每到凸樓深夜坐，剪燈風雨月窗前。　三十餘年汗漫遊，南船北轍雪盈頭。自來方叔無知己，只有蘇公分外投。　冬讀《離騷》，作《測意》一篇，隨文演繹，大旨衷於朱子集注。

　　庚辰，二十五年，六十八歲。元日同人集松桂堂，餞送王子全初寶序北遊。全初爲延之次君、今涪快婿，余內戚中幼輩也。續學工文，余決其蜚鳴必驟至，秋果以禮經中順天鄉闈第四名，竊自喜臆揣不謬。故及之夏，韻書上平竣，即考訂一先起。八月，一先二蕭兩韻全，接三肴。

　　辛巳，二十六年，六十九歲。二月，三肴四豪五歌六麻韻竣。三月，與延之二銘選刻宋詩名《百一抄》付梓。八月，次女亡，室人止生二女，次嫁爲吳門張氏婦，二十餘年頗嫻禮訓。凶問猝至，不禁老淚之滂滂下也。九月，刻《通鑑攬要》成。《通鑑綱目節抄》一書卷帙頗繁，未能梓以問世。二銘以爲盍摘要先行之，因爲標舉眉目，別成一書。又相與抄錄明史，合刻於家塾，名曰《攬要》。接秀峰手札，云書室延燒，卷帙大半成灰燼。秀峰著作等身，其中《三國史糾謬》、《六書今韻略》二種尤見苦心，乃必傳之書也。惜竟爲六丁取去。冬，嚴寒，浦中冰積如山，行舟不通者數日，爲數十年來所僅見。余危坐小閣，呵凍抄書，仍凌晨而起，夜半而息，旁人無不笑余爲癡，憐余爲苦，而不知此中自有眞趣，寒暑之侵何足病也。入臘大雪，瓊瑤彌望，時拉二三知己扶杖登小圃雲山四會樓賞之，拈韻成詩，侑以斗酒，恨無佳句可以驚人耳。

　　壬午，二十七年，七十歲。今年閏在五月，春氣甚遲，故正月中嚴寒未解，三月七日雪猶盈尺。先是二月，皇上奉皇太后安輿三幸江南，經過地方，渥被恩膏，蔀屋茅簷無不欣欣悅喜。培謙息影江皋，不克一赴吳門，仰瞻雲日，惟竊從田夫野老後歌耕鑿戴堯夫以爲此生厚幸耳。刻《硯北偶抄》，延之

為之序。焦南浦先生有《讀學庸論語注疏》一書，表弟吳上舍耀寰光被益旂光裕曾輯錄而刻之家塾，繼因耀寰即世，益旂以順天鄉試中式乙科留京師，板本蠹敗，因與南浦高弟金上舍耐亭及延之重加整理，冀得廣為流播焉。夏五月，《讀詩類抄》成，詠物詩即前人亦殊少合作，大約非纖即俚。余於諸刻本及各籍內，擇其尤高雅者，分為數類，題或未備，亦所不拘。至本朝諸名家作，現在搜羅續刻。閏月，病復作，潦倒者二十餘日，至七月八日黎明忽頭暈身麻，汗出不止，形神不復相管攝，至辰刻方蘇，後頻服桂圓湯，力不能辦，人參以所謂機參者代之，漸次平復。十一日風雨交作，至十三日大雨如注，竟夜不息。平地水漲三尺餘，房屋垣牆頹塌甚多，低田盡被淹沒。冬春多大雪，將謂康年有望，今又遭此雨水，秋收必稍減矣。冬十一月十八日，為余七十生朝，痛怙恃久失，無老萊斑衣之樂，而膝下只一幼孫相依，之無初識，成立難期，處境最不堪矣。惟念有生以來，精神稟賦本薄，又半為人事凋耗，書策之外，日與藥裹作緣，二毛早於潘岳，帶圍減於沈侯，今竟得為七十老翁，亦何憾哉。友人贈詩云：「一生幾易管寧榻，午夜頻然太乙燈。」其為岑寂可知，然閒中趣味亦頗能領略一二云。自生朝為始，改服僧衣，自名曰適可。自可適可者，謂散材幸獲老壽，適可託於在家頭陀，以藏其拙，以終其年耳，有何顏面列於儒林乎。偶成四言數句曰：歲華不居，俄然七十。俯仰我生，愧不自立。壯盛摧頹，老復何及。後顧茫然，感慨並集。蠹簡埋頭，惟日不給。一笑置之，定自不急。脫卻儒冠，戴此僧笠。而今而後，庶尠羈繫。與延之、二銘商榷《元詩百一抄》成。

三、姚培謙傳記

1、姚鱸香傳 〔註2〕

姚鱸香，名培謙，字平山。由婁縣之五保遷居華亭者也。姚氏吾鄉望族，君少聰穎。為諸生時，蘇松常鎮太倉同就澄江試，名士畢集。君以世家子，翩翩自好，遠近皆愛慕之。繼赴省門，亦無不爭相投契，以是文名遂大噪於江表。君銳意著述，因倪園故址築北垞為別業。藏書其中，以縱覽觀。延問學淵博之士，厚以廩餼，俾任纂輯。故凡經手訂必歸精覈，四方爭購者屢滿戶外也。夫家擅園亭之勝，又素好客。每當春花秋月，設筵肆席，徵歌選伎，

〔註 2〕黃達《一樓集》卷十七，北京：北京出版社，1997 年影印清乾隆刻本，第 740 頁。

以相娛樂。非惟文章氣誼可以聯結天下英雋，而聲色之移人亦云盛矣。居久之，以郡守吳公試事株連，對簿質訊，下獄，居圄圄中一載。圖書翰墨紛陳几案，手披口吟，未嘗少懈。共著詩文若干篇，皆可傳者。後事白歸家，杜門謝絕世事。閣學沈公假滿還朝，曾奏君閉戶讀書不求聞達，而以所刻書數種上塵乙夜之覽，洵異數云。然君雖無心用世，而名山不朽之業固樂與同人互相砥礪。既遇轗軻，益用自奮。晚於所居松桂讀書堂東別構屋數楹，建樓其上，顏曰：讀史，將以舉原海文會焉。後家漸落，知交舊好半歸道山。意興亦於是少衰矣，竟以疾卒於家。

黃子曰：余讀《周甲錄》而喟然歎也。鱸香少負盛名，仲醇陳先生後其繼起矣。奈侘傺不偶，幽囚請室，雖杯蛇弓影，災生無妄，而一生不免遺憾焉。晚迫桑榆，遽傷寥落，惜哉。

2、姚平山先生傳〔註3〕

先生姓姚氏，諱培謙，字平山，號松桂。世居雲間今之金山縣五保，王父諱廷聘，邑庠生。父諱宏度，內閣中書。中書公始遷居於郡城之北，姚氏由前明入國朝，子姓多以科第起家，遂蔚爲我鄉之望族。先生生而穎異，善讀書，重交遊，弱冠補邑庠生，再試於鄉不利，輒復棄去，遂發憤著述云。吾鄉自明季陳、夏結幾社，狎主敦榮，東南名士雲集鱗萃，降及春藻大雅，流風餘澤猶有存者。先生慨慕其爲人，乃設文會於家塾，寓書走幣，締交於當世之鴻才駿生，而東南名士亦翕然從之。於是開北海之尊、下南州之榻，一時杯盤縞紵之勝幾遍大江南北，而雲間之聲氣亦駸駸乎復古矣。家故多藏書，湘簾棐几校理不倦。一字之疑，群書比櫛，必疏通證明而後止，於排類比纂尤爲專門。子嘗論之文人相輕，今古一轍。矜才筆者以廚麗爲拙；資故實者又以剽賊相詆。兩家之論皆不足憑。至如偶拾詞華，侈談藝苑，乃對魯壺則無能數典，考羽觴而未讀逸詩籍，談摰虞之流往往而是。然則先生之學一以博聞多識爲宗，其殆力矯末學之弊哉。性極友愛，太孺人歿後，則析其家爲二，而己則減產以讓伯兄，以兄多子女累也，宗黨義焉。尤慷慨任氣，故賓至雜沓，客座恒滿。或有病之者，先生曰：昔劉惔謝諝史皆稱其不妄交，接門無雜賓而鄭莊誠門下：客至忘貴賤，執賓主之禮。由是聲聞梁楚間，人之爲通爲介，亦適其性而已。然卒以是受困，中歷憂患，晚而家益落，乃其

〔註3〕 王嘉曾《聞音室遺文附刻》，《續修四庫全書》本，集部，第1447冊，第265頁。

讀書詠歌則終始如一日也。生平著述不名一家，自著有《松桂堂詩文全集》，若《左傳杜注》、《通鑑綱目節抄》、《類腋》諸書，博覽子史，穿穴義疏，尤爲一生心力所萃云。先生生於康熙三十二年癸酉，歿於乾隆三十一年丙戌，享年七十有四。娶（按：墨黑，爲尊者諱，當爲：陸）氏先歿，子（按：墨黑，爲尊者諱，當爲：鐘鳴）太學生。先生之易簀也，余不獲別，而治命其孤以此傳爲請。予與先生中表弟也，少日過從，留連文酒，豈意尺波電謝，音聲蔑然。今日過山陽之舊廬，撫人琴而追悼，能無泚筆而重慨哉。乃爲撰次，還以遙質先生於九原也。孫中溫、汝乾謹校字。

四、陳定山《〈宋詩別裁〉評介》

兩宋詩人之盛，頡頏三唐，茲編所載凡一百三十餘家，殊爲未備，而命之曰：「別裁」，要其旨歸，豈不抉自杜詩「別裁僞體親風雅，轉益多師是我師」之義乎。

則此百三十家者亦足爲一代之綱目，惜其爲篇幅所限，人取不過一、二首，至若歐王蘇陸所取較多，亦不過一、二十首，使讀者有嘗鼎一臠未辨滋味之感，又其年代，前後參差，作者僅列姓氏，略無評介，亦使讀者有無處摸索之感。

趙君豪先生將以茲書編爲自由談雜誌第五十三年新年讀者贈品，屬爲評介，輒就作者風格並分別其時代於後。詩之源流始於三百，其後經千數百年之變遷，各因時會之不同，或治或亂，或晦或顯。亦如黃河九曲，出崑崙，導積石，因地而變，至於唐宋，則河之龍門砥柱也。河水分流，包山而過，山見水中，有如柱然。故宋之不爲唐，亦猶宋之不得爲唐。茲編作者，窺其用心，則似欲驅唐宋於一家。於所取裁，均以近乎唐者入選，冶歐王蘇陸，尤楊蕭范於一爐，不但唐詩之面目不可得見，即江西，四靈之奇軍特幟亦不可見矣。

所以然者，蓋時會爲之也，編者生於清之中葉。承乾嘉之緒餘，而同光詩派猶未樹立。故皆推唐邁宋，茲編之作，推其用心，豈不曰：「類我，類我」，欲揭宋詩之面目而舉以爲唐也，苟起兩宋諸公而問之，恐未必帖然自承。然則以「別裁」之選，爲唐乎，爲宋乎，豈不又甚惑乎？故就本編作者，略爲評介，並釐其時代後先，亦足見宋詩之支流曼衍，因時會而成文，非一江西所能域之。則病宋詩之不爲唐者亦可以休矣。

1、宋承五代之弊，太祖開國伊始，惟陶穀竇儀爲之冠冕，別裁捨去未選，

所列則有沈邁，按沈爲後周人，未嘗入宋。李昉，徐鉉，一則北漢降臣，一
爲江南羈旅，著述雖富，名節多虧。

2、太宗太平興國以來，詩人氣象漸加闊大，然錢惟演以吳越降王，附庸
權相。丁謂之佞，同于欽若，皆所不齒。別裁未汰，殊玷青蠅。其足稱詩人，
而無愧者王元之一人而已。

3、眞宗値遼侵亂，澶淵一役，社稷砥定，有宋詩人，當以萊公、永叔爲
冠冕，其後則有林逋、魏野、林泉高致，羽翼文明。可爲宋詩一代開國氣
象。

4、夏英公歷仕太、眞、仁宗三朝，文章典雅，多識古文。蔡君謨儒林眾
望，草書出群。石曼卿不愧酒狂，蘇舜卿端稱雅士，梅都官精深淡遠，別創
一格。邵康節、周元公以理學入詩，時時見道，皆一時之選也。

5、韓魏公歷事仁英兩朝，與范希文夾輔宋室，功名顯奕，而文章之偉，
亦詩國之周召也。司馬溫公，居洛十五年，一旦再相，悉去新法之不便者，
三君實有宋人傑，詩特其爲餘事，然已籠罩一代矣。

6、神宗勵精圖治，熙寧間勵行新法。王荊公不但政治特出，詩亦特出，
遂爲江西不祧之祖。其詩之成就，蓋尤勝於政治，而宋詩之發旺，名家迭出，
亦以此時爲極盛，且各具面目，各溯流源，各創新意，有若春華競發，夏木
群蔭。詩有盛唐，則此時當爲盛宋。其與王氏抗衡，麾旗鏖戰者，則以眉山
蘇軾爲勁敵。王詩刮垢磨光，不著煙火，蘇詩則長江大河，不擇細流，挾泥
沙而俱下，皆成文章。其爲蘇氏羽翼者，則有黃庭堅、秦觀、晁補之、張耒，
號之蘇門四學士，而黃詩之境界淵深，筆力破餘地，又駸駸陵駕蘇氏。東坡
稱黃爲魯仲連，後人並稱蘇黃，而爲江西一派之祖，誠無愧色。新法失敗，
王氏學幾無人誦。蘇黃兩派，則源遠流長，歷南宋、元、明，迨及遜清中葉。
王氏學說盛行，則荊公詩亦如河源復出，匯合三流，蔚成巨觀，爲近代治詩
者所必習。

7、哲宗元祐蘇學盛行，降及紹聖而黨禍遽起，家藏東坡一集者幾於獲罪。
理學詩起而代之，二程親炙濂溪，周元公以光風霽月之懷，作推理格物之什，
傳之南宋，厥爲朱子。陳後山瓣香曾南豐而師詩學黃庭堅，精深雅奧，又於
荊公之外，別開門徑。蘇子由繼續乃兄，重興蘇氏，賀方回高隱慶湖，晁沖
之創分詩派，蘇門之盛，又復蔚然。

8、徽宗初立，頗勤政事，辨賢愚。召蘇軾於南海，解元祐之黨禍，顧不

旋踵，爲蔡京父子所魅，而國事不可問矣。一時以忤觸時相，而加斥逐之詩人，不可枚舉。獨米海岳從容談笑其間，佯狂玩世，詩書畫，爲一時之絕。韓子蒼刻意爲詩，一字不得當，千里追之。汪彥章少與王黼同舍，及黼得倖，絕意仕進。堅臥三十年，無一廛之舍，有足多矣。

9、欽宗靖康初有曹勳者，從徽欽北狩，遁歸建康，擬募死士劫還二聖，執政難之，出勳於外九年不遷。蘇過事父孝，東坡在海外，屢遭遷逐，過無不從，既葬父於汝，遂家潁昌，日小斜川，一爲通判，終身不仕，之二人者其詩可爲忠孝之表率。

10、宋末南渡，高宗駐蹕揚州，葉夢得首請南巡，極論因江阻險之便，南宋肇因基於此，而少蘊實詩人也。陳簡齋正色立朝與建炎靖康間，務尊王威而振紀綱，而其詩爲江西派之柱石，與陳後山先後彪炳。劉子翬以理學名家，暢於詩說，朱松死以子朱熹爲託。范成大奉使入金，陳辭慷慨，而其詩清麗綿邈，不愧正則。王十朋歷知煩郡，所至有恩，民間繪像祀之，嘗注蘇集，詩亦逼肖。呂居仁初與秦檜同爲郎，甚相得，及檜相，呂爲中書舍人輒封還除目，守正不阿，主元祐學，爲江西詩派中堅。此又南渡詩流之新氣象，張爲江西詩派主客圖，要非無爲而作。

11、孝宗之世，陸游以詩執江南牛耳，自乾道以至開禧，享名六十餘年，壽至八秩。詩逾萬首，積稿之富，超出唐白居易。於是，詩壇以蘇陸並爲圭臬，而後之學詩者不替焉。楊萬里與遊同時，年亦八十三，以忤韓侂冑不爲作南園記，棄職家居。聞侂冑僭妄日甚，呼紙書其罪狀，擲筆而逝，其詩務闢新意，作未經人道語。視陸游詩法尤新。朱文公以理學歷事高孝光寧四朝，寶慶中致仕，猶享大年。其詩以知致格物爲宗而不泥於跡。亦爲後學闢一門徑，至於明末，有「太極圈兒大，乾坤帽子高」者，不亦厚誣之甚耶。至若謝無逸以蝴蝶而得名，呂東萊以博議而馳譽，致之堂奧，似難確定。

12、光宗紹熙間，詞宗蔚起，姜堯章，自言學詩於蕭千岩，千岩則得之於仙。言雖誇誕，要其詩清絕奇絕，實爲不易之論。而同時並起者則有四靈，趙師秀號靈秀，翁卷字靈舒，徐照字靈暉，徐璣字靈淵，其詩崇尙性靈，力矯江西之失。四靈皆布衣，惟師秀乃太祖八世孫，一爲推官，終身不仕，而當代詩人翕然歸之，爲南宋詩，另一新面目。

13、寧宗開禧間，韓侂冑當國。華子西嶽獨上書詆侂冑，下理獄，杖幾死，出獄登武科第一。史彌遠當國。又謀去史，遂被杖死。敖陶孫嘗以朱熹

外貶，首以詩送之，被罪。及趙汝愚死貶所，每往哭之，侂冑怒，下令捕陶孫，變姓名得免，之二人者皆詩中之奇人也，可以傳矣。

14、理宗寶慶以後，賈似道用事，天下事無可爲矣，詩與氣節亦無可爲矣。然猶有方岳知南康，以杖賈似道舟卒而謫袁州，又忤丁大全而罷歸，其詩亦不用古律，如李廣野戰，而文天祥、謝枋得，應命而生，爲南宋一百五十年結束一段乾坤正氣，其人與詩，彪炳史冊，婦孺皆知，可不具論矣。

15、度宗咸淳以後，復有奇人奇事，足以大書特書者，謝皋羽聞文丞相殉國柴市，與其門生故吏，上嚴陵西臺慟哭，雖驚元人守卒而不顧。林景熙見楊璉僧珈盜宋七陵，親負布囊，渡錢唐，拾帝后骨殖而葬之柯亭。而謝詩瑰麗，極似長吉。林詩深嶠，與汪水雲、鄭所南等駸駸齊驅。

又陳道人雕江湖集野老殘僧都有傳者，茲編所有如陳鑑之、王琮、劉仙倫、葉茵、利登、朱繼芳、黃大綬、武衍，皆南宋人，人名大字典不載，略附於此。

右列評介，僅以別裁本編所選者爲限，編外遺珠尙多，概不攬入；而本編所選，亦並不盡錄，讀者可於中國人名大字典中求之，得矣。民國五十二年十二月定山記。

五、校記

著者在考察《宋詩別裁集》選源過程中，對其與諸總集的文字異同有校對，積少成多成校記如次。其中，吳之振等編《宋詩抄》用康熙十年（1671）吳氏鑒古堂刻本，曹庭棟《宋百家詩存》用乾隆六年（1741）曹氏二六書堂刻本，厲鶚《宋詩紀事》用乾隆十一年（1746）刻本，《宋詩別裁集》則用乾隆二十六年（1761）刻本，行文則以人爲序。

劉敞：

卷四《檀州》，《宋百家詩存》題作《澶州》；該詩「海蓋午時消」句，自注：「每旦海氣如霧」，「每旦」，《宋百家詩存》作「每日」；另外，同卷《秋晴西樓》首句「清風卷陰翳」之「清風」，《宋百家詩存》作「秋風」；《春陰》「滯留成楚老」，「滯留」，《宋百家詩存》作「留滯」。

賀鑄：

卷二《題漢陽招眞亭》「玄津煉出太陽酥」，玄津，《宋百家詩存》作「元

津」。卷四《江夏寓興》「朋從正相遠」，「朋從」，《宋百家詩存》作「朋遊」。

郭祥正：

卷二《金山行》「日月彷彿躔西東」，躔，《宋詩紀事》作「懸」；「搜索異境窺神工」，神工，《宋詩紀事》作「神功」；「寒蟾八月蕩搖海」，搖，《宋詩紀事》作「瑤」。卷八《訪隱者》「殘花滿地無行跡」，行，誤，《宋詩紀事》作「人」，《青山集》卷二十八亦作「人」。

歐陽修：

卷五《唐崇徽公主手痕和韓內翰》，元刊本《歐陽文忠公文集》卷十三載有此詩，題目同。而《宋詩紀事》題作《唐崇徽公主手痕》。

司馬光：

卷五《寒食許昌道中寄幕府諸君》末句「應笑驅馳羈旅中」，驅馳，《宋百家詩存》作「馳驅」。

劉子翬：

卷一《聞箏作》，《宋詩紀事》題《聞箏》，中「志異勞百媒」，百，《宋詩紀事》作「事」。

王銍：

卷三《明覺山中始見梅花戲呈妙明老》中「漫營粉鏡學妝遲」，漫營，《宋百家詩存》作「漫勞」。

姚鏞：

卷四《桐廬道中》見《宋詩紀事》卷六十二，《宋詩紀事》題作《桐廬》，此詩亦見《宋百家詩存》卷三十一，題作《桐廬道中》。

鄒登龍：

卷三《採蓮曲》首句「平湖渺渺蓮風清」，渺渺，《宋百家詩存》作：「淼淼」。

宋祁：

卷四《再遊海雲寺作》「園奈濃成幄」，園奈，《宋百家詩存》作「園李」。《城隅晚意》「水落呈全嶼」，水落，《宋百家詩存》作「木落」。

樂雷發：

卷六《送廣州劉叔治倅欽州兼守事》尾聯「曾是鄉賢分守處」，鄉賢，《宋百家詩存》作「卿賢」。

王琪：

卷一《秋日白鷺亭》中「棟宇窮爽塏」句，棟宇，《宋詩紀事》作「簷宇」；「銀錯星斗大」句，銀錯，《宋詩紀事》作「錯落」；「安得犀燈然」句，犀燈然，《宋詩紀事》作「然犀燈」。

倪濤：

卷一《次韻毛達可給事秋懷念歸》「蝶夢東南飛」，蝶夢，《宋詩紀事》作「夢蝶」。

周敦頤：

卷四《遊大林》，《宋詩紀事》題作《同宋復古遊大林寺》。其中「三月山房暖」，山房，《宋詩紀事》作「僧房」；「天風拂襟袂」，襟袂，《宋詩紀事》作「襟袖」。

晏殊：

卷五《示張寺丞王校勘》首句「上巳清明假未開」，上巳，《宋詩紀事》作「元巳」。

夏竦：

卷五《奉和御製上元觀燈》，《宋詩紀事》題作《上元應制》。

謝逸：

卷六《寄隱居士》，《宋詩紀事》題作《寄隱士》，首句「處士骨相不封侯」，處士，《宋詩紀事》作「先生」；頸聯「高臥一麾今白頭」，一麾，《宋詩紀事》作「一庵」。

晁沖之：

卷二《以承宴墨贈僧法一》，《宋詩抄》題作《復以承晏墨贈之》，按：晁氏有《贈僧法一墨》詩，故詩題當以《宋詩抄》所錄爲佳，《宋詩別裁》「老超尙不如庭珪」，庭，《宋詩抄》作「廷」。

文同：

卷四《凝雲榭晚興》，《宋詩鈔》題作《疑雲榭晚興》。

晁補之：

卷二《芳儀怨》題注「事見陸游《避暑漫抄》」，《宋詩紀事》題作《芳儀曲》，無題注，詩後有《避暑漫抄》關於本詩背景的詳注，即詩本事。《宋詩別裁》「滿堂侍酒皆詞客，拭汗爭看平叔白。《後庭》一曲時事新，揮淚臨江悲去國。……寧知翻手明朝事，咫尺人生不可期。……深紅退盡驚胡塵……無言遍數天河星……當時千指渡江來，同苦不知身獨哀。……寄詩黃鵠何當回……君不見李君椎髻泣窮邊」，《宋詩紀事》作「滿堂詩酒皆詞客，奪錦揮毫在瑤席。《後庭》一曲風景改，收淚臨江悲故國。……寧知翻手一朝事，咫尺山河不可期。……深紅暗盡驚胡塵……無言數遍天河星……當年千指渡江來，千指不知身獨哀。……黃鵠寄意何當回……君不見李陵椎髻泣窮邊」，差別較大。另「君不見李君椎髻泣窮邊」，窮邊，《宋詩鈔》作「窮年」。又卷二《胡戢秀才效歐陽公集古作琬琰堂》中「曩時豪氣今雖在」，雖，《宋詩鈔》作「誰」。

程顥：

卷四《陳公廙園修禊事席上賦》「水曲有清音」，水曲，《宋詩紀事》作「水面」。

唐庚：

卷四《除夕》「龍鍾惜歲徂」，歲徂，《宋詩紀事》作「歲除」。

錢惟演：

卷五《寄靈仙觀舒職方學士》首聯「方瞳玄髮粉闈郎」句，玄髮，《宋詩紀事》作「玄鬢」；「幾時春渚逐歸航」，航，《宋詩紀事》作「艎」。

石延年：

卷七《曹太尉西師》「旗光秋燒去」，燒去，《宋詩紀事》作「曉合」。

王珪：

卷五《依韻恭和御製上元觀燈》，《宋詩紀事》題作《上元應制》，頷聯「六鰲海上駕峰來」，駕峰，《宋詩紀事》作「駕山」；頸聯「鎬宮春酒沾周宴」，

鎬宮,《宋詩紀事》題作「鎬京」;「一曲昇平人盡樂」,盡,《宋詩紀事》作「共」。

王庭珪:

卷六《送胡邦衡之新州貶所》,《宋詩紀事》詩題易「之」爲「赴」。

王禹偁:

卷八《泛吳松江》首句「葦篷疏薄漏斜陽」,葦篷,《宋詩紀事》作「帶篷;《春居雜興》,《宋詩紀事》題作《春日雜興》。

米芾:

卷八《垂虹亭》,《宋詩紀事》題作《吳江垂虹亭作》,首句「斷雲一葉洞庭帆,玉破鱸魚霜破柑」,一葉,《宋詩紀事》作「一片」;霜,《宋詩紀事》作「金」。

張耒:

卷一《出長夏門》「岩聲送遠響」句,送,《宋詩抄》作「答」;卷三《離泗州有作》首句「舸峨大艑來何州」,峨,《宋詩抄》作「艤」。

陳與義:

卷一《夏日集葆眞池上以綠陰生晝靜賦詩得靜字》「鳥語林間靜」,靜,《宋詩抄》作「宿」。卷三《遙碧軒作呈使君少隱時欲赴召》「明日青山當逐客」,逐,《宋詩抄》作「送」。卷六《登岳陽樓》「白頭弔古霜風裏」,霜風,《宋詩抄》作「風霜」;《雨晴》首句「天缺西南江面清」,清,《宋詩抄》作「晴」。

劉子翬:

卷三《兼道攜古墨來墨面龍紋墨背識云保太九年奉敕造長春殿供御龍印香煤旁又識云墨務官臣庭珪監官臣夷中臣子和臣卞等進蓋江南李氏物也感之爲作此詩》「枯皮剝裂弄幾刓」,剝裂,《宋詩抄》作「剝制」。

范成大:

卷一:《新嶺》「籬落冪蛛網」,冪,《宋詩抄》作「萬」;「老桑局潛蚪」,局,《宋詩抄》作「踞」;卷四:《春晚即事留遊子明王仲明》,《宋詩抄》題作《春晚即事留遊子明王仲顯》,詩中「慚君有敝袍」,敝,《宋詩抄》作「意」;卷六:《鄂州南樓》中「卻笑鱸鄉垂釣手」,鱸鄉,《宋詩抄》作「鱸江」;《暮

春上塘道中》「店舍無煙野水寒」，店舍，《宋詩抄》作「客舍」。

朱熹：

卷一：《對雨》中「芳塘」「冥蒙」，《宋詩抄》作「方塘」、「冥濛」；《六月十五日詣水公庵雨作》中「旱塵」，《宋詩抄》作「早塵」，「峭蒨」，《宋詩抄》作「悄蒨」；《秋日苦病齋居奉懷黃子厚劉平父及山間諸兄友》，苦，《宋詩抄》題作「告」；《臥龍庵武侯祠》，《宋詩別裁》題注：「奉同尤延之廬山雜詠十四篇之六」，《宋詩抄》題注為「奉同尤延之提舉廬山雜詠十四篇」；《石馬斜川之集分韻賦詩得燈字》中「稚齒歡年增」，歡，《宋詩抄》作「歎」；卷六：《奉陪彥集充父同遊瑞岩謹次莆田使君留題之韻》中「空蒙」，《宋詩抄》作「空濛」；《春谷》次韻秀野閒居十五詠之六，《宋詩抄》則為《伏讀秀野劉丈閒居詠謹次高韻率易拜呈乞痛加繩削是所願望》六首之二；《叔通老友探梅得句垂示且有領客攜壺之約》，《宋詩抄》題作：《叔通老友探梅得句不鄙垂示且有領客攜壺之約次韻為謝聊發一笑》，詩中「著詩」，《宋詩抄》作「著詩」，「探香」，《宋詩抄》作「覓香」。卷六《九日登天湖以菊花須插滿頭歸分韻賦詩得歸字》，《宋詩紀事》題作《九日登天湖分歸字韻》。

謝翱：

卷三《瓊花引》中「二十四橋色如洗」，色，《宋詩紀事》作「雪」；同卷《送袁太初歸剡原袁來杭宿傳法寺寺在德壽宮北今行路及園即宮舊址》詩中「袁君」，《宋詩抄》作「袁家」。

王安石：

卷二《純甫出釋惠崇畫要予作詩》「流鶯探枝婉欲語」，流鶯，《宋詩抄》作「鶯流」；卷八《江上》中「江水漾西風」，江水，《宋詩抄》作「江上」。卷八《初夏即事》，《宋詩紀事》題作《初夏絕句》。

梅堯臣：

卷二《觀何君寶畫》中「帛載羊車錢載驢」，羊車，《宋詩抄》作「牛車」；「太湖」，《宋詩抄》作「大湖」。

孔武仲：

卷二《瓜步阻風》「埽去浮雲戢風雨」，埽，《宋詩抄》作「掃」。

蘇舜欽：

卷八《夏意》中「樹陰滿地日卓午」，卓午，《宋詩抄》作「當午」。

韓駒：

卷三《題畫太一眞人》，《宋詩紀事》題作《題李伯時畫太乙眞人圖》，據《陵陽集》卷一，題目爲《題王內翰家李伯時畫太一姑射圖》。《宋詩別裁》「世間那有葉如許」，那有，《宋詩紀事》作「那得」。卷六《和李上舍多日書事》，《宋詩紀事》題作《和李上舍多日》。

余靖：

卷四《晚至松門僧舍懷寄李太祝》，「思君正怊悵」，正怊悵，《宋詩紀事》作「已惆悵」。卷六《夜泊寧陵》中「扁舟東下更開帆」，更，《宋詩抄》作「便」；另外「夜泊寧陵月正南」，正，《宋詩抄》作「政」；卷六《和李上舍多日書事》，《宋詩紀事》題作《和李上舍多日》。卷八《代葛亞卿作》（君住江濱起畫樓），《宋詩抄》題作《九絕爲亞卿作》，《宋詩別裁》所錄爲九絕之五。

汪藻：

卷四《己酉亂後寄常州使君侄》組詩四首，其中「航遷群廟主」，群，《宋詩抄》作「新」；「戎馬窺天塹」，戎，《宋詩抄》作「胡」；「百年淮海地」，淮，《宋詩抄》作「還」；「回首復成非」，復，《宋詩抄》作「忽」。

葉夢得：

卷一《懷西山》，詩中「未畏成顛隮。用意各有適，……全生思馬蹄」，隮、用、蹄字，《宋詩抄》作「躋、周、啼」。

林逋：

卷五《山園小梅》、《梅花》見《宋詩紀事》卷十《梅花》二首，《宋詩紀事》統曰《梅花》。又

卷八《書孤山隱居壁》，《宋詩抄》題作《孤山隱居題壁》，其中「山木未深猿鳥少」，山木，《宋詩抄》作「山水」。

黃庭堅：

卷一《題竹石牧牛》，《宋詩紀事》題作《題竹石牧牛圖》。

卷四《次韻裴仲謀同年》中「白髮齊生如有種」，如，《宋詩抄》作「加」；卷六《夏日夢伯兄寄江南》首聯，《宋詩抄》自注「一作『相攜猶聽隔溪春，睡起開書見手封』」，《宋詩別裁》刪落；尾聯《宋詩抄》自注「一作『白髮倚門愁絕處，可甚衣斷去時縫』」，《宋詩別裁》刪落。《題落星寺》頸聯「畫圖妙絕無人知」，妙絕，《宋詩抄》自注「一作『絕筆』」，《宋詩別裁》無。

曾鞏：

卷五《甘露寺多景樓》，《宋詩紀事》題作《多景樓》。

參考文獻

一、古代典籍

經部：

1. 鄭玄注、孔穎達《禮記正義》，《十三經注疏》本，北京：中華書局，1980年。
2. 陸隴其《松陽講義》，《四庫全書》本，經部第 209 冊，上海：上海古籍出版社，1987 年。
3. 姚培謙輯《春秋左傳杜注》，清乾隆十一年陸氏小鬱林刻本。

史部：

1. 脫脫等《宋史》，北京：中華書局，1977 年。
2. 姚培謙、張景星《明史攬要》，清乾隆二十四年刻本。
3. 托津等《欽定大清會典事例》（嘉慶朝），北京：中國藏學出版社，2006年。
4. 趙爾巽等《清史稿》，北京：中華書局，1977 年。
5. 謝庭薰、陸錫熊《婁縣志》，清乾隆五十三年刻本。
6. 宋如林、孫星衍、莫晉《松江府志》，清嘉慶二十二年刻本。
7. 楊開第、姚光發《華亭縣志》，清光緒五年刻本。
8. 彭潤章等《平湖縣志》，清光緒刻本。
9. 龔寶琦、黃厚本《金山縣志》，清光緒刊本。
10. 陸惟鍌《平湖經籍志》，民國二十七年平湖陸氏求是齋刻本。
11. 沈瑜慶、陳衍《福建通志》，民國二十七年刊本
12. 王懋竑《朱熹年譜》，北京：中華書局，1998 年。
13. 姚培謙《周甲錄　甲餘錄》，清乾隆二十七年刻本。

14. 姚培謙《周甲錄》，北京：北京圖書館出版社，1999 年影印本。

15. 曹庭棟《永宇溪莊識略》，陳祖武選《乾嘉名儒年譜》第 4 冊，北京圖書館出版社，2006 年。

16. 顧鎮編《黃侍郎公年譜》，陳祖武選《乾嘉名儒年譜》第 1 冊，北京圖書館出版社，2006 年。

17. 王鍾翰《清史列傳》，北京：中華書局，1990 年。

18. 徐世昌《清儒學案小傳》，臺北：明文書局，1985 年。

19. 張維屏《國朝詩人徵略初編》，臺北：明文書局，1985 年。

20. 朱汝珍《詞林輯略》，臺北：明文書局，1985 年。

21. 陳金林等《清代碑傳全集》，上海：上海古籍出版社，1987 年。

22. 永瑢等《欽定四庫全書總目》（整理本），北京：中華書局，1997 年。

23. 中國科學院圖書館整理《續修四庫全書總目提要》（稿本），濟南：齊魯書社，1996 年。

24. 張之洞、范希曾《書目答問補正》，揚州：廣陵書社，2007 年。

25. 柯愈春《清人詩文集總目提要》，北京：北京古籍出版社，2001 年。

子部：

1. 黎靖德編《朱子語類》，上海古籍出版社，安徽教育出版社《朱子全書》本，第 18 冊，2010 年。

2. 洪邁《容齋隨筆》，上海：上海古籍出版社，1978 年。

3. 田況《儒林公議》，《筆記小說大觀》本，第 29 編，第 4 冊。

4. 姚培謙、張景星《硯北偶抄》，清乾隆二十七年草草巢刻本。

5. 姚培謙《類腋》，清乾隆七年刻本。

6. 徐珂《清稗類抄》，北京：中華書局，1986 年。

7. 王應奎《柳南隨筆 續筆》，北京：中華書局，1997 年。

8. 王士禛《古夫于亭雜錄》，北京：中華書局，1988 年。

9. 梁章鉅《制藝叢話》，上海：上海書店出版社，2001 年。

10. 梁章鉅《退庵隨筆》《續修四庫全書》本，子部第 1197 冊。

11. 昭槤《嘯亭續錄》，北京：中華書局，1980 年。

12. 阮葵生《茶餘客話》，北京：中華書局，1959 年。

集部：

1. 顧學頡校點《白居易集》，北京：中華書局，1979 年。

2. 姚培謙箋注《李義山詩集》，清乾隆五年姚氏松桂讀書堂刻本。

3. 李逸安等點校《張耒集》，北京：中華書局，1990 年。

4. 朱熹《朱熹集》，成都：四川教育出版社，1996 年。

5. 劉克莊著，辛更儒箋校《劉克莊集箋校》，北京：中華書局，2011 年。

6. 陳獻章《陳獻章集》，北京：中華書局，1987 年。

7. 樓鑰《攻媿集》，《四部叢刊初編》本，上海商務印書館縮印武英殿聚珍版本。

8. 葉夢得《石林居士建康集》，《叢書集成續編》本，臺北：新文豐出版公司 1969 年影印清宣統三年夏月葉氏觀古堂刻本。

9. 王禹偁《小畜集》，《四部叢刊初編》本，上海商務印書館縮印常熟瞿氏藏宋刊配舊抄本。

10. 張孝祥《于湖居士文集》，《四部叢刊初編》本，上海商務印書館縮印慈谿李氏藏宋本。

11. 姜夔《白石道人詩集》，《四部叢刊初編》本，上海商務印書館縮印江都陸氏校刻本。

12. 黃庭堅《豫章黃先生文集》，《四部叢刊初編》縮本，臺北：臺灣商務印書館，1965 年影印嘉興沈氏藏宋本。

13. 歐陽修《歐陽文忠公文集》，《四部叢刊初編》本，民國上海涵芬樓影印元刊本。

14. 張耒《張右史文集》，上海商務印書館縮印舊鈔本。

15. 司馬光《溫國文正司馬公集》，《四部叢刊初編》本，上海商務印書館縮印常熟瞿氏宋紹興本。

16. 陳與義《簡齋詩集》，《四部叢刊初編》本，上海商務印書館縮印常熟瞿氏藏宋本。

17. 王安石《臨川先生文集》，《四部叢刊初編》本，上海商務印書館縮印明刊本。

18. 蘇軾《集注分類東坡先生詩》，《四部叢刊初編》本，上海商務印書館縮印南海潘氏藏宋務本堂刊本。

19. 楊萬里《誠齋集》，《四部叢刊初編》本，上海商務印書館縮印日本抄宋本。

20. 楊萬里《誠齋詩集》，《四部備要》本，臺北：中華書局，1965 年據清乾隆吉安刻本校刊。

21. 陳師道《後山詩注》，《四部叢刊初編》本，上海商務印書館縮印江安傅氏雙鑒樓高麗活字本。

22. 唐順之《荊川先生文集》，《四部叢刊初編》本，臺北：臺灣商務印書館，1965 年。

23. 姚培謙《松桂讀書堂集》，《四庫全書存目叢書》本，集部第 277 冊。

24. 王嘉曾《聞音室遺文》，《續修四庫全書》本，集部第 1447 冊。

25. 王嘉曾《聞香室詩集》，《續修四庫全書》本，集部第 1447 冊。

26. 黃之雋《唐堂集》，《清代詩文集彙編》本，第 221 冊。

27. 黃之雋《唐堂集續》，《清代詩文集彙編》本，第 221 冊。

28. 黃達《一樓集》，北京：北京出版社，1997 年影印本。

29. 沈大成《學福齋詩集》，《續修四庫全書》本，集部第 1428 冊。

30. 沈大成《學福齋詩集》，《清代詩文集彙編》本，第 292 冊。

31. 王鼎《蘭綺堂詩抄》，《清代詩文集彙編》本，第 490 冊。

32. 潘務正、李言點校《沈德潛詩文集》，北京：人民文學出版社，2011 年。

33. 朱鑄禹校點《全祖望集匯校集注》，上海：上海古籍出版社，2000 年。

34. 曹庭棟《產鶴亭詩》，《四庫全書存目叢書》本，集部第 282 冊。

35. 顧貞觀《顧梁汾先生詩詞集》，臺北：廣文書局，1970 年。

36. 杜詔《雲川閣集》，《清代詩文集彙編》本，第 218 冊。

37. 陸奎勳《陸堂文集》，《四庫全書存目叢書》本，集部，第 270 冊。

38. 陸奎勳《陸堂詩集》，《四庫全書存目叢書》本，集部，第 271 冊。

39. 劉季高校點《方苞集》，上海：上海古籍出版社，1983 年。

40. 釋元璟《完玉堂詩集》，《清代詩文集彙編》本，第 195 冊。

41. 杭世駿《道古堂文集》，《續修四庫全書》本，集部第 1426 冊。

42. 王昶《春融堂集》，《續修四庫全書》本，集部第 1438 冊。

43. 尤侗《西堂文集》，《清代詩文集彙編》本，第 65 冊。

44. 張梁《幻花庵詞抄》，清乾隆二十四年刻本。

45. 張佛繡《職思居詩抄》，清乾隆三十二年刻本。

46. 姚培和《敦信堂詩集》，清乾隆二十七年刻本。

47. 姚蚔《修竹廬詩稿》，清康熙刻本。

48. 姚廷瓚《懶迂詩稿》，清乾隆刻本。

49. 姚宏緒《寶善堂集》，清乾隆十年刻本。

50. 姚惟邁《臥雲草堂詩抄》，清乾隆四十三年姚湘刻本。

51. 王原《西亭文抄》，清光緒十七年不遠復齋刻本。

52. 陳子龍《陳子龍文集》，上海：華東師範大學出版社，1988 年。

53. 吳肅公《街南文集》，《四庫禁燬書叢刊》本，集部第 148 冊。

54. 何紹基《東洲草堂文抄》，《續修四庫全書》本，集部第 1529 冊。

55. 汪懋麟《百尺梧桐閣遺稿》,《四庫全書存目叢書》本,集部第 241 冊。

56. 李振裕《白石山房集》,清康熙香雪堂刊本。

57. 顧詒祿《吹萬閣集》,《清代詩文集彙編》本,第 289 冊。

58. 邵長蘅《邵子湘全集》,《四庫全書存目叢書》本,集部第 247 冊。

59. 張世煒《秀野山房二集》,清道光二年重刊本。

60. 吳之振《黃葉村莊詩續集》,《四庫全書存目叢書》本,集部第 237 冊。

61. 錢謙益《牧齋有學集》,上海:上海古籍出版社,1996 年。

62. 黃宗羲《黃梨洲文集》,北京:中華書局,2009 年。

63. 盧世㴶《尊水園集略》,《續修四庫全書》本,集部第 1392 冊。

64. 徐釚《南州草堂集》,《續修四庫全書》本,集部第 1415 冊。

65. 陳衍《陳石遺集》,福州:福建人民出版社,2001 年。

66. 沈德潛《唐詩別裁集》,上海:上海古籍出版社,1979 年。

67. 沈德潛《清詩別裁集》,上海:上海古籍出版社,1984 年。

68. 姚宏緒《松風餘韻》,清乾隆九年寶善堂刻本。

69. 呂祖謙《宋文鑒》,臺北:臺灣商務印書館,1968 年。

70. 陳衍《宋詩精華錄》,上海:上海古籍出版社,2008 年。

71. 王豫輯《江蘇詩徵》,清道光元年焦山海西庵詩徵閣刻本。

72. 徐世昌編《晚晴簃詩匯》,北京:中華書局,1990 年。

73. 姚培謙《唐宋八家詩》,清雍正五年遂安堂刻本。

74. 龍榆生《近三百年名家詞選》,上海:上海古籍出版社,1979 年。

75. 李慶甲匯評《瀛奎律髓匯評》,上海:上海古籍出版社,1986 年。

76. 侯廷銓《宋詩選粹》,清道光五年瑞實堂刻本。

77. 吳之振等選《宋詩抄》,北京:中華書局,1986 年。

78. 陳訏《宋十五家詩選》,《續修四庫全書》本,集部第 1621 冊。

79. 清高宗御選《唐宋詩醇》,臺北:臺灣中華書局,1971 年。

80. 顧立功《詩窺》,清刻本

81. 沈德潛《宋金三家詩選》,濟南:齊魯書社,1983 年。

82. 汪景龍、姚勳《宋詩略》,清乾隆三十五年竹雨山房刻本。

83. 吳翌鳳《宋金元詩選》,清乾隆五十八年斯雅堂刻本。

84. 玄燁《御選唐詩》,《四庫全書》本,集部第 1446 冊,上海:上海古籍出版社,1987 年。

85. 曹庭棟《宋百家詩存》,清乾隆六年曹氏二六書堂刻本。

86. 嚴長明《千首宋人絕句》,清乾隆三十五年畢沅刻本。

87. 吳之振、呂留良《宋詩抄》，上海：商務印書館，1914年。

88. 厲鶚《宋詩紀事》，清乾隆十一年厲氏樊榭山房刻本。

89. 王昶《湖海詩傳》，臺北：臺灣商務印書館，1968年。

90. 孫鋐《皇清詩選》，《四庫全書存目叢書》本，集部第398冊。

91. 姚鼐《五七言今體詩鈔》，清同治五年金陵書局刻本。

92. 劉克莊《後村詩話》，北京：中華書局，1983年。

93. 葉夢得《石林詩話》，《宋詩話全編》本，南京：江蘇古籍出版社，1998年。

94. 呂本中《童蒙詩訓》，郭紹虞《宋詩話輯佚》本，北京：中華書局，1980年。

95. 周紫芝《竹坡詩話》，何文煥輯《歷代詩話》本，北京：中華書局，1981年。

96. 曾季狸《艇齋詩話》，丁福保輯《歷代詩話續編》本，北京：中華書局，1983年。

97. 嚴羽著，郭紹虞校釋《滄浪詩話校釋》，北京：人民文學出版社，1961年。

98. 胡仔《苕溪漁隱叢話前集》，北京：人民文學出版社，1962年。

99. 胡應麟《詩藪》，北京：中華書局，1962年。

100. 吳喬《圍爐詩話》，《清詩話續編》本，上海：上海古籍出版社，1983年。

101. 沈德潛《說詩晬語》，北京：人民文學出版社，1998年。

102. 翁方綱《石洲詩話》，《清詩話續編》本，上海：上海古籍出版社，1983年。

103. 劉勰《文心雕龍》，北京：人民文學出版社，1981年。

104. 方東樹《昭昧詹言》，北京：人民文學出版社，1984年。

105. 田同之《西圃詩說》，丁福保輯《清詩話》本，上海：上海古籍出版社，1999年。

106. 顧詒祿《緩堂詩話》，《清代詩文集彙編》本，第289冊。

107. 錢泳《履園詩話》，郭紹虞《清詩話續編》本，上海：上海古籍出版社，1983年。

108. 劉熙載著，王氣中箋注《藝概箋注》，貴陽：貴州人民出版社，1986年。

109. 潘德輿《養一齋詩話》，《清詩話續編》本，上海：上海古籍出版社，1983年。

110. 王士禎《聞人倓箋·古詩箋》，上海：上海古籍出版社，1980年。

111. 王士禎《帶經堂詩話》，北京：人民文學出版社，2006年。

112. 葉燮《原詩》，北京：人民文學出版社，1979 年。

113. 田雯《古歡堂集雜著》，《清詩話續編》本，上海：上海古籍出版社，1983 年。

114. 朱庭珍《筱園詩話》，《清詩話續編》本，上海：上海古籍出版社，1983 年。

115. 袁枚《隨園詩話》，北京：人民文學出版社，1982 年。

二、今人論著

1. 郭紹虞《中國文學批評史》，北京：商務印書館，2010 年。

2. 郭紹虞《杜甫戲爲六絕句集解　元好問論詩三十首小箋》，北京：人民文學出版社，1978 年。

3. 錢鍾書《談藝錄》，北京：三聯書店，2007 年。

4. 錢鍾書《宋詩選注》，北京：人民文學出版社，1958 年。

5. 錢鍾書《錢鍾書手稿集・容安館札記》，北京：商務印書館，2003 年。

6. 錢穆《朱子新學案》，成都：巴蜀書社，1986 年。

7. 胡適《胡適古典文學研究論集》，上海：上海古籍出版社，1988 年。

8. 方孝岳《中國文學批評》，北京：三聯書店，2007 年。

9. 朱自清《詩言志辨》，桂林：廣西師範大學出版社，2004 年。

10. 繆鉞《詩詞散論》，上海：上海古籍出版社，1982 年。

11. 鄔國平、王鎮遠《清代文學批評史》，上海：上海古籍出版社，1996 年。

12. 游國恩等《中國文學史》，北京：人民文學出版社，1964 年。

13. 嚴迪昌《清詩史》，杭州：浙江古籍出版社，2002 年。

14. 顧易生、蔣凡、劉明今《宋金元文學批評史》，上海：上海古籍出版社，1996 年。

15. 陶秋英《宋金元文論選》，北京：人民文學出版社，1999 年。

16. 王煒《〈清詩別裁集〉研究》，上海：上海古籍出版社，2010 年。

17. 申屠青松《清初宋詩選本研究》，南京大學 2008 屆博士學位論文。

18. 段厚永《〈元詩別裁集〉研究》，華中師範大學 2012 年碩士論文。

19. 祝尚書《論「擊壤派」》，《文學遺產》2001 年第 2 期。

20. 王友勝《〈宋詩別裁集〉指瑕》，《咸寧師專學報》2000 年第 4 期。

21. 申屠青松《〈宋詩百一抄〉的詩學思想和批評策略》，《華南農業大學學報》2010 年第 1 期。